公共政策の文脈

武智秀之 著

中央大学出版部

はしがき

　人間は自律的に意思決定しようとするが，他律的な役割期待の下でも存在している。自らの人生を切り開こうと営むが，環境や歴史の条件に大きく左右されて生きていかざるを得ない。このように，決定の文脈をめぐる議論は古くて新しい問題である。

　このような文脈の関心は，学会や研究会で討論者を依頼された身近な経験にも存在する。学会や研究会で討論者を頼まれること自体，光栄なことであるが，自分が年齢を重ねたことを実感することもしばしばである。それと共に学会や研究会の発表者の発表自体も，テーマの文脈を理解した討論者によって生かされることもあれば，逆に内在的理解に欠いた討論者によって意義が薄らいだりすることもある。研究発表の重要さはいうまでもないが，極端なことをいえば，討論者が誰かは研究会の内容とレベルを大きく左右し，学会や研究会の内容とレベルは討論者が大きな決定要因になるといってもよい。主役の発表者を生かすも殺すも脇役たる討論者次第なのである。学会や研究会における発表自体も，討論者を含めた全体の文脈の中で存在しているにすぎない。

　しかし逆に学会や研究会，大学での発言を聞きながら違和感を覚えることも多い。歴史，環境，脈絡，コンテクストから自由な発言を聞きながら，文脈の意味づけが示す重要性と保守性を認識することもしばしばである。また，日常の管理運営の中にも意思決定の文脈は存在する。入試の合否判定は一定の手続

き率から合格者ラインを演繹的に推定し，合格者ラインの学生水準から手続き率を帰納的に推論する反照的均衡のメカニズムである．単純な基準の演繹適用ではうまくいかないところに現実社会の複雑さや面白さが存在している．実際の意思決定はこのような2つの推定・推論の反復で行われることが多く，これが意思決定の文脈や背景となる．

このような意思決定における文脈の実践的な意義に考えを深くしている際に，以前から関心を持っていた方法論や認識論の研究業績に触れることが多くなった．しかも農業，まちづくり，社会福祉という文脈に大きく左右される事例にも関心を持って研究を進めていたため，事例の関心と理論・方法の関心とを結びつけた研究書が出せないかと考えたのが，本書出版の背景である．

福祉や組織理論に研究関心を持ち続けていることには変わりはないが，対象の関心はまちづくり，農業，消費者保護，公衆衛生へと広がり，理論の関心も規範理論，認識論，経験主義へと拡大している．従来の社会保障の研究と異なりなぜ農業を研究するのか，という質問も受けるが，農業は産業政策の側面だけでなく，農民の所得補償政策であり，農村の地域政策でもあり，地域における環境保全政策の側面も併せもっている．消費者保護や公衆衛生についても，恵まれない人々に関心をもっているという点では変わりなく，従来の問題関心を発展させたといっても過言ではない．公共政策の文脈という問題関心から，この数年に執筆した論文を再構成したものが本書である．理論は深く，そして事例は広いため，本書の全体像を理解することは容易ではないかもしれないが，それぞれの文脈を楽しんでいただければと考えている．

論文の大半は1年間の在宅研究中に執筆されたものである．在宅研究中を含めて入院中の兄の看護のために実家と自宅と大学と病院とを行き来する2年間であったが，その時間制約の中でも可能なことは多く，当初の研究計画を変更

して文献研究に終始した。中央大学図書館に古い文献が多く存在することにも大変救われた。数十年前に本や資料を大学図書館へ購入してくれていた方々や研究休暇を与えていただいた中央大学法学部には大いに感謝している。また，転載を許可していただいた行政管理研究センターや後藤・安田記念東京都市研究所には感謝申し上げたい。『政策学講義［第2版］』に引き続き，中央大学出版部の山田義行さんや橘由紀夫さんには大変お世話になった。この場を借りてお礼申し上げたい。

2017年9月

初風吹く秋学期授業開始日に

武　智　秀　之

目　次

はしがき………………………………………………………………… i

第 1 章　文脈と文脈主義 ………………………………………… 1

はじめに…………………………………………………………… 1
第 1 節　文脈主義とは何か……………………………………… 2
第 2 節　政治学と推論…………………………………………… 5
第 3 節　政策学と文脈…………………………………………… 10
第 4 節　枠組みとしての政策文脈……………………………… 17
おわりに…………………………………………………………… 25

第 2 章　対象者の利益：
　　　　　公衆衛生と消費者保護の根拠・論拠 ………………… 29

はじめに…………………………………………………………… 29
第 1 節　トリアージの制度……………………………………… 29
第 2 節　特定商取引法の改正…………………………………… 36
第 3 節　薬のインターネット販売……………………………… 42
おわりに…………………………………………………………… 48

第 3 章　政策のアイデア：
　　　　　農業における多面的機能と直接支払 ………………… 51

はじめに…………………………………………………………… 51
第 1 節　農業政策の経緯………………………………………… 54

第 2 節　多面的機能のアイデア……………………………………59
　　第 3 節　直接支払制度のアイデア……………………………………71
　　第 4 節　農業自由化の進展……………………………………………77
　　第 5 節　政策転換の選択機会…………………………………………82
　　おわりに……………………………………………………………………87

第 4 章　地域の資源：歴史的町並み保全のまちづくり………………93

　　はじめに……………………………………………………………………93
　　第 1 節　歴史的町並み保全の歴史……………………………………96
　　第 2 節　重要伝統的建造物群保存地区制度の概要…………………100
　　第 3 節　歴史的町並み保全の実施構造………………………………106
　　第 4 節　川越の町並み保全……………………………………………113
　　第 5 節　八女福島の町並み保全………………………………………117
　　おわりに……………………………………………………………………121

第 5 章　制度の選択：社会福祉の組織・市場・連結…………………125

　　はじめに……………………………………………………………………125
　　第 1 節　措置から契約へ………………………………………………126
　　第 2 節　自治体と社会福祉法人………………………………………130
　　第 3 節　民間化と広域化………………………………………………135
　　おわりに……………………………………………………………………139

第 6 章　歴史の経緯：和田博雄の農地改革と経済改革………………141

　　はじめに……………………………………………………………………141
　　第 1 節　小作の部屋……………………………………………………142
　　第 2 節　内閣調査局と企画院事件……………………………………147
　　第 3 節　2 つの農地改革………………………………………………154
　　第 4 節　経済復興と経済安定本部……………………………………162

第5節　社会主義の夢と挫折……………………………………170
　　おわりに……………………………………………………………175

第7章　政策文脈の構造……………………………………………183
　　はじめに……………………………………………………………183
　　第1節　政策文脈の分析……………………………………………184
　　第2節　政策文脈の理論化…………………………………………193
　　第3節　政策文脈の思考と方法……………………………………200
　　おわりに……………………………………………………………209

初　出　一　覧……………………………………………………………215
参　考　文　献……………………………………………………………217
事　項　索　引……………………………………………………………233
人　名　索　引……………………………………………………………244

第1章　文脈と文脈主義

はじめに

　一昨年講読した本の中に，筒井康隆の『創作の極意と掟』（講談社）という本がある。この本は，小説の指南本を否定しながら，結果として筒井康隆の博識の高さを知らしめた本になっている。「小説の作法は不要」という著者の主張と共に，小説のメソッドは自分で確立するしかないというメッセージとなっている（筒井2014：8）。小説と社会科学の違いはあれ，方法の確立と共通認識の保有は必要不可欠である。

　本章の目的は，文脈主義の思考方法について検討することである。公共政策の研究に政治学・行政学がどのような貢献ができるかを考えてみたい。規範論，制度論，アイデア論，言説分析など公共政策の研究には様々な理論的可能性があるが，ここでは主として思考の方法について検討する。ただし，ヘドニック・アプローチなどの分析手法について検討することは目的としていない。思考の面からアプローチする理由は，後述するように，政策学の学問的基盤は必ずしも包括的な理論ではなくてもよく，哲学的基盤と思考方法が確定されればよい，という考えを私がもっているからである。

　なお，ここで「理論」とは，「複数の命題を組み合わせた論理的構築を通じて，インプットに対して特定されたアウトプットを導くもの」とする。「公理論」とは，「一般的命題からより複雑で具体的な命題を導くもの」であり，「モデル」は「複数の命題が成立すると仮定してある事象が起きたらどのような結果になるかを導くもの」と定義づけておきたい（佐藤2011：21-23）。

第1節　文脈主義とは何か

(1) 文脈と文脈主義

　人間は乳幼児として生まれて大人になるまで，どのようにして言葉を覚えるのだろうか。乳幼児は母親の胎内にいる時から外の世界の音を聞いており，生まれてからも環境から聞こえてくる音を反復して声に出し，自分の応答の声が確かなものかどうかを相手の表情から察し，その中で確かだと思う言葉を自分の言葉として表現していく。

　また大人同士の会話の中でも，「うちの会社の社長はだめだよ」という言葉が，本当に能力の低い社長であることを表現しているのか，それとも照れ隠しで謙遜しているのか，それとも相手を油断させようと牽制しているのかは，その言葉を形式的に解釈するだけでは理解できない。その発言者のパーソナリティ，その会社の状況，社長の能力などを確認しなければならないが，多くの場合はそのような確認の時間はない。そのため，その場でその発言が何を意図しているかを状況判断しながら理解して対応することになる。この2つの事例は，私たちが文脈という流れの中で常に判断し，行動していることを意味している。

　ここで文脈とは，意味内容のつながり，論理的関係，レファレンスの連関，続き具合，条件，脈絡をさして用いている。さらに一定の事柄の背景，周辺の状況，外的な環境や場面として理解してもよい。本書ではこのような文脈を重視する考えを文脈主義とし，この文脈主義に基づく研究の重要性を強調する。一般的に文脈主義とは行為，行動，発言，表現などが行われる状況を重視する考え方である。ただし，本書において直接研究対象とする文脈主義とは，歴史学や社会構成主義のように過去の出来事や個人的な見解を再構成して記述する記述的文脈主義ではなく，実用的な基準に基づいて特定の概念や原則を適用していく機能的文脈主義を意味している（Hayes 1993：21-25）。

　また，ヴィルタネンは認識と方法における科学知識の文脈を図表1-1のように類型化して，1つは「知識の文脈」と「知識形成の文脈」の軸とし，もう1

つを「概念重視の文脈」と「要因重視の文脈」の軸として，4つのセルについて説明した。つまり第1のセルは「知識の文脈」と「概念重視の文脈」から構成され，枠組み，理論，モデル，アプローチ，方法論に関心を持つ「概念の文脈」である。第2のセルは「知識形成の文脈」と「概念重視の文脈」から構成され，社会的に条件づけられたパラダイム願望を持ち，「構成主義の文脈」である。第3のセルは「知識の文脈」と「要因重視の文脈」から構成され，場所，時間，行為者，構成要素（課業，部門，文化，制度など）の「レファレンスの文脈」である。第4のセルは「知識形成の文脈」と「要因重視の文脈」から構成され，調査目的の前提理解を行う「日常的な文脈」である（Virtanen 2013：8-12）。本書において対象としている文脈は「概念の文脈」「レファレンスの文脈」であり，「構成主義の文脈」「日常的な文脈」は分析の対象としていない。

図表1-1　文脈の類型化

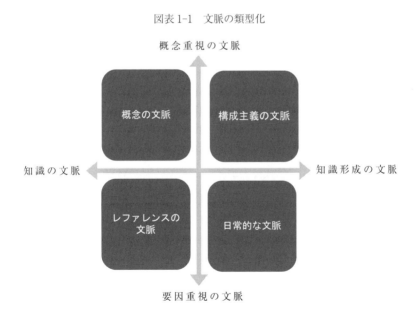

出典）Virtanen（2013），pp.8-12より筆者作成。

(2) 欠落としての文脈研究

このような行動科学や心理学研究において蓄積されてきた文脈主義のごとく，社会科学においても文脈が重要であると認識されているにもかかわらず，ポリットによるとそれは「欠落した環・鎖」となっているのが現実である（Pollitt 2013a：XV）。当然ながら文脈を重視した研究はアングロサクソン系の研究に見られ，たとえば斎藤真の『アメリカ史の文脈』（岩波書店）は，アメリカ建国史を研究テーマとしたアメリカ政治外交史研究の記念塔ともいうべき名著である。この本の中で斎藤自身は文脈を構造的理解と同じ意味として用いており，全体の文脈の中でアメリカでの事件を理解すべきであると強調している（斎藤 1981：285-286）。本書はアメリカ政治を理解するために建国者たちの出身・経験・性格という文脈理解が欠かせないことを教えてくれる。

政策手法の設計に目を移せば，ヨーロッパの環境政策において制度的コンテクスト（文脈）の重要性が指摘されている。政策手段のパフォーマンスは形式的特性よりも政策手段が働く政治的・行政的コンテクスト（文脈）に左右され，技術的合理性よりも政治的合理性に基づくことが指摘されている（マヨーネ 1998：129-136）。課徴金と規制とを選択する基準として制度的要因が強調されるのは，環境政策が供給側の選択に左右されることの大きい公共政策だからである。コンテクスト志向の手法といわれるゆえんである（風間 2007：16-26；風間 2008：46-62）。また公共交通の研究においても，制度配置がアクター間の調整や協働を大きく左右することが指摘され（小林 2017：37-41），福祉政策においても統治の構成要素が財源，法律，人員という資源により左右され，福祉国家の拡大・縮小が定性的な制度要因に影響を受けている（武智 2001：34-45）。しかしながら，このような歴史研究や環境政策のように断片的な研究の蓄積はあるものの，公共政策の文脈について理論的かつ体系的に研究したものは少ない。

本書の研究は理論と事例の2つに特質を有している。第1は理論・認識の方法についてである。組織理論や科学哲学に基づいて総論・枠組みの研究を行う。第2は事例の研究である。本書では公衆衛生のトリアージ，消費者保護の特定

商取引法改正，薬のインターネット販売，農業政策，歴史的景観保全のまちづくり，社会福祉，農地改革と経済改革の事例をとりあつかう。

第2節　政治学と推論

(1) 演繹の思考と方法

　公共政策の研究の特質は第1に変動要因が大きくコントロールしにくい応用的特質をもつ対象であり，第2に経済学が優位性を持っている領域であり，第3に日本的特質として研究所だけではなく大学，大学院だけではなく学部，政策系学部だけでなく法学部や経済学部でも授業科目が設置された学問領域となっている。ここで第1の主張は「帰納的推論の思考は仮説設定や課題設定に貢献できる」ということであり，ここに経済学と異なる政治学の特色があるものと考える。

　ここで演繹法とは特定の理論が現実社会の実態と合致するかどうかを調べることであり，帰納法とは現実社会の実態を計測し，データ化されたものから説明する理論の構築を行うことである。従来，科学的論証として仮説演繹法の演繹的手法が推奨されてきた。確かにそれは反証可能性など検証の厳正さを考えれば適切な主張であり，その点で議論の余地はない。しかし，演繹法の思考では仮説の前提条件の確かさ・正しさを疑う思考が薄く，基本的に演繹的思考は保守的である。仮説の前提条件は必ずしも正しいものではなく，常にその条件を検討していかなければならない。そこで，政治学においては推論，とくに帰納的推論が重要となる[1]。

　社会科学の研究では，事実認定の過程として，仮説を作り，理論を検証し，さらにまた仮説を練り直し理論化し，さらに検証する手順をとる。この手順は仮説づくりと検証作業の繰り返しであり，演繹と帰納の連続である。対抗仮説を提示し，検証を経て，再度仮説を練り直すという過程をとる。推論のプロセス，とくに一般化のプロセスとしては，対抗仮説の否定によって確実性（蓋然性）の程度を上げ，追試によって理論仮説を補強する過程を想定している。

本章においては，社会科学において積極的に仮説演繹法を蓄積していくことが必要だと考えている。ただし，演繹的思考では政治学の特色が，学問的にも社会的にもあまり出せないのではないか，と考えているのも事実である。反証可能性が科学と非科学の境界性とされているが，それは必ずしも絶対的な判断基準とされていない。演繹法の最大の問題点は，思考が進取の気性に欠け，保守的である点に存在する。演繹法は完全情報を前提とした議論であるが，意思決定を行う際にはかなり不完全な情報の下での決定が一般的であり，理論でも実務でも不完全情報の下での意思決定を想定しなければならない。

　かつて，ポパーがいうように論理実証主義をとるのか，クーンのいうようなパラダイム思考か，という議論が盛んに行われた。この答えは，分析の対象によって方法は異なるものと考えてよい。たとえば，データが採れて仮説演繹法が可能な対象と，事例研究を積み上げて仮説を修正していく帰納法が適切な対象がある。また，かつて盛んだったポパー・クーン論争のような二分論的思考は，現在の科学哲学で一般的な議論ではない。本章でも2つの方法の優劣を論じているわけではない。

　社会構成主義アプローチは科学者の観念のプロセスを経て事実を社会的なものと観念する。事実は社会的に構成されるものであることは確かであるが，それを強調するとあまりにも経験的・実証的な思考や研究が不可能となる。科学哲学では実在論・非実在論の議論として行われているものであるが，本章では実在論の立場に立っている。ここで事実とは広く正しいと受け止められた事象として理解している。これは人々が支持した確実性（蓋然性）が高いかどうかを指している。もちろん，社会構成主義の主張するように，事実が社会に構成されることもありうる[2]。

(2) 帰納と推論

　しかし，公共政策の研究では一般化が難しい，検証が難しい，という点は他分野以上であり，その理由は公共政策の歴史・時間・空間・文化という条件が同じではない点にある。いわゆる統計学でいわれる「ノイズ」「バイアス」の

課題の解決が必要となる。その対処法として第1は「限定された知」を認識するということである。研究の限界を理解し，適用される範囲を示すことが重要となる。第2は，理論の検証という演繹の過程でも，理論化という帰納の過程においても，条件間の整合性を推し量る推論という作業が必要となる。一般化が難しく条件がコントロールできない政治学においては，演繹の論証ではなくパースのいう探索の推論が重要となる[3]。

ただし，帰納法には科学的な論証に欠ける側面があり，帰納的推論には一般化においてバイアスが出る可能性もある。また，ヒュームが指摘したように，帰納主義は斉一性原理，つまり同一条件で同一現象を繰り返すことが前提条件となっている。過去から未来が推定されるように，一定の証拠からシャーロック・ホームズが犯人の行動や性格を推定するように，複数の根拠から高い確率で結論が導き出されることがある。逆にいえば，グルーのパラドックスのごとく，帰納法は循環論法に陥る可能性があり，大幅な条件の変動では推定が難しい点も否定できない[4]。

帰納的推論はヒュームがいうように主観的ではないか，という批判もあるかもしれない。演繹的推論にせよ，帰納的推論にせよ，推論という思考は共通して主観的要素をいかに制御するかが課題である。たしかに，ヒュームの斉一性原理も，グルーのパラドックスも，未解決であるが，現在の科学哲学においては，演繹手法が客観的で，帰納的手法が主観的であるという区分も，適切ではないと認識されている[5]。

また，アブダクションについてどのように評価するか，という疑問もあるだろう。アブダクションには3つの評価がある。第1は演繹，帰納，アブダクションの3つの方法に分類する方法，第2は演繹と帰納の2つに分類し，アブダクションを帰納の一方法と解釈する方法，第3は演繹と帰納の2つに分類しアブダクションの存在を否定する方法である。アブダクションへの評価は，第1が最も高く，第2，第3の順に低くなる。私自身はアブダクションの創造的な思考の側面を大変興味深いものと考えているが，第2の帰納法の1つのバージョンとして理解している[6]。

帰納的な推論の側面は，議論の論証構造，仮説の成立条件，隠れた論拠の推論から構成されており，経済学・法律学における理論の演繹的検証，形式合理的な基準の適用とは異なる政治学の特性を示している。このような帰納的推論の主観性を制御しながら，推論の作業を経て，何が政策課題かを推定することは政策過程で最も重要である。課題設定はその後の政策過程を大きく規定し，政策の選択肢は実際には2〜3個である。つまり，政治学の特性は制度設計と分析的思考の蓄積にあり，仮説・課題の設定条件の検討や分析を行う際の推論の重要性を示している。そして，この制度的条件を検討するのに政治学の中でも管理的側面に関心をもつ行政学の意義は大きく，行政学のもつ管理的研究の蓄積こそ有効性があるのではないかと考えている。さらに行政学について検討してみよう。

(3) 行政学と組織理論

行政学における管理研究の重要性について強調したが，そもそも行政学に理論と方法があるのか，という疑問は残る。理論の蓄積のなさが行政学の学問的魅力を低下させている要因の1つであると認識している。初期の行政学は他の学問分野から摂取することが多かったが，現在の行政学も経済学，政策科学，経営学，社会学，哲学，倫理学，現象学，生物学など色々な分野の蓄積から学び，学問分野を横断する勇気，進取の気性が求められている。また，これが最適な理論だ，これが最適な方法だ，という主張を本章で行うつもりはないが，理論や方法について共通認識を共有しながら，いわば総論的な理論構築に取り組むことが必要ではないか。行政学が対象から理論・方法へとより関心を変えていくことが望ましいと考えている（武智2018b：23）。

本章の第2の主張は「行政学は制度や管理の文脈で政策について研究可能である」というものである。行政学は権力と管理の交錯したところに学問的存在理由があり，公共政策を行政学の中で研究していく意味は管理の脈絡の中で議論するところにある。ただし，日本の行政学においては学説史と理論の未分化が顕著であり，学説と概念の暗記学としての行政学，マニュアルとしての行政

学の役割しか果たしていない。行政学における議論の蓄積の薄さであり，分析の道具としての理論的役割の機能も低い。

　管理の脈絡で議論することに政治学と異なる行政学の貢献があるが，行政学には理論的基盤が弱く，論理構築の志向が弱い。ただし，その修正は組織理論の導入で補完可能である。その強みは議論が対抗仮説に反論する形で形成され，統合された点にある。

　このような思考の方法が明確な組織理論においては，実証研究も多い。たとえば，バーナード＝サイモンの組織均衡理論を利益集団の分析に適用した研究者として，政治学のJ・Q・ウィルソンがいる。官僚制ないし政府と利益集団・政党の間に誘因と貢献の均衡状態にあるという議論を政治組織論に適用した研究である（Wilson 1974＝1983：34-55）。利益集団・政党が組織成員なのかという疑問はあるが，組織の顧客は外的均衡における組織成員として考慮するのがバーナード＝サイモン理論のポイントであるので，そのエッセンスの理解が了解されていれば，分析は容易である。

　また，マーチやオルセンが提唱した「ゴミ箱モデル」を応用したのがキングダンの実証研究である。このゴミ箱モデルは，「選択機会」「参加者」「問題」「解」の4つの流れが属性ではなく，タイミングによって意思決定構造を形成していることを強調したものであり，理論として完成度の高いものである。キングダンの「政策の窓」の研究などがその成果といえる（March and Olsen 1979＝1986：31-33；Kingdon 1984：5）。

　バーナード＝サイモンの理論は市場の均衡や最適化を組織の均衡や満足化に修正した点にあるが，基本的に方法論的個人主義に立つ。この方法的個人主義を組織内部の研究または組織間関係の研究に適用するのでは，ミクロレベルに分析視点が限定されてしまうのではないか，という課題は残る。ただし，実際には個人を組織と仮定し，組織を国家と仮定して，分析レベルを修正することは可能である。

　たとえば，組織内部の個人の意思決定をすべて集積しても組織それ自体の意思決定にはならず，組織それ自体の意思の存在は残る，という仮説構成体の議

論が存在している。仮説構成体とはもともと心理学の用語であり，一定の概念を仮定して説得的な説明を行うことを意味する。組織の意思決定は組織成員の意思決定の集合体でなく，組織それ自体の意思決定を仮定する。

たしかに，管理，マネジメント，制度の側面に研究対象が限定されるので，政策の規範的側面などが分析できないではないか，分析対象が限定されるのではないか，という疑問はある。マクロの社会経済的な研究には必ずしも適していないという課題も残る。公共政策，とくに社会保障政策はマクロ・ミクロの経済社会要因に左右され，人口構造，家族形態，制度の経過年数に規定される。これらの精緻な社会経済的分析が行政学や組織理論に可能かというと，その答えはノーである。

第3節　政策学と文脈

(1) 反照的均衡と背景理論

科学には真理を発見するだけでなく，思考方法を改定・改良して継承する役割がある。政治学においては，経済学のような包括的なメタ理論の提示は難しい。対象が限定され，データが豊富にある環境条件には恵まれていないことが多いからである。政治学における提示は理論，または公理論というよりも，モデルといった方が実態に近い。そこで政治学における政策研究の設計として選択肢は2つある。

第1の選択肢は，経済統計学を道具とした政策分析と過程追跡などを枠組みとした政策過程論とを連結することである。ただし，政策の内容を分析する政策分析を行う者は過程分析を行わないことが多いし，過程分析を試みる者は政策内容を規範的に分析することは少ない。「政治が政策を決定するのではなく政策が政治を決定する」とロウィは政治と政策の関係を条件づけて政策の類型化を試みたが（Lowi 1972：299-300），政策の内容と過程を連結して理論を体系化・一般化することは容易なことではない（秋吉2015：7-9）。

第2の選択肢は，科学哲学，分析哲学，政治哲学など哲学的基盤の上に思考

方法を蓄積していく選択肢である。ただし、この選択は学際的な思考が求められ、日本の公共政策の研究では一般的に行われてきたわけではない。日常では演繹的な推論ではなく、確率を使った推論、とくに帰納的推論を用いた方法が多用されており、日頃の意思決定方式には適合しているものと考えている。

さて、特定の理論が絶対的に正しいことを証明する方法論は存在しないとして論証方法としての反証可能性を主張したのはK・ポパーであるが（ポパー1971；1995）、公共政策の研究においても正しさの証明は難しく、反例の提示、つまり仮説不成立の証明を行うことが多い。また、議論の反照的均衡、つまりロールズがいう「判断で原理を照らし原理で判断を照らす」（ロールズ2010：29, 65-71）意思決定で確からしさの確率を高めることがある。たしかに、反照的均衡は対立する選択肢からどれを選択するかについて無力ではないか、対抗仮説間の選択で役に立たないのではないか、という疑問はある。反照的均衡はダニエルズによって「道徳的正当化の調和主義的説明の基礎」として用いられるが、調和だけで決定が行われるわけではない。熟慮された判断が原理を洗練化することは「穏健な基礎づけ主義」として支持されており、具体例への適用により基準が修正されることで相対的に信頼性の高い仮説を選択することは可能である（Daniels 1996：245-263）。

近年はこの反照的均衡を広義に解釈して、道徳判断や道徳原理に加えて背景理論を加味した広義の反照的均衡の考え方が登場している。背景理論とは道徳原理を選択する理論装置を支えている理論が背景に存在すると考えるものであり、ロールズの2つの正義原理の制約条件を正当化・根拠づけるものとされている。ダニエルズは社会の一般理論、社会道徳の理論、道徳発達の理論、人格の理論、手続き的正義論についての背景理論をあげ、ロールズの反照的均衡の方法論的精緻化をめざすべく、公衆衛生の分野での研究を積み重ねている（Daniels 1979a；1979b；1980；1996, ダニエルズほか2008：18-28）。

この背景理論を用いることで、第1に価値判断の対立を構造的に把握でき、価値対立の調整がより可能となり、第2に議論の根拠・論拠を明示化できる。ただし、この広義の反照的均衡には課題も多く、直観主義や主観性をいかに排

除していくか，背景理論をいかに独立させて特定化・安定化させるか，という点を議論として詰めていかなければならない（伊勢田 2004：284-287，伊勢田 2006：29-53，伊藤幹夫 2011：107-135）。

(2) 文脈主義の意義と限界

近年はこの背景理論もそうであるが，文脈・脈絡を重視する思考が科学哲学では有益なものとして議論されている。いわゆる文脈主義と呼ばれるものである。文脈主義とは哲学者ジェームズや心理学者スキナーに代表される考え方であり，行為や発言の状況を重視する実用的な思考方法をさす（Morris 1993：137）。ヘイズによると，文脈主義は記述的文脈主義と機能的文脈主義に区分することができる。一方で，記述的文脈主義は歴史学や構成主義アプローチのように過去の歴史的出来事や個人の見解を帰納的に再構成して記述する特徴を持ち，基礎的メタファーを維持しやすいが真実を明示する基準を使いこなすことが可能かどうかに疑問が残る。他方，機能的文脈主義は社会工学や行動主義心理学のように特定の基準や枠組みを演繹的に適用し，真実を明示する基準を適用することは可能であるが，基礎的メタファーを維持することが困難となる（Hayes 1993：25）。前述したように，本書では機能的文脈主義を直接的な対象とするが，そこにおいては文脈による妥当性の判断を行うことが重視される。

文脈主義に基づく意思決定の第1は，議論の根拠や論拠を明示化し，議論の対抗仮説を提示する論理構築の思考がそれである。たとえば，トゥールミンの『議論の技法』によると，議論は「主張」「根拠」「論拠」の3つから構成される。「主張」とは「自分とは異なる選好意見に発せられる反論」であり，「根拠」とは「主張を導き出す経験的事実やデータ」であり，「論拠」とは「主張と根拠を結合させる暗黙の仮定」である。議論には主張・根拠・論拠の論証，事実に基づく主張，論拠ある主張が必要であり，「裏づけ」「限定語」「反証」の3つが重要となる。つまり，議論をする際に論拠についてはそれを支持する裏づけを明記し，論拠の確かさの程度を示す限定語をつけ，論拠の効力に関する保留条件としての反証を提示することが重要である（トゥールミン 2011：143-

図表1-2　議論の構図

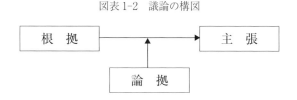

157, 福澤 2012：65-81, 松田 2012：149-165, 武智 2014：9-11)。

　トゥールミンは，図表1-2のように議論が主張・根拠・論拠から構成され，主張の根拠ある説明を行うべきことを強調している。単純であるがゆえにその汎用性は高く，形而上学的な確からしさとしては有益な検証法である。また理屈・理由としての「論拠」，データ・事実としての「根拠」を見つけ出すことは，政策決定において最も重要であり，実践的意義も大きい。

　文脈主義に基づく意思決定の第2は，要求される確実さによって基準を上げ下げし，それに見合った証拠が得られれば妥当な結論とみなす方法や，複数の基準を適合しながら確実さの範囲を狭くしていく意思決定もある。演繹法の徹底は科学的検証の厳密さを高め，合理的・論理的思考を深める点で有益であり，科学的研究の前提として議論の余地はない。しかし一方で，基準の単純適用を行うリスクも生じ，歴史・文化・制度などの文脈を軽視して形式合理性を生み出すことになりかねない。意思決定は一般的に単一的な基準を演繹的に適用することではなく，複数の基準を適用して妥当な「正解」の領域を狭めていく作業である（伊勢田 2004：13-15, 伊勢田 2006：29-53)。

　この意思決定方式は，J・S・ミルのいう「剰余法」の積み重ねといってもよいかもしれない。ここで基準を適用する際に重要なのが「文脈」を理解することであり，妥当性の有無を推定する思考である。政治学においては，前述したマーチらのゴミ箱モデルや近年のポリットなどの文脈を重視した研究などが代表的な研究である（March and Olsen 1979=1986, Pollitt ed. 2013c)。

　ここで文脈主義は科学的説明の力，科学的中立性を薄めるのではないか，という論点は重要である。科学的実験は文脈的価値を切り離して行うのが一般的

だからである（Pollitt 2013：415）。他方で，科学を文脈的価値から切り離して考えることはできないというのが全体論や社会構成主義の考えである。たしかに，社会科学は歴史・文化・制度などの文脈を無視して説明はできないし，この文脈的価値を積極的に認めると，全体論や社会構成主義と同じく科学には客観性は存在しないという主張になりかねない。

しかし，本章では方法論的個人主義の立場に立ち，二分論的理解は行わない。この科学性・客観性の確度・精度を上げるためにも，文脈理解は必要であると考えている。機能的文脈主義は実証性・科学性・合理性を前提としている点で記述的文脈主義とは異なる。どのような主張も脈絡から価値中立的ではないという認識をもつことは重要であると考えている。ただし，文脈をあまりにも強調すると，個人の意思や理性によって社会を変えていこうとする主意主義・主知主義のような考え方を抑制してしまう。すべて外的要因，環境要因に規定されるがごとく説明も，バランスに欠けている。以上，決定の文脈について説明してきたが，次に政策基準としての規範理論を説明しておく。

(3) 基準としての規範理論

ここでは，公共政策の規範理論として，功利主義，義務論，自由主義，平等主義，公共の福祉を取り上げる[7]。

功利主義とは公共功利が最大化する状態を善とする考え方である。功利主義には功利を幸福として考えるベンサムのように「最大多数の最大幸福」をめざす快楽主義的功利主義の考え方や，価値の最大化と不利益の最小化の均衡をめざす多元的功利主義の考え方がある。また，「功利・効用の原理は個人道徳に求められるべき」とする行為功利主義や「功利・効用の原理は個々の行為にではなくルール（規則）に適用すべきもの」とする規則功利主義に区分される。具体的判断と行為が，道徳規則を媒介するか，功利の原理に直接的な適用を受けるか，の違いである。この功利主義と対照的な考え方は義務論であり，その義務論はカントに代表される。自省・禁欲・内省的な判断によって一定の原理・ルールを忠実に遵守することが道徳的に義務づけられているという考えであ

る（ビーチャム・チルドレス 1997：27-78）。

　自由主義とは，公正な手続きや自由な選択を重視する考え方であり，自己決定を重視する自律尊重主義が一例である。また，サービスの配分を市場に委ねる自由至上主義の考えもこれに含まれる。性別，人種，宗教，社会的地位などの平等な取り扱いを求めることが医療サービスにおいて一般的であるが，それらの配分の基準と方法は自由な市場に委ねられることもある。臓器移植の問題で先進諸国では臓器の売買が禁止されるが，発展途上国の臓器市場から臓器を購入する先進国の富裕層が存在することも事実である。高度治療のような高額医療サービスにおいて，低所得者が高額医療を敬遠するため，高所得者が有利にサービスの購入を行うこともある。ただし，多くの公衆衛生の場合は自律尊重の優先度が低く，無危害原理や仁恵原理の役割は大きく，正義の要求が自律尊重よりも上回ることもある（ビーチャム・チルドレス 1997：131）。

　平等主義とは，アクセスの平等，需要・必要性の充足，医療資源の平等な配分に求められる。一定の条件を前提に利益を供与されたり，逆に特定の特性を理由に医療の提供を拒否されたり，遅い優先順位にされたりする不利益の供与は，平等主義の考えに反している。いわゆる「公正機会の原則」（fair opportunity rule）がその考えである。医療資源の配分がくじで決まり，社会的地位で配分度合いが決まることは，医療機会の平等性に反している（ビーチャム・チルドレス 1997：323-328）。

　さらに公共の福祉とは自由な決定に対する介入を意味し，合理的根拠があれば自己決定・自己選択を制約することが認められている。つまり自由権はすべての人間に尊重されるべき優先的な権利であるが，それがすべての状況で認められているわけではない。自律的決定ができない状況，自己決定を行うための情報が提供されない場合，規制を課して自己決定に制約を加えることが公共の福祉となることがある。

　ただし，平等主義に基づいて必要最小限の医療サービスを受ける権利があるにしても，その医療資源が限定されている状況ではどうなるのであろうか。必要最小限の程度とはどのレベルなのであろうか。条件次第でその権利を剥奪さ

れることはあるのだろうか。医療資源の割当，つまり医療資源の配分での優先順位について，マクロ配分とミクロ配分の両方から見ていくことにしよう。

　ダニエルズはマクロ的配分として，(1) 社会にどのような種類のヘルスケア・サービスが存在することになるのか，(2) 誰がどのような根拠に基づいてヘルスケア・サービスを得るのか，(3) 誰がヘルスケア・サービスを提供するのか，(4) いかにしてヘルスケア・サービスの資金負担を配分するのか，(5) いかにしてヘルスケア・サービスに対する権限と統制を配分するのか，の意思決定が重要であると指摘している（Daniels 1980：85-86）。また，ニコラス・レッシャーは高度救命治療（ELT）において，選抜の基準として，支持者の要素，科学の進歩，成功可能性をあげている。また最終的選択では，成功の相対的可能性，平均余命，家族での役割，将来の貢献，過去の功労を基準とする可能性があるとしている（レッシャー 1988：295-302）。公衆衛生の場合，ミクロの配分・割当の効率性基準で重要な点は成功可能性という医療効用である。

　後述するトリアージの基準は最大多数の最大幸福という功利の基準を原則とするが，功利の基準は患者個人の医療効用と社会全体の効用に区分することができる。当該患者の治療を行う意味では個人の医療効用の最大化をはかっており，希少資源の効率配分を行う意味では社会効用の最大化を行っている。ここで用いられる具体的な基準としては，ニーズの緊急性や成功の見込みが重要である。一般的に，トリアージでは，対象の傷病者と活用できる医療資源の容量とのバランス，医療の成功可能性という基準に限定して運用が行われている。その理由はそれ以外の基準を適用することが平等主義の原則から見て適切ではなく，複数の基準のウエイトづけも困難だからである。かつて透析や臓器移植ではくじや先着順（行列）が用いられていたが，それは複雑な基準の考慮で価値の配分が困難であり，偶然や行列の機械的配分が最も公正であると認識されたからである。

　また営業の自由，職業選択の自由は憲法第22条第1項で認められているが，これら自由権の一部制約が社会的に容認されることもある。社会的リスクを個人の責任で分担できない場合，自由な選択を制約することは社会的に認められ

る。介入の合理的根拠がある場合，リスクを社会的に分担するため規制を加えることは社会通念として認められている。

第4節　枠組みとしての政策文脈

　以上背景理論や規範理論について検討してきたが，それだけでは政策過程のダイナミズムを十分説明することはできない。そこで本章では組織理論における資源依存アプローチを加味して枠組みとして提示したい。
　文脈主義の理論的考察について多くの研究蓄積が存在するが，政策文脈の具体的な構成について明示的な研究は少なかった。数少ない研究として，ピーターズとピエールは，ガバナンスの基本機能を「意思決定」「目標設定」「資源動員」「実施」「評価・フィードバック・学習」の5つに区分している（Peters and Pierre 2016：30-57）。またフェッファーとサランシックは「資源制約」「不確実性」「条件適合性（状況依存性）」の3つに文脈を区分している（Pfeffer and Salancik 1978：229）。文脈の構造に関する研究蓄積は組織理論に存在するため，本章でもフェッファーとサランシックの研究に依拠しながら資源制約，不確実性，条件適合性という3つの政策文脈を検討する。ここで資源制約とは決定における資源環境の条件である。不確実性とは事象が確実ではない状態を指し，その制御がマネジメントの大きな課題とされる。条件適合性とは決定環境における創造的創出の状態を意味して用いる。本章ではこれらの資源依存アプローチを参照しながら，資源制約，不確実性，条件適合性という3つの概念構成に区分して文脈を説明し，その枠組みの適用を主張する。これらの文脈は政策と政策過程の特性を大きく左右する基本条件であり，それぞれの条件における共通と差異を検討することで公共政策の文脈を構造的に把握する。以下，枠組みとしての資源制約，不確実性，条件適合性について説明する。

(1)　資源制約

　必要性は行政活動が発動する基本的な根拠規範である。サービスの提供が求

められているにもかかわらず家族や市場が対応できない場合，必要性に基づいて規制や給付などの行政の活動が行われる。どのようなサービスであれ，サービスは人々の必要性から生まれる。しかしこの必要性の概念は，効率性や有効性とは異なり，概念の確定性が不安定である点に特色がある。つまり効率性や有効性の概念が学問的に確定したものであるのに対して，必要性については何が必要なのかについて当事者の主観性を排除できず，関係者それぞれの価値観によって必要性の認識は異なるからである。逆にいえば，効率性や有効性は既存の財・サービスに対する評価にすぎず，欲求の源泉にはならない。

　また必要（need），需要（demand），選好（preference），要求（require），欲求（want）との間において，違いが明確ではない。経済学では専ら，需要は客観的，選好は主観的として認識され，必要は概念としては用いられない。西尾勝は「市民が政治体系にその充足を期待するいまだ充たされていない効用のことを行政需要とよび，政策決定機構の側で，政治体系が対応すべき行政需要として認定したものを行政ニーズとよぶ」（西尾 1990：129）としている。

　西尾のように行政が必要性を認めたものを行政ニーズと呼ぶとしても，需要とニーズの明確な区分は難しい。むしろ社会福祉学のように，必要性を積極的に意味づける学問分野も存在する。社会福祉学では必要性は自律的・理性的・自省的判断を前提としており，必要性は重要な概念として理解されている。社会福祉学では対象者志向，顧客志向が強く，対象者の必要性を把握することが実践的な課題とされる。ただし，福祉においては自律性と普遍性が理想とされているにもかかわらず，資源制約のため供給側により必要性の内容が転換されることが多い（岩田 2016：33-41；ドイヨル・ゴフ 2014：76）。

　多くの人々が行う必要性の判断は功利的であり，将来世代への配慮に欠け，利益最大化の行動は排除できない。必要性に基づいて活動すれば，特定の利益に偏向し，その活動量は際限なく拡大することになる。各自が自省的な判断ではなく自己利益を追求すれば，資源は枯渇し，最終的には必要性の判断を見直さざるを得ない。そこで必要性を客観的に測定・判定し，政策決定者は優先順位を判断して，政治的な価値の選択が必要となる。公共政策はすべての欲求を

充足できないのであり,必要性の規範にかわって効率性,有効性,代替性の基準を採用し,政策や行政の活動を条件づけなければならない。そこで重視されるのは資源の効率性,有効性である。

政策に関する資源には権限,財源,情報,時間,人的資源などがある。既存資源をいかに運用するかという「抑制均衡」志向であれ,外部・内部から資源をいかに調達するかという「獲得拡大」志向であれ,新しい資源を見出す能力や必要と資源とを結びつけるマッチングの能力が管理者に求められてくる。需要を予測し,本当に必要な需要を判定することが行政の役割であるが,この需要を充足する資源をいかに統制するかが組織運営の肝となる。

フェッファーとサランシックは病院の事例研究において文脈を環境文脈と組織文脈に区分し,前者を不確実性,資源制約,条件適合性の源泉とし,後者を「資金とスタッフ」「実業界とコミュニティ関係者」「病院の運営予算の状況」と捉えている (Pfeffer and Salancik 1978：239)。また図表1-3のように,環境が権力と統制の構造という組織文脈に影響を与えること,つまり組織における権力と統制の構造が選抜・昇進・任期という組織人事へ影響を与え,資源に依存する組織を相互調整で管理者がいかに主体的に統制するかが重要であるという (Pfeffer and Salancik 1978：229)。

図表1-3　環境文脈と組織文脈の構図

出典) Pfeffer and Salancik 1978：229 を基に筆者作成。

資源を内部や外部から調達しない組織は存在せず，重要なのは組織の自律性，つまり自治が確保できるかどうかであり，そのための戦略である。組織自律性を確保するための方法は第1に特定の組織のみに依存することなく多元的な調達源を持つことでリスクを逓減させることである。第2にリーダーシップを発揮しやすいような制度基盤を事前に用意することである。第3に環境の従属的存在ではなく，むしろ環境を創出する（状況を変える）革新を実施することである。これらを実施するためには資源制約を改善するだけでなく，不確実性を吸収し，条件適応を行い，組織を革新しなければならない（武智1996：241-242）。

(2) 不確実性

「組織は不確実性を減少させる能力をもたなければならない」（Thompson 1967=1987：43）といわれるが，不確実性のリスクへどのように対応するかは組織の大きな課題である。サイアートとマーチの『企業の行動理論』によると，組織はその解決策を期待値による予測やルールの発見に求めるのではなく，問題にその都度対応し，根本的な問題解決は試行しない。組織は不確実性を回避することに終始するのである（Cyert and March 1992：166-169）。

サイアートとマーチの研究は直接的には民間企業を対象としたものであるが，行政における不確実性回避の方法の1つはルーティンである。シャーカンスキーは党派や非中立のイメージがある「政治」の中にもルーティンが存在し，それを公共支出，地方自治体，政党，利益集団などに求めている。特に，公共支出の慣性を対象にしながら官僚制のルーティンが非党派的・中立的としてではなくむしろ官僚制独自の自律性を維持するための政治性であることを明らかにした（Sharkansky 1970：20-32）。官僚制の政治性はしばしば官僚制人事の中立性を維持することの重要性を終身公務員が強調することでも明らかである。マーチとサイモンがいうように，組織はプログラム化が大きければ大きいほど予測可能性は大きくなるため，プログラム化された方向へ進展しようとする（March and Simon 1993=2014：181-191）。このルーティンこそが不確実性を

回避する組織の政治力学ともいえる。また組織の安定性を図るために，組織成員の支持を調達することが前提となる。権威の受容が不確実性の吸収の前提条件となる（March and Simon 1993=2014：106-108）。

　組織成員が組織の意思決定を自ら進んで受け入れる時，つまり上位者の判断・選択を下位者が自ら検討することなく導かれるままに行動する時には，下位者は上位者の権威を受容している。ただし，権威の行使を有効なものにするためには，制裁による裏づけが必要である。そのため，組織の公式な権限構造は任命・懲戒・免職・勤務評定と密接に関係してくる。しかしながら，この権威も個人の受容圏を超えて行使されると，反発や離脱を生み出すことになる。給与，組織における地位，職場における良好な人間関係，昇進の機会などの誘因を充足する限りにおいてのみ，個人は組織に貢献する。誘因が不足すれば，組織への貢献を止める。組織と個人とは誘因と貢献との均衡の形で相互作用しているのであり，この均衡の維持に官僚制の権力作用が関わっている。組織均衡理論は支配従属という組織観を採用せず，市場を組織に置き換えて考え，命令への服従に条件づけを行った点で理論的貢献をしている（Simon 1997=2009：221-234，288-289）。

　一般的に組織成員は金銭や報償の形態で誘因を受け取り，これらの誘因の代わりとして組織へ貢献する。物質的動機づけ，一体化の動機づけ，目標達成の動機づけを充足し，この誘因と貢献の均衡が保たれている場合，組織は均衡している。ここでは組織成員の逸脱や離脱が生じない。たとえば，公務員は給与の提供，就業規則の順守という誘因を受け，拘束時間と労力の提供という貢献をしている。上級管理者においては，物質的動機づけを充足するだけでなく，一体感，帰属感，メンバーシップという非物質的な動機づけの充足も重要である。メンバーであることの誇りから，組織の威信や存続に直接的価値を付与する。このような内的均衡だけでなく，議会，政党，利益集団，外国政府，公益追及団体，一般大衆という顧客に対しては，外的均衡が図られる。組織均衡は内的均衡と外的均衡の２つが存在し，この均衡は不確実性を吸収するために重要な役割を果たしている（Simon, Smithburg and Thompson 1950=1977：

315-336)。

　さらに，個人による意思決定上の合理性の限界を克服するため，組織には様々な影響力の経路が開発されている。組織が意思決定の心理的環境を確保する具体的な制度設計として，分業の体系化，標準作業手続きの確立，権限体系の整備と階層組織の使用，コミュニケーション経路の特定，訓練が存在する。この意思決定の構造的制約を管理的決定の理論として体系化させたのが，サイモンの『経営行動』，マーチとサイモンの『組織』である。

　これらの議論をさらに発展させて組織の進化的側面を強調したのが，コーエン，マーチ，オルセンのゴミ箱モデルである（Cohen, March and Olsen 1972：1-25）。それは意思決定の曖昧さ，組織内の緩やかな結びつき，一時的に秩序付けられた決定過程を強調したものである。目標，因果関係，参加状況が曖昧で「選択機会」「参加者」「問題」「解」の4つの流れが，それぞれの属性よりも現れるタイミングによって互いに結びつき，一時的な意思決定の秩序を生み出す。選択機会をゴミ箱に，そして問題と解をゴミに比喩したもので，これをゴミ箱モデルという（March and Olsen 1979=1986：31-33）。

　このモデルでは，①個人の認知・選好，②個人の行動，③組織の行動，④環境の反応，という合理的・論理的な因果関係の連鎖は成立しない。2つの同じ問題と解（ゴミ）が，異なる選択機会（ゴミ箱）の中で異なる処理を受けることは通常に存在する。解が問題の前に提示され，行動が選好の前に出現していることもありうる。タイミング悪く他の処理を行っていて，問題や解を見すごし，解決を先送りせざるを得ない場合も少なくない。問題の重要性と多さから生じる負担の大きさ，問題解決にそそぐことができるエネルギーの量は，このゴミ箱の組織過程に強く影響する。そこでは問題・解と選択機会の関係を規定した採択構造，意思決定者と選択機会との関係を示す決定構造が重要となる（March and Olsen 1979=1986：39-51；March 1988=1992：188-194）。

　ゴミ箱モデルは組織における一時的秩序，各要素の偶然的結合，同時に関係している選択機会，文脈，タイミングの重要性を強調する点で，従来の合理的選択理論とは異なる。ゴミ箱の組織過程は組織化された無秩序であり，文脈と

いう風向き次第なのである。

(3) 条件適合性

　組織は分業の体系であるが，職務を分化した後の調整，リーダーシップ，コントロール，コンフリクト解決などを総称して統合化の過程という。この組織過程を理解するためには，分業の後の統合過程にも注目しなければならない。ここでは分化と統合という組織過程に焦点をあて，積極的な環境適応を行う状況を示す条件適合性について理論的に検討する。

　組織論では機械的管理システムと有機的管理システムの二分法が用いられ，前者は安定的で確実な環境に適合し，後者は流動的で不安定な環境に適合すると指摘されてきた。たとえば，イギリスのエレクトロニクス会社15社を調査して，バーンズとストーカーはこの2つの組織類型を発見した。異なる環境で最適な革新の方法を選択することが明示化されたわけである（Burns and Stalker 1994：19-36）。ただし，この研究は環境条件に応じた公式の最適構造を示した点で画期的であったが，2つの組織型の緊張関係を明示していなかった。

　これに対してローレンスとローシュは組織過程における分化と統合が環境とどのような関係を持つかを実証した。その結果によると，環境の多様性に比例して分化の程度は高い。ここで分化とは異なった職能部門の管理者間の認知・感情の志向差異，およびこれらの部門間の公式構造の差異を意味する。しかし志向や構造が異なるだけでは，課業環境へは対応できない。部門間の相互依存を継続的に確保するためには，分化の程度が高ければ高いほど，各部門間のより高い協働や統合を必要とする。ここで統合とは，環境の要求する努力の統一を確保するための部門間の協働の質を指している。環境の多様性の程度が高ければ統合部門の調整機能が必要となり，その影響力が高まる。逆に多様性の程度が低ければ市場に近い部門が影響力を有する（Lawrence and Lorsch 1967=1977：51-62；Lorsch and Morse 1974=1977：1-17）。

　リーダーシップ論の研究蓄積によると，リーダーシップは資質としてのパーソナリティ要因と文脈という状況要因によって規定される。条件依存理論によ

ると，パーソナリティ（欲求構造）と状況要因（状況好意性）の関係を実証し，好意的状況と非好意的状況の両極端でタスク志向型リーダーの成果が高く，中間的状況で人間関係志向型リーダーの成果が高いことが示されている。一般的に大規模化すれば資質よりも状況要因に左右される程度が高まり，リーダーシップの発揮できる範囲は限定される。事前に状況を変えてリーダーシップが発揮しやすい環境を創出することが求められている（坂下 1981：108-141）。

相互依存関係の状況において調整は，標準化，計画，相互調節の3つによって実施されている。標準化は一定の手順またはルールを意味し，それが一貫性を持ち，状況が安定的であること，ルーティンであること，ルールの適用が可能であることが前提となる。計画による調整は部門間のスケジュールの設定を意味し，標準化よりも安定的ではない状況に適切な調整方式である。相互調節は行為の過程を通じて新しい情報を伝達することであり，トンプソンによると，変動かつ予測不可能な状況になればなるほど相互調節による調整に依存することになる（Thompson 1967=1987：71-72）。

行政官僚制において完全に自己充足的な組織は存在せず，権限・財源・情報・人員という資源を組織の内外から調達する。その時一方的かつ恣意的なドメインの設定はない。必ず内外の組織環境を構成する関係集団との相互依存関係が形成され，ドメイン・コンセンサスが存在する。つまり経営側と被用者との間，組織と他組織との間に，支持と合意を得るための戦略的な組織過程が存在するのである。

ドメインは相互依存の関係にある人々の期待の集合から成立しているが，その依存関係は権力関係の裏返しでもある。つまり官僚制の権力とは組織自体の属性ではなく，環境要素との相互作用の結果生じることになる。資源の安定的確保という点で不安定な価値的要素に依存している組織は，効率的で合理性ある持続的なドメイン・コンセンサスを形成することはできない。それゆえ環境要素に従属することがないように，依存関係を分散させたり，競争の戦略を強化したりする。さらには，相手とのドメイン・コンセンサスを形成する過程で紛争・対立が生じた場合，権力獲得のための戦略を採用し，不確実性に対応し

ようとする（Thompson 1967=1987：36-43）。

　不確実性の回避と吸収という消極対応と異なり，外部環境を積極的に創出する点に条件適合性の特質が存在する。ウエイクは，環境に適応して組織構造を変えるのではなく，環境を組織化して組織が適応できる環境を創出する現象を強調した（Weick 1979=1997：189-219）。また，トンプソンは組織が環境との依存関係の中で共通目標を形成する際に権力を獲得する方法として，協働的戦略をあげる。能力交換の確約により相互の不確実性を低下させるのであるが，相手から介入されるリスクも生じる。協働的戦略の第1は将来のパフォーマンスの交換に関して条件交渉する契約的戦略である。労使交渉での労働条件の設定や犯罪者との司法取引が例としてあげられている。第2は相手を組織のリーダーシップや意思決定の過程へ取り込む適応的吸収戦略である。相手の要求に応答・譲歩をしつつドメインを吸収することで支持の確実性を増大させる。第3は提携・連盟・結合という関係を形成する連合戦略である。ただし将来的目標の維持については連合が形成しにくいため，戦略としてはアドホックとなる（Thompson 1967=1987：43-45）。

おわりに

　本章においては文脈と文脈主義の意味について検討し，背景理論，文脈主義，規範理論について説明してきた。政策文脈は単一の背景理論で説明することは難しいことを指摘してきた。

　フェッファーとサランシックの資源依存アプローチに依拠しながら資源制約，不確実性，条件適合性という政策文脈を説明し，環境文脈と組織文脈について論述してきた。そこで，次章から利益，アイデア，資源，制度，歴史的経緯という構成要素に焦点を当てながら分析を行いたい。第2章は利益，第3章はアイデア，第4章は資源，第5章は制度，第6章は歴史的経緯を中心とした概念を用いて分析を行う。もちろん各章において中心的概念以外の構成要素も分析の対象とし，副次的な構成要素として検討する。

ここで利益とは利得・利害・関心を意味し，利することや益になることをさす。市場の下で人間が利益を最大化させる行動をとることを想定し，政治社会においても利益が決定や行動を大きく左右する規定要因となる。アイデアとは理念や考え方を示し，政策の具体的な源泉を指す。資源とは第1章で前述したように政策や行政の活動を行う上での源泉や媒介であり，法的権限，財源，情報，人的資源などが存在する。制度とは制約やルールを意味し，広義には規範，慣習，伝統，法，所有権から構成される。歴史的経緯とは時間，タイミング，過去の経緯から構成される。

　もちろんこれらは相互独立的に存在するのではなく，制度とアイデアのように機能が重複する概念や，アイデアや資源のように他の要素の媒介として機能することが多い概念もある。利益のように他の条件を大きく左右する独立的な条件もあり，これらの概念は相互依存的な関係として理解することが重要である。

　最後に第2章以降の構成を概説しておく。各章の構成は図表1-4のとおりである。

　第2章から第6章は第1章で提示した枠組みに基づき，利益，アイデア，資源，制度，歴史的経緯という政策文脈の事例を検討する。第2章は対象者の利益に焦点を当て，事例として公衆衛生のトリアージ，消費者保護の特定商取引法改正，薬のインターネット販売を取り上げて政策過程の構図を提示する。第3章は農業自由化の政治学的研究である。農業政策の歴史的経緯と課題を説明したのちに，農業政策の転換を政策のアイデアと自由化の文脈が結びついて政策転換の選択機会を提示したという仮説を示す。第4章は歴史的景観の町並み保全についての研究である。地域マネジメントの視点から重要伝統的建造物群保存地区制度の実施構造を検討する。歴史と制度を概観した後に，川越と八女福島を事例として町並み保全の実施構造を検討する。第5章は社会福祉の研究である。措置から契約へという福祉の潮流を概説したのちに，自治体と社会福祉法人，自治体と社会福祉協議会の垂直的統制の仕組みを検討する。組織化，市場化，連結化という3つの効率性達成手法について分析し，民間化と広域化について論じる。第6章は和田博雄という人物の評伝を通じて歴史的経緯の文

脈を明らかにする。和田が経験した，農林省，内閣調査局，経済安定本部の経験を通じて，その合理的思考と精神をスケッチし，知性と理性の人であるがゆえに孤高な政治生活を送ったリベラリストの姿を明らかにする。第7章は政策文脈の理論的考察である。政策文脈を資源制約，不確実性，条件適合性の3つで説明した組織理論の研究を修正し，修正した枠組みで事例を分析する。利益・制度・アイデアの文脈，文脈としての歴史の取り扱い，文脈を理解する枠組みとしての経験主義や研究方法について検討し，各章の要約と今後の課題を示す。

図表1-4　本書の構成

枠組の提示	第1章　文脈と文脈主義
事例の分析	第2章　対象者の利益
	第3章　政策のアイデア
	第4章　地域の資源
	第5章　制度の選択
	第6章　歴史の経緯
枠組の再提示	第7章　政策文脈の構造

注

1) 政治学の方法論については近年多くの本が出されている。キング・コヘイン・ヴァーバ（2004），ブレイディ・コリアー編（2008），伊藤修一郎（2011），ジョージ・ベネット（2013），久米（2013），加藤ほか（2014）を参照のこと。著者にとって高根（1976；1979）の方法論と実証的研究は衝撃的であったが，残念ながら高根（1976）は現在絶版となっている。社会学の理論と方法については佐藤（2014）が大変刺激的であり，本章でも大いに参考となった。
2) 科学哲学の立場から実在論について論じたものとして，戸田山（2015）がある。
3) 以下，科学哲学の系譜について内井（2004），伊勢田（2005）を参照した。難解なパース（1985；1986a；1986b）については，米盛（2007）や岡田（2014）の解説が有益である。

4) 斉一性原理についてはヒューム（1968）を参照した。帰納法や帰納的推論についての積極的な評価については，内井（1988；1995；2004）を参照のこと。
5) 演繹法に関する批判的見解については，伊勢田（2003）が興味深い指摘をしている。
6) アブダクションに対する積極的な評価としては，竹本（2013），保城（2015）がある。外交政策については，データや事実が極めて限定されるため，論証を重視した演繹法が採用しにくく探索の仮説構築が行われるという特性は理解できる。
7) 功利主義，義務論，自由主義，平等主義については，ロールズ（2010），エンゲルハート（1989），浦川・児玉（2015），川本（1995；1997）が参考になる。

第2章 対象者の利益：
公衆衛生と消費者保護の根拠・論拠

はじめに

　本章ではトリアージ（Triage），特定商取引法改正，薬のインターネット販売の3つの政策事例を取り上げ，背景理論，文脈主義，規範理論，組織理論の枠組みの適用可能性を探る。対象者（client）の利益をめぐる2つの価値の二律背反を条件づける文脈について比較検討し，決定の文脈的理解をより深めるために条件づけを明示化する必要があることを示す。なお本章で対象者とは，傷病者，消費者，患者など特定のサービスを享受する対象を指し，国民一般やサービス供給側とは対照的な存在として理解している。

第1節　トリアージの制度

(1) トリアージの方法

　大震災などの災害で住民に多くの死傷者が出たにもかかわらず，医師・医療機関・医療器具・薬などの医療関連資源が限られている際には，トリアージという手法が採用されることがある。トリアージは，治療（Treatment），搬送（Transport）と共に災害現場で最も重要な3つのTであり，救急医療や災害医療において関係者の間で共通認識とするべき必要不可欠な方法である。つまりトリアージとは，最善の結果を得るために対象者の優先度を決定して選別することを意味する。

　このトリアージの判定基準には，総傷病者数，医療機関の治療許容量（能力），運搬能力，傷病者の重症度，現場での応急処置能力，治療に要するまでの時間

などが考慮され，この「最大多数の最大幸福」を基準にした処置方法は大震災や戦争などの緊急事態で採用されている。しかしながら，「人の命は平等であり，皆同じように対応すべきである」という主張がされることはしばしばある。この平等な取扱いを強調する主張に対して，どのような反論をすればよいのか。

トリアージとはフランス語の「trier（to sort out：選び出す，選び分ける）」を語源とし，フランスの繊維商人が羊毛の品質レベルをいくつかのクラスに仕分ける際に用いられた言葉である。この言葉を医学の世界に導入したのはナポレオンの軍医であった Baron D. J.Larrey であり，戦場における傷病者を選抜する際にトリアージという言葉が用いられるようになった。そのトリアージの目的は戦傷者から再度戦闘に参加可能な軽症者を選別することであった（東京都福祉保健局 2013：26）。

災害時には多数の医療従事者が作業を行っており，トリアージの結果を誰が見ても容易に理解でき，次の行動で判断できるようトリアージタッグを表示する。日本においては，図表2-1のように4つの分類を行い，優先順位を決めて治療を行っている。

第1順位，つまり最優先順位は「赤，カテゴリーⅠ（最優先治療群）」であり，それは生命に関わる重篤な状態で一刻も早い処置をすべき者である。第2順位は「黄，カテゴリーⅡ（待機的治療群）」であり，赤ほどではないが，早期に処置をすべき者である。一般的に，今すぐ生命に関わる重篤な状態ではないが，処置が必要であり，場合によって赤に変化する可能性がある者をさす。第3順位は「緑，カテゴリーⅢ（保留群）」であり，今すぐの処置や搬送の必要ない者であり，これには完全に治療が不要な者も含む。第4順位は「黒，カテゴリー0（死亡群）」であり，死亡または生命徴候がなく救命の見込みがない者を指している。

トリアージは，軽症者を除外し，死亡者を確認し，治療を必要とする者の中から重症患者と中等症患者を区別することである。このトリアージを実施する場所は主として，①災害発生現場，②救護所，③医療機関，の3つである。図表2-2のようにトリアージは一度だけ行うのではなく，傷病者の状況に応じて

図表2-1　トリアージのプロトコール

優先度	分類	色別	疾病状況	診断
第1順位	緊急治療	赤	生命、四肢の危機的状態で直ちに処置の必要なもの	気道閉塞または呼吸困難、重症熱傷、心外傷、大出血または止血困難、開放性胸部外傷、ショック
第2順位	準緊急治療	黄	2〜3時間処置を遅らせても悪化しない程度のもの	熱傷、多発または大骨折、脊髄損傷、合併症のない頭部外傷
第3順位	軽症	緑	軽度外傷、通院加療が可能程度のもの	小骨折、外傷、小範囲熱傷（体表面の10%以内）で気道熱傷を含まないもの、精神症状を呈するもの
第4順位	死亡	黒	生命徴候のないもの	死亡または明らかに生存の可能性のないもの

出典：山本（1996：6）を一部修正。

何度も行い，トリアージタッグにはトリアージ実施者の氏名を記載する。

災害発生現場で行われるトリアージでは，災害派遣医療チームや救急隊によって，現場から救護所への搬出の順位を決定する。スタッフに比べて傷病者の数が著しく多い時には，「歩行」「呼吸」「循環」「意識」の評価のみで短時間に行えるSTARTトリアージ（Simple triage and Rapid Treatment）が有用とされている。搬出する被災者が少なく救護所の準備ができていない場合には，その場で医療機関への救急搬送の順位を決めることもある。

救護所のトリアージでは，生理学的指標や解剖学的に見た損傷評価を加味した対応が要求される。トリアージは，医療救護班の到着前は救急救命士などによって実施され，医療救護班の到着後は医師の責任の下に看護師や救急救命士の協力を得て行われる。救護所におけるトリアージの目的は，医療機関への搬送の順位を決めることである。トリアージを行う者は現場で最も経験豊富で知識と判断力・指導力を有する人であることが求められる。

医療機関のトリアージは，手術などの治療を受ける順番を決めるために医師が行う。トリアージを行う医師は，医療機関の医師や看護師のスタッフ数，使用できる手術室の数，救急処置室の数，入院可能な病床数などの医療情報を事

前に熟知しておく必要がある。医療機関自体に被害が出ている場合，電気・水道等のライフラインに甚大な障害が生じている場合，治療できる医師がいない場合，傷病者数が多すぎて対応できない場合には，被災者へ必要な治療が困難となる。その場合は被災地以外の医療機関へ転院の順番を決める必要もある。

　これらの場所でのトリアージカテゴリーは共に，傷病者の傷病の緊急度や重症度に応じて行われる。気道を確保しても呼吸がない場合は黒（死亡）のタッグを付け，医療資源が極端に不足している時には，その優先順位は専門家とし

図表2-2　災害現場におけるトリアージフローチャート

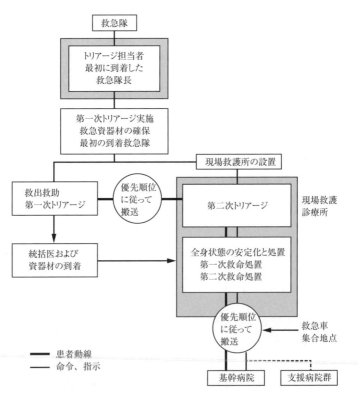

出典：山本（1996：7）を基に筆者作成。

ての倫理観に依存して付けられる。トリアージにおいてはしばしばスコア化が主張されるが，優先順位を決める際に，患者の被害状況，医療資源の状況，被災者特性（子ども，女性，高齢者，病人，障がい者）などの配慮事項が多く（山本 1996：7-8），マニュアル化しにくいがゆえに，専門家としての裁量的正義が必要である。その方法はまさに行為功利主義そのものである。

(2) トリアージの課題

災害発生現場，救護所，医療機関においてこのようなトリアージの方法が採られているわけであるが，実施者や責任の問題については，課題も残っている。

第1にトリアージの実施者は誰かという問題である。考え方は3つある。第1の「搬送順位選択説」では，医師が専門を発揮できる部門で働くことが医療資源の合理的活用であり，トリアージは医師以外にも許容されるのが現実的であると考える。トリアージは，救急救命士，救急隊，看護師の搬送順位選択の過程であり，医療行為ではないと定義される。第2の「拠点病院体制確立説」においては，原則医師がトリアージを実施し，現実の災害現場で実践体制を構築すべきと考える。この考え方では，拠点病院にトリアージ責任者としての医師を配置し，そのトリアージ責任者を中心として日頃から救急救命士・看護師を補助者として教育訓練し，指示連絡体制の下にトリアージを実施する。医師法第17条においては，「医師でなければ，医業をなしてはならない」と規定しているが，この問題を医師にトリアージ責任を集中させることで回避する。第3の「形式説」はトリアージを診療行為と見なし，医師のみが行えるものと形式的に考える。災害発生現場や救護所で緊急的にトリアージを実施しなければならない場合は「緊急避難行為」として解釈される（東京都福祉保健局 2013：46-47）。

第2に民事上・刑事上の責任を問われる点である。医療過誤，つまり医師の注意義務の過失，過失と結果との因果関係が争点となる。特にトリアージの判断ミスについて，注意義務の内容と程度が問われ，医師の判断ミスと死亡・障害との因果関係が判断の中心となる。医療訴訟において，因果関係の立証では

「過失の推定」が行われることもあるが，延命利益は相当程度の確率（80～90％）で因果関係が立証される必要がある。治療機会の喪失など医師の誤診による不作為と死亡・障害との因果関係について，医師の過失の民事責任が問われても，医師の賠償責任を判断することは難しいのが実態である（石川2000：288-319，橋本2000：180-256）。

　第3に，トリアージには10～30％の誤りが生じる可能性があり，判断を統一することは難しい。これは法的責任のみならず社会効率にも問題が及ぶ。つまり，トリアージが希少資源の効率配分を行う意図で実施されながらも，医療関係者の判断ミスで資源配分上の非効率が生じる可能性がある。トリアージによる希少資源の効率配分という社会効用から判断ミスによる社会非効率を差し引いたものが実質的な効用である。判断ミスが生じないための教育訓練，そのチェックを行うための制度設計が急務である。もしそれが不可能で判断ミスの社会非効率が社会効率を上回れば，トリアージによる社会効率は正当化の根拠とはならない（永井2011：85）。

　第4として，そもそもトリアージがジュネーブ条約，赤十字国際条約で禁止されている「差別的治療」に当たる可能性もある。違法行為の可能性は赤十字国際条約第12条「保護及び看護」の2項において，「それらの者をその権力内に有する紛争当事国は，それらの者を性別，人種，国籍，宗教，政治的意見又はその他類似の基準による差別をしないで人道的に待遇し，且つ，看護しなければならない。それらの者の生命又は身体に対する暴行は，厳重に禁止する。特に，それらの者は，殺害し，みな殺しにし，拷問に付し，又は生物学的実験に供してはならない。それらの者は，治療及び看護をしないで故意に遺棄してはならず，また，伝染又は感染の危険にさらしてはならない」とされている点にある。ただし，第12条3項では「治療の順序における優先権は，緊急な医療上の理由がある場合に限り，認められる」としており，トリアージを「緊急な医療上の理由」と解せば，ジュネーブ条約違反とはならない。

(3) トリアージの文脈

　トリアージに賛成の立場からすると，大震災などの緊急時においてトリアージは必要不可欠な対応であるという主張となる。この主張の根拠となるのは，配分される医療資源が希少であり，しかも緊急な対応が求められるからである。すべての人へ平等に医療サービスを配給することは実質不可能であるため，配給されるべき人と，優先されるべき人を選別しなければならない。医療の割当に熟慮している時間的余裕はなく，即応が求められる。これは社会効率の規範を論拠とした主張となり，その背景にあるのは功利主義である。つまり希少性と緊急性が重要な配慮事項となる。

　これに対してトリアージに反対の立場としては，トリアージは民主主義社会の医療として適切ではないという主張がある。健康機会の平等を保障する必要があるにもかかわらず，トリアージは健康格差を助長することになりかねない。この主張の根拠としては，国民の医療を受ける権利，医療の平等性にある。その隠れた論拠としては公正機会の原則，平等主義の規範理論が存在している。ロールズによる公正機会の平等の議論に反してトリアージを実施するにしても，日常的に医療資源の確保に努めておくこと，トリアージにおける判断ミスの最小化の対策が最低限必要となろう。

　また医療資源の優先的配分という社会効率だけではなく，個人の医療効率を高めるための成功可能性という基準もトリアージは重視する。社会と個人の2つのレベルの功利が根拠となってトリアージが正当化されている。緊急時に平等主義に基づいて対応するならば，救える命も救えない非効率の資源配分となりかねないからである。価値の最大化と不利益の最小化の均衡をめざす多元的功利主義の考え方から見ると，可能な命を救済する価値の最大化と救える可能性の低い命の優先を低くする不利益の最小化を実現することでもある。トリアージが明らかにしているのは，そもそも医療サービスが権利の配分ではないということであり，現場での決定であるが故に，そこには政治的決定の余地は少ない。

　以上，トリアージをめぐる規範，方法，課題，倫理について論じてきた。ト

リアージをめぐる状況と決定は，資源配分における効率と公正の二律背反関係を考える上で大変興味深い対象であり，示唆することは多い。医療資源の配分において，平等・公正よりも効率を優先しなければならない理由は，その資源の希少性と対応の緊急性にある。この希少性と緊急性が2つの価値の二律背反を構造づけている条件である。たしかにトリアージは緊急時の対応であるから，行政の活動としては極端な例外事項ともいえる。しかしながら，希少資源の配分をめぐって効率と公正を調和的に解決しなければならない点において，トリアージは保育・介護・住宅などの割当問題と同様に行政活動の本質を示す事例であり，この文脈の条件を明示化する意義は大きいものと考える。

第2節　特定商取引法の改正

(1)　特定商取引法とそのルール

特定商取引法は，訪問販売や通信販売などにおいて事業者が守るべきルールと，クーリング・オフ等について消費者を守るルールを定め，事業者による違法・悪質な勧誘行為等を防止し，消費者の利益を守ることを目的とする[1]。

特定商取引法の対象となる取引類型としては，事業者が一般消費者の自宅等へ訪問して，商品，権利の販売または役務（サービス）の提供を行う取引，キャッチセールス，アポイントメントセールス等の「訪問販売」，新聞，雑誌，インターネット等で広告し，郵便，電話等の通信手段により申込みを受ける取引である「通信販売」（インターネット・オークションを含み，「電話勧誘販売」に該当するものを除く），電話で勧誘し，申込みを受ける取引である「電話勧誘販売」，個人を販売員として勧誘し，さらに次の販売員を勧誘させるというかたちで，販売組織を連鎖的に拡大して行う商品・役務（サービス）の取引である「連鎖販売取引」，長期・継続的な役務の提供と，これに対する高額の対価を約する取引（エステティックサロン，語学教室，家庭教師，学習塾，結婚相手紹介サービス，パソコン教室の6つの役務）である「特定継続的役務提供」，仕事を提供するので収入が得られるという口実で消費者を誘引し，仕事に必要

であるとして，商品等を売って金銭負担を負わせる取引である「業務提供誘引販売取引」，事業者が一般消費者の自宅等へ訪問して，物品の購入を行う取引である「訪問購入」を対象としている。

　特定商取引法におけるルールは，行政規制と民事ルールの2つがある。行政規制においては，氏名等の明示を義務づけ，不当な勧誘行為を禁止し，広告規制を行い，書面交付を義務づけている。これらに対する違反行為は業務改善の指示や業務停止命令の行政処分，または罰則の対象となる。民事ルールにおいては，クーリング・オフ，意思表示の取消し，損害賠償等の額の制限などのルールを定めることで，消費者と事業者とのトラブルを防止し，消費者の救済を容易にすることをめざしている。

　これらの背景には消費者を保護することが重要な公益とされ，消費者の安全・安心を確保することが個人消費の拡大につながるとの認識がある。また経済発展には消費者保護が必要であり，消費者保護が健全な経済発展を促進するという考えは重要である。近年は，業者による自宅訪問で貴金属などを強引に買い取る「押し買い」，インターネットなど販売手法の変化，判断力が低下した高齢者の購入などの新たな課題も浮上しており，その対応が求められている。

　かつて訪問販売法によって訪問販売，通信販売，連鎖販売取引を規制対象としていたが，昭和63年改正により，商品の取引に加えて，役務や会員権等の取引を規制の対象として追加された。さらに平成8年改正では電話勧誘販売を規制対象とし，平成11年改正ではエステ・語学教室等の特定継続的役務提供を法規制対象とした。特定商取引法の制定後は平成12年改正でインターネット広告を規制対象に加え，業務提供誘引販売取引が規制対象とされた。

　さらに，平成16年改正では行政規制の強化と民事ルールの整備を行い，平成20年改正では指定商品・指定役務制の撤廃が行われ，原則すべての商品・役務が規制対象となった。訪問販売に対しては再勧誘の禁止や過量販売の規制が行われ，通信販売には返品規制，通信販売，連鎖販売取引，業務提供誘引販売取引では電子メール広告のオプトイン規制も実施された。しかも消費者個人だけでなく，適格消費者団体にも差し止め請求訴訟が認められた。適格消費者

団体とは消費者契約法第2条第4項に基づき，消費者全体の利益擁護のために差し止め請求権を適切に行使することができる適格性を備えた消費者団体として，内閣総理大臣の認定を受けたものである。適格消費者団体による差し止め請求訴訟が認められたことは，原告適格の拡大を意味し，消費者利益を保護拡大する志向が強まっていることを示している。

　さらに平成24年改正においては，訪問購入において，書面交付義務，不実告知・威迫困惑等の禁止，8日間のクーリング・オフ，物品の引き渡しの拒絶，不招請勧誘の禁止などが規制として盛り込まれた。消費者庁と経済産業省では「特商法関連被害の実態把握等に係る検討会」で2014年8月に報告書を公表し，総理大臣の諮問を受けて内閣府の消費者委員会特定商取引法専門調査会が2015年3月7日から8月25日まで計11回開催され，『中間整理』が提出された。しかし専門調査会メンバーの合意を得ることはできず，10月26日から計7回会議が開催され，2015年12月24日に報告書の取りまとめが行われた。

(2) 特定商取引法をめぐる利益

　消費者庁設置後は内閣府に消費者委員会，そしてその下に置かれた専門調査会で特定商取引法の改正が審議されており，事務局は内閣府が担当し，消費者庁はもちろんのこと，経済産業省も出先機関である地方経済産業局で消費者相談や業者への監督・行政処分を行う立場から議論に加わっている。消費者委員会の専門調査会においては，消費者保護の観点から全国消費者団体連合会などの消費者団体や日弁連・地方弁護士会が規制強化を主張し，規制強化反対の立場からの業界，とくに日本訪問販売協会，日本通信販売協会，経団連，商工会議所が各利益を求めて主張を繰り返すことになる。また消費者保護を担当する都道府県からも意見書が提出される。そこで行われる議論の論点は極めて専門的かつ多様であるが，単純にいえば「営業の自由」と「消費者保護」という公共利益との均衡である。営業の自由と消費者の主体的判断の比較考量が主たる論点となる[2]。

　「営業の自由」という古典的自由規範を重視する立場からすれば，「規制が営

業の自由を阻害している」「消費者教育で十分ではないか」「購入を判断できない高齢者をサポートすることが重要ではないか」という主張になる。事前の参入規制などで自主規制コストが価格に上乗せされるので消費者利益につながらないことが繰り返し主張され，消費者の自主的・合理的選択機会を保証し，自己決定権への配慮が必要であると述べられる。通信販売協会や訪問販売協会の内部自己規制の実績が示され，行政規則や民事ルールの提示ではない団体の自己解決方法が強調されることが多い。

これに対して，「消費者保護」という新しい公益規範を重視する立場からすると，「平穏な生活を営む権利（自由）を消費者に与えてほしい」「消費者のプライバシーを保護してほしい」という要望に応えることが必要であると主張される。電話やインターネットを通じたトラブルは増加傾向にあり，訪問購入に関する相談件数は低下傾向にあるが，電話やパンフレットで高齢者を勧誘し未公開株や社債などを高額で買わせる「買え買え詐欺」や業者が高齢者宅を訪れて貴金属を安値で無理やり買い取る「押し買い」は依然として存在し，高齢者トラブルはむしろ増加する傾向にある。

(3) 法改正の文脈

特定商取引法改正をめぐる議論は営業の自由と消費者保護という公共の福祉との価値対立であるが，それぞれの主張では相談件数，市場規模，改善取り組みなどのデータや事実を提示し，そのデータに基づいて主張の論拠・論理を構成し，選択肢の正当化根拠を示すのが一般的である。法改正の歴史的経緯をみると，規制強化への傾向は継続している。ただし，それはゼロサムの決着構図ではなく，利害対立する審議会政治において妥協の結実点を模索する過程であった。漸変的な合意形成政治といってもよい。その特徴は以下の内容と過程の2点にまとめられる[3]。

第1は内容についてであり，各団体が主張と根拠を示す中で規制の範囲と程度が確定し，漸変的に規制が強化されている点である。平成24年改正において訪問購入の規制が強化されたが，その規制の範囲と程度は限定的なものであ

った。消費者を押し買いから保護することが目的であるのに，他省庁や業界に譲歩し，消費者の自宅にある金目の物の多くが規制対象外であった。消費者相談の多い「中古自動車」の販売は規制対象外であるのに対して，出張買い取りの実績の多い「バイクや自転車（二輪）」は規制対象となっている。

また，「消費者の利益を損なう恐れのないもの」「流通に大きな支障が出るもの」を規制対象外としているが，その基準が適切ではない。「消費者自ら自宅での契約締結等を請求した場合」「いわゆる御用聞き取引の場合」「いわゆる常連取引の場合」「転居に伴う売却の場合」は法令の適用外となるとしているが，「押し買い」との違い，線引きが難しいと消費者団体から指摘されていた。

これに対して，平成27年度の法改正に向けて消費者委員会特定商取引法専門調査会において，訪問購入の規制適用除外となっていた自動車，本・CD・DVD・ゲームソフト，家具，有価証券，家電についても規制対象として加えるべき旨が弁護士や消費者代表から主張された。平成20年改正で商品と役務は政令指定制が廃止されたが，指定権利制が残っていたため，指定権利制の廃止も主張された。不招請勧誘規制の導入も一部委員から主張されていたが，特定商取引法専門調査会においては，指定権利制の見直しをすることで合意が得られた。法改正では，訪問販売に加えて電話勧誘販売においても過剰な量の売買契約（過量販売）について消費者側に解除権が認められた。

第2は複数案の提示と，合意可能性の高いマイルドな案への収斂という過程をとることが多い点である。たとえば消費者委員会特定商取引法専門調査会において，飛び込み勧誘に対する規制については，一方において事業者側により飛び込み加入で新規客が獲得できる商慣習であると主張され，他方において消費者側の主張によると，電話勧誘は約10万件，訪問販売は約9万件の相談実績があり，飛び込み勧誘に関する苦情・相談は多く，高齢者の不本意な契約実態もあると主張されている。

規制強化の選択肢としては「罰則強化」「行為規則の拡充」「事前の参入規制」の3つが検討された。この3つの中でも2番目の「行為規則の拡充」が消費者庁から提示されたが，消費者委員会特定商取引法専門調査会では合意形成が困

難を極めた。2番目の「行為規則の拡充」は「事前の参入規制」に比べると相対的にマイルドな規制であるが，それでも業界団体の反発は強かったのである。

「罰則の強化」のメリットとしては健全な事業者への追加負担が生じないことがあげられ，デメリットとしては規則違反の認定が困難であること（訪問勧誘や電話勧誘の密室性，高齢者被害のため），消費者の契約締結拒絶の意思表示が必要であること，消費者の平穏やプライバシーの保護が不可能であること，があげられている。「行為規則の拡充」は勧誘拒否の意思を事前に登録する制度，たとえば，訪問拒否のステッカーの貼り付けなどが検討されている。そのメリットとしては生活の平穏やプライバシーを保護できること，契約締結拒絶の意思表示ができない消費者の保護が可能なことがあげられ，デメリットとしては勧誘行為への規制強化で事業者の営業行為に大きな影響が出ることが想定されている。「事前の参入規制」は事業者の事業遂行を免許・認可・許可・登録・届出などで事前規制しようとするものである。そのメリットとしては事業者の活動を幅広く適正化できること，デメリットとしては事業者の手続き上のコストがかかること，制度運営に行政コストがかかること，消費者の契約締結拒絶の意思表示が必要なこと，消費者の平穏やプライバシーの保護が不可能なこと，があげられている。

結局，訪問販売および電話勧誘販売に関して，規制強化・解釈見直しの必要性については消費者委員会特定商取引法専門調査会で合意が得られず，法執行の強化や自主規制の強化を行う点で意見の一致を見た。最終的に法改正では，悪質事業者に対する罰則強化を行い，『中間報告』で想定していた「行為規則の拡充」「参入規制の強化」は採用されなかった。指定権利制の見直しや電話勧誘販売における過量販売の解除権が認められた点は消費者側の利益に沿った改正であったが，事業者に対する一律的な規制強化には反発が強く，悪質事業者のみを市場から排除すべきとの事業関係者の意見に沿った形で法改正が行われた。この点は『中間整理』からは大幅に後退した形となった。たとえば，法人または個人に対する行政処分の強化業務停止命令の期間を最長2年に伸張し，違反した個人に3年以下の懲役または300万円以下の罰金，法人には3億円以

下の罰金を科すことになった。不当勧誘した法人への罰金を300万円以下から1億円以下へ引き上げた。業務停止命令を受けた法人の役員らが別法人で業務を続けることを禁じる「業務禁止命令」を新たに設置した。

第3節　薬のインターネット販売

(1) 薬に対する規制

　薬は病気やケガへの適切な処方によって効果を発揮するが，その使用方法や量を誤ると十分な効能が発揮されないばかりでなく副作用が生じることがあり，生命に危害を及ぼす症状さえ生じることもある。つまり，薬は効用と共に大きなリスクが生じるのである。そのため，薬事法は医薬品の安全性，有効性，品質を確保するため医薬品の開発・製造・流通・使用に強い規制を設けている[4]。
　医薬品には医療用医薬品と一般用医薬品の2種類がある。医療用医薬品は医師が患者に対して診断を行って個々の患者に応じた処方箋を出し，それに基づいて薬剤師が調剤する薬である。この処方薬は強い効力が期待できるが副作用が生じるリスクもあるため薬局でしか販売できない。一般医薬品は様々な人が用いることができるように調剤されており，医療用医薬品に比べて効力を低めて安全性を高めるよう調剤している薬であり，一般薬・大衆薬と呼ばれる。それは3つの種類に分類される。第1類医薬品は一部の胃薬・毛髪用薬など副作用のリスクがあり，販売する際には薬剤師が医薬品に対する情報提供を行うことが義務づけられていた。第2類医薬品は風邪薬・胃腸薬・鎮痛剤など副作用などのリスクがあるものであり，薬剤師または登録販売者が情報提供することが努力義務とされてきた。第3類医薬品は第1類・第2類以外の医薬品であり，ビタミン剤や整腸薬などがそれに該当する。薬剤師または登録販売者による販売が行われ，コンビニエンスストアやインターネットでも販売されてきた。一般用医薬品について第3類以外はインターネットでの販売は認められていなかったが，2013年12月に薬事法が改正され，図表2-3のように2014年6月12日から新しい販売ルールが適用された。

第2章　対象者の利益：公衆衛生と消費者保護の根拠・論拠　43

図表 2-3　2014 年 6 月 12 日以降の販売方法

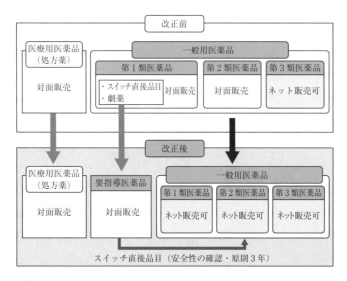

出典：http://www.gov-online.go.jp/useful/article/201405/1.html（閲覧日 2015 年 8 月 16 日）を基に筆者作成。

　新しい販売ルールでは，医療用医薬品はこれまで通り処方箋に基づく対面販売に限定され，一般用医薬品の「スイッチ直後品目」（医療用医薬品から移行したがまだ一般用医薬品としての使用実績が少ないために一般用医薬品としてのリスクが確定していない医薬品や医療用としての使用経験が少ない医薬品）や「劇薬」を要指導医薬品として対面販売に販売を限定し，それ以外の第 1 類・第 2 類・第 3 類の一般用医薬品を一定の条件の下，インターネットや電話で販売できるようにした。要指導医薬品を対面販売に限定した理由は，それが人体に対する作用が著しく重篤な副作用を生じるリスクがあるためであり，原則 3 年の安全性調査の後に安全性が確保されれば一般用医薬品に移行することとなった。インターネット販売を行うことができるのは，実際に店舗を有する薬局や店舗販売業の許可をもった販売業者に限定された。具体的には，「薬事法により薬局または店舗販売業の許可を受けている実店舗をもつ薬局・薬店である

こと」「実店舗は週30時間以上開店していること」「実店舗は購入者の見やすい場所に店舗名などの標識があること」「購入者が容易に出入りできる構造であることなど薬事法の基準を満たしていること」「薬剤師または登録販売者が常時，配置されていること」「インターネットで販売できる医薬品は，実店舗に貯蔵・陳列している医薬品であること」「インターネットのほかに，対面や電話での相談体制を整備していること」が販売者の条件となっている。販売サイトにおいても，「トップページに店舗の名称を表示すること」「実店舗の写真を掲載すること」「現在勤務中の薬剤師・登録販売者の氏名などを掲載すること」「許可証の内容（開設者名，所在地，所管自治体など）を掲載すること」「営業時間以外を含めた連絡先（電話番号，メールアドレスなど）を掲載すること」などがルール化された。情報提供などについてもルール化された。「実店舗やインターネットにおいて，購入者が情報提供内容を理解した旨を確認すること，購入者に再質問がない旨を確認すること」「妊娠中など薬の服用に注意が必要な場合を提示・表示すること」「乱用などの恐れのある医薬品は販売個数を制限すること」「使用期限を表示し使用期限切れの医薬品を販売禁止すること」「オークション形式の販売や購入者のレビュー・口コミ・リコメンドは禁止すること」が定められた。

(2) 薬事法改正の過程

以上述べてきた2014年6月から実施された販売ルールは，規制緩和を主張する推進派と規制維持を主張する慎重派による政治過程の所産であった。その政治過程における議論の主張，根拠・論拠を概説しておく。

2006年6月，対面販売と薬剤師による情報提供などを義務づけた改正薬事法が公布された。2009年2月に第1類・第2類のインターネット販売を禁止した省令が公布された。これに対してケンコーコムとウェルネットの2社が原告となり2009年5月東京地裁に提訴し，2010年3月原告が1審で敗訴した。2009年6月薬事法改正により離島住民らに対して第2類のインターネット販売を2年間認める経過措置をとり，2011年5月にはさらに経過措置を2年間

延長した。2011年7月には安全性の確保を条件にインターネット販売可能な対象を拡大する規制緩和方針を閣議決定した。

　2012年4月東京高裁で原告が逆転勝訴し，さらに2013年1月11日最高裁判決が出された。それは第1類・第2類の医薬品を郵便やインターネット等で販売することを厚生労働省令で禁止することは薬事法の委任の範囲と認めず，原告2社にインターネット販売の権利を事実上認めた。これで省令の規定を違法・無効とした東京高裁判決が確定した。ただし，最高裁判決はインターネット販売を規制することが営業の自由を保障する憲法に違反するとしたのではなく，またインターネット販売を容認したのでもなかった。薬事法の裏づけなく省令でインターネット販売の規制を行った措置に対して違法行為であるとの判決を出したのである。しかし，最高裁判決で市販薬のインターネット販売が事実上解禁状態となったため，厚生労働省は「一般医薬品のインターネット販売等の新たなルールに関する検討会」を急遽設置し，販売ルールの検討を行った。

　規制改革会議においても2013年2月15日の第2回会合で，市販薬のインターネット販売が議論されたが，規制緩和推進派と慎重派との意見の隔たりは大きかった。しかし3月8日一般用医薬品のインターネット販売の全面解禁を政府に求める見解をまとめた。半年以内に全面解禁の制度設計を行うよう明記し，国民の選択肢と利便性を広げる利点を強調し，同時に安全性を確保する仕組みも求めた。インターネット販売を推進する立場からすると，一般用医薬品のインターネット販売を成長戦略と規制改革の「シンボル」にしようとした。

　これに対して，自由民主党では厚生族の議員たちが「医薬品のネット販売に関する議員連盟」（尾辻秀久会長，元厚生労働大臣）を結成し，全面解禁に反対している（『読売新聞』2013年3月9日朝刊）。厚生労働省は一般医薬品のインターネット販売等の新たなルールに関する検討会において，5月31日に「これまでの議論の取りまとめ」を提出した。この文書においては一般用医薬品の意義について説明されたのち，具体的な販売ルールについて具体策が示されている（一般用医薬品のインターネット販売等の新たなルールに関する検討会 2013：9-38）。

6月4日に実施された甘利明経済再生相，田村憲久厚生労働相，稲田朋美行政改革相，菅義偉官房長官の協議においては，甘利と稲田が全面解禁を主張したのに対して，田村は25品目の「例外品目」を除外することを主張し，意見は折り合わなかった（『読売新聞』2013年6月4日朝刊）。結局一部を除きインターネット販売を99％解禁することが政府方針として決まり，安倍晋三首相が解禁の方針を表明したが，一部を例外として判断を保留し，具体的に厚生労働省の「医薬品の安全で円滑な提供方法を考える有識者会議」で検討されることとなった（『読売新聞』2013年6月6日朝刊）。有識者会議は医学や薬学の専門家を主として構成されていたため，インターネット販売には消極的な議論が相次ぎ，10月8日に厚生労働省の有識者会議は28品目の販売について副作用や健康被害のリスクを理由に慎重な販売を求める結論が提示された（『日経新聞』2013年10月8日夕刊，『読売新聞』2013年10月9日朝刊）。

　これに対して　10月24日楽天の三木谷浩史会長兼社長（楽天はケンコーコムの親会社）は反対の申し入れを首相や厚生労働大臣へ行い，11月6日産業競争力会議民間議員の辞任を発表した。田村憲久厚生労働相，甘利明経済再生相，稲田朋美行政改革相，菅義偉官房長官が11月5日に販売のルールについて合意し，99.8％を解禁し，一部の安全性評価がされていない23品目と劇薬5品目の規制を残す形で薬事法改正案が提出されることになった。

　2つの意見の対立は，営業の自由，利便性・選択性と安全性との相克であり，リスクを行政，業者，消費者の間でどのように分担するのか，という問題である。インターネットでの薬の販売を是とする根拠・論拠としては，「経済成長に貢献する」「離島・過疎地に住む者，薬局に行く時間のない者の利便性が拡大する」「水虫薬や妊娠検査薬など対面で購入がしにくい薬について薬剤師と対面しなくても購入できる」「現行でも対面販売は実質的に機能していない」「対面販売がネット販売よりも安全性が高い根拠はない」「公正な相談窓口など悪徳業者や偽薬品の識別方法・情報提供の方法は可能である」「購入者による相談がある場合は販売者に電話・メールなどによる相談に応じる義務を課せば安全性は確保できる」「薬局や薬剤師の既得権益を打破できる」があげられる。

これに対してインターネットでの薬の販売を否とする根拠・論拠としては，「副作用リスクが拡大し，薬害被害が増える可能性がある」「リスクの高い薬の販売としては対面販売が適切である」「ネット販売は匿名性が高く，責任の所在が不明確となる」「薬のネット販売では相談の4割が回答に応じていない」「第1類の市場規模は400億円，第2類は3,290億円，第3類は2,600億円であり，高リスクの第1類をインターネット解禁する経済効果は相対的に大きくない」「薬の規制緩和で経済効果を求めることが適切ではない」「インターネット販売を行う会社は利益が上がるが，多くの調剤薬局では収入減少となる」「リスクを消費者が負うことは不適切である」「インターネットによる購入履歴という個人情報を保護することが難しい」があげられる。

(3) 決定の文脈

　特定商取引法の改正の例が営業の自由を制約して消費者保護を強化することに社会規範が漸変的にシフトした事例であるのに対して，薬のインターネット販売の例は安全性から選択性・利便性へと重きを変えた逆の事例である。後者を大きく決定した文脈は官邸主導の政治決定，最高裁判決という法規範の2つである。

　第1の文脈は政治上の制約であり，首相官邸が規制緩和方針の決定を打ち出し，規制緩和を推進する立場の論者たちは規制改革会議を中心に成長戦略のシンボルと位置づけた。閣議方針決定の下でのルール決定は一方において，薬のインターネット販売の問題を大枠で制約づけた。他方において，厚生労働省も懇談会を設置して規制の根拠を明示化し，自由民主党の尾辻秀久参議院議員など厚生族を動員して政治的支持を調達しようとした。政治構図は二極化しており，政治的な調整が必要であった。特定商取引法と同じく合意形成を必要としたが，特定商取引法の事例が内閣府の消費者委員会という単一舞台で合意が形成されたのに対して，薬のインターネット販売では規制改革会議と厚生労働省が共存対立し，2つの行政機関・2つの利害を官邸が調整する必要があった。

　ただし，第1類一般用医薬品の市場規模は約400億円，第2類の一般用医薬

品の市場規模は約6,400億円であったため、厚生労働省が主張した第1類の一部を規制のままに残したとしても経済効果として大きく左右することはない。最終結果は99.8％をインターネット販売可能にする一方で、厚生労働省がリスクの高い薬を規制の下に置く主張が受け入れられ、痛み分けの形となった。厚生労働省が土俵際で踏みとどまり、政治的な合意形成が形成されたのである。

　第2の文脈は法的制約と時間的制約であり、2013年1月の最高裁判決が大きな影響を与えた。これは政策過程の行為者へ規範上の制約を課したのと同時に、最高裁判決でインターネット販売が事実上野放し状態となったため、急遽ルール化をしなければならないという時間的制約も与えたことになる。最高裁判決は「省令を根拠に規制をかけることは無効」との判決を出したため、インターネット販売が実質解禁状態となっていた。それを改める必要性は関係者の間で共通認識とされていたのである。

　そのため、合意形成に長い時間をかける余裕はなかった。厚生労働省の懇談会が最低限の販売ルールを具体的に示したのは、官邸による大枠決定が存在したと共に、引き延ばしという選択がなかったからに他ならない。この法的制約に伴う時間的制約は各行為者の選択肢を限定し、合意形成に寄与した。この時間的制約に影響された短期的決定は、漸変的な決定である特定商取引法改正と対照的な文脈として特徴づけることができる。

おわりに

　本章では事例としてトリアージ、特定商取引法、薬のインターネット販売を取り上げ、2つの規範のトレードオフの関係を条件づける文脈について検討してきた。3つの事例を対象にして対象者の利益について検討し、根拠と論拠を確認しながら文脈の重要性について確認した。

　規制は一方において公共の福祉を実現しリスクを低減する効果を期待できるが、他方において既得権益を保護し、新しい選択を狭める可能性も出てくる。3つの事例は自由と公正・公平との価値対立を解決しなければならない問題対

象であり，規制撤廃で社会余剰が増大するという新自由主義のアイデアを条件づける考慮事項の決定が政治そのものである（Wilson 1980：384-390）。

　このように，この3つの事例は2つの対立した価値基準の相克という問題を解決しなければならないという点で共通している。トリアージが希少性と緊急性を重視した非政治的決定，特定商取引法が審議会による合意形成，薬のインターネット販売が官邸主導の合意政治という特色をもち，対照的な文脈での決定が行われた事例である。3つの事例の検討から抽出された結論は，2つの対立する価値を調和するメカニズムが，金・人員・時間の資源の希少性や緊急性，諸利益の合意形成，政治指導者のリーダーシップの文脈から構成され，単一の理論で背景理論が構成されることは難しいということである。決定の文脈はもはや包括的な背景理論では説明できず，様々な条件の文脈から理解していかなければならない。このことは規範理論に対する条件づけが重要であることを示している。文脈主義や背景理論にはその文脈の条件を精査することが求められる。

　トリアージの例では，効率配分に社会支持が強く政治介入もないため，2つの価値の妥協という決定はない。特定商取引法の改正や薬のインターネット販売の事例では，社会支持が分断されているため，特定の主張のみが政策として実現することはない。トリアージの事例は合意形成の必要性がないため，マニュアルに従って現場で専門家により非政治決定が行われる。その行政的決定を条件づけているのが資源の希少性と対応の緊急性である。これに対して他の2つの事例は，社会合意の形成が制度化される。特定商取引法改正は法や時間の制約に条件づけられることは少なく，漸変的決定となり，その決定の舞台も消費者委員会での水平的調整に限定された形で利益が集約された。それに対して，薬のインターネット販売の事例は法と時間に大きく制約される決定にならざるを得ず，官邸主導の垂直的調整に依存する形で決定が行われた。

　各事例の制度配置の違いは政策の帰結を左右し，政策過程の研究における制度の視点の重要性を示すものであった（Peters 2012：18-21, Lowndes and Roberts 2013：28-40）。制度が前提条件としての外生変数によって左右されるだけではなく，制度が未知変数としての内生変数として機能し，政策決定を

特徴づける文脈としても機能したのである（Peters 2014：101-114）。トリアージの制度が現場の決定を左右し，傷病者の拡大という不確実性の回避・吸収が行われ，特定商取引法の事例は資源制約が安定して条件適合的な文脈において水平的調整が行われた。薬のインターネット販売の事例では資源制約が流動的で不確実性が吸収される文脈で垂直的なリーダーシップが実施された。つまり，この文脈ではリーダーシップが発揮しやすい環境を創出したわけではなく，むしろ短期的な対応にすぎなかった。その意味で条件適合的な文脈として理解するのではなく，ここでは不確実性への対応として理解している。

確かに，これらの3つの事例だけで決定の文脈的理解を一般化し，政策文脈を構成する要素を確定することは難しい。次章以降における事例研究の蓄積を積み重ね，理論的分析をさらに洗練させていくことが望ましい。ただし，これらの3つの研究事例は，資源配分の決定が行政的か政治的か，合意形成が水平的か垂直的か，という点で対照的な事例であり，政策決定の文脈的理解を深める上で重要な事例を提供してくれるものと考えている。

注

1) 以下，特定商取引法についての概説と法改正の歴史的経緯については，圓山（2014），齋藤・池本・石戸谷（2014），後藤・齋藤・池本（2015）を参照した。
2) 公共の福祉と営業の自由の価値対立は，規制をめぐる古典的な議論といってよい。その点，特定商取引法改正の政策過程は規制をめぐる比較的標準的な事例である。以下の審議会での審議経過は，消費者委員会特定商取引法専門調査会（2015a；2015b；2015c）を参照した。同じ関心から自由と介入という対立軸から論じた論稿として，武智（2001），松井（2017）がある。
3) 以下，審議会における議論については，特商法関連被害の実態把握等に係る検討会（2014），『朝日新聞』2015年7月23日朝刊，『朝日新聞』2015年4月29日朝刊，消費者庁（2015）を参照した。
4) 以下，薬のインターネット販売をめぐる各アクターの動向については，繁雑になるので一部以外は引用していないが，2013年1～11月における『朝日新聞』『読売新聞』『日本経済新聞』を参照した。また，薬のインターネット販売をめぐる政策過程については，村上（2016），秋吉（2017）で詳しく論じている。

第3章 政策のアイデア：
農業における多面的機能と直接支払

はじめに

　農業は伝統的な第一次産業として位置づけられている。日本においては，農業の産業人口の数と割合が低下しているのに対して，食料自給率の向上が国家安全保障上の課題となっており，産業としての重要性は依然として変わらない。また，自然天候に生産活動が大きく左右されるリスク構造をもち，里山，地下水，川，海，湖，池沼などの自然資源の調達に依存する度合いが高い産業という特色をもつ。自然天候に生産性が左右される産業であるため，個人の工夫や努力だけでは一定の結果が保証されない可能性もある。個人の所得補償というミクロ的な所得分配上の効率性の点でも，食料自給率を維持するというマクロ的な資源配分上の効率性の点でも，ここに行政が農業という産業に介入し続けてきた根拠がある[1]。

　歴史的経緯をみると，農業は行政統制（既得権益）が強く自由化が遅れた領域であった。減反政策（生産調整政策）とその見直しが繰り返し行われてきたことから明らかなように，行政介入が常に行われてきた領域の1つである。ただし，それは日本だけに限らず，他国でも農業ないし農民に対する保護政策は伝統的に行われてきた。農業ないし農民を所管する中央省庁としての農林水産省は伝統的な顧客を監督する省庁として各国共に存在する行政組織であり，顧客を保護監督する行政機関としてはオーソドックスな特性をもつ。アメリカ，オーストラリア，ニュージーランドは自由主義国ではあるが，農業保護，農民保護，農村保護は国家の重要な役割として認識されてきた。自由主義貿易の中で保護主義的な農業管理をいかに維持するかが先進国の共通した課題といって

よい[2]。

　行政機関の統制に置かれることで、一方において既得権益を維持できて食料供給の安定性は図れるが、他方において、農業の技術革新が進まずに大きな成長発展が望めない可能性もある。農協（農業協同組合）が不良債権を保持した巨大金融機関と化し、行政機関が組織化された農民たちの政治的支持を調達し、逆に行政機関が捕虜行政機関となる可能性もある。自立と保護のバランスをいかにとるかは、農業政策の永遠の課題といってよいだろう。

　このように、農山漁村の維持や食料自給率の向上など日本の農業に対する期待は大きいにもかかわらず、農業従事者の高齢化は進展し、耕作放棄地面積は増え続けている。農業の改革は大きな課題であり、TPP（環太平洋経済連携協定）対策、農地中間管理機構（農地バンク）、農地法改正、農協法改正、減反廃止など農業については改革策が相次いで提示されている。はたして、これらの政策転換は、政治要因に基づくものなのか、それとも経済社会の要因に基づくものとして理解すべきか[3]。

　一方において、寺田貴と三浦秀之は民主党の菅政権と野田政権を比較検討し、政治的支持の差異を強調している。つまり、菅政権が党からの支持を得ることができなかったのに対して、野田政権では政務調査会の権限を強化し、党内配慮・調整を重視し、脱官僚ではなく官僚を積極的に用いた。党からの支持と官僚資源の強化によってTPP交渉参加という決断を導き出したという（寺田・三浦 2012：150-167）。また作山巧は国内政治と国際政治を連結させるパットナムの「2層ゲームモデル」をTPP交渉に適用し、TPP交渉への参加への促進要因として外圧や争点リンケージを取りあげ、抑制要因として農林族や農林水産省の拒否権をあげ、その政策過程の検討を行っている。日本のTPP交渉の参加は促進要因の顕在化と抑制要因の消滅が同時に生じたためと論じられている。アメリカからの外圧は貿易自由化の主要要因ではなくEPA（経済連携協定）/TPPの政治効果や戦略的効果とのリンケージが農産物貿易自由化の重要な促進要因とされ、安倍政権は抑制要因としての拒否権プレイヤーである農林族と農林水産省の押さえ込みに成功したと結論づけられている（作山

2015：192-196）。

　他方において，減反が安倍政権で決定された理由として，荒幡克己は農協の政治力低下のほか4つの理由をあげている[4]。つまり，第1は高齢化や担い手不足から米の増産余力が縮小し，需給ギャップが小さくなったこと，第2は農協や生産者がもともと減反に反対しており，いまでも末端農家は支持していないこと，第3は安倍政権の農業成長戦略と減反が相容れないこと，第4は民主党の個別所得補償の額は選択性減反を否定することになり，強制減反へ後退することは世論が支持しないために減反廃止しか選択肢がなくなったこと，の4つである（荒幡2015：2-7）。

　本章においてはこれらの議論を統合させて，農業政策の転換を多面的機能や直接支払制度のアイデアと自由化の文脈とが結びついてTPP参加という政策転換の選択機会を提示したとの仮説を提示する。民主党菅政権におけるTPP参加表明に始まり自由民主党安倍政権の減反廃止に至る農業政策の決定過程を直接的な対象にして，政策転換の文脈を概観することが本章の目的である。なお，ここでアイデアとは理念や考え方の源泉をさし，政策の規範的要素として理解する。

　まず第1に農業政策の歴史的展開を概説し，食糧管理制度の制定にさかのぼって検討する。そして第2に多面的機能のアイデアの意味内容について説明する。第3に直接支払制度のアイデアについて検討する。第4に自由化のルール変更をめぐる議論を整理する。第5に菅政権から安倍政権に至る農業政策の転換の文脈を分析する。従来，野田政権や安倍政権の登場という政治的要因が農業政策の転換の要因として指摘されてきたが，本章ではそれ以外の文脈の重要性を強調する。農業における自由化は漸変的かつ全般的な傾向であり，安倍政権以前から実施されてきた。多面的機能や直接支払制度というアイデアの採用と自由化の文脈が制度配置の転換と結びつき，TPP参加という政策転換の選択機会を創出したことを明示する。

第1節　農業政策の経緯

(1) 戦後の農地改革

　日本における農政の展開を農地，価格・流通，貿易の3つに着目し，その政策の経緯について概説する[5]。

　戦前の日本においては，小作争議，つまり大地主と小作との争議が頻繁に起きていた。また大地主が農地を所有し小作人が利用するという構図が戦前日本農業の基本であった。小作争議の激化を緩和し，地主・小作関係の調整をはかる方策を検討し，1920年に小作制度調査委員会が設置され，1924年に小作調停法が制定された。自作農を創出する試みは一部行われたが，農地の多くは地主の所有によるものであり，自作農が中心の農業は実現しなかった。そのため，第二次世界大戦後は民主化の一環として農地改革が取り組まれた。日本政府の第一次農地改革法は内容が不十分であるという理由でGHQによって拒否され，1945年12月9日GHQより日本政府へSCAPIN-411「農地解放に関する覚書」が送られた。そのため日本自由党も法案を拒否できなかった。そして小作農に農地の所有権を与える農地改革を行うべく，第二次農地改革法が制定された。和田博雄は農林省農政局長として第一次農地改革を主導し，第二次農地改革法では農林大臣として改革を遂行した[6]。自作農の拡大は戦前から農林官僚の悲願であった。

　農地改革は戦前の農地制度を転換させる大改革であった。第二次農地改革法に基づき政府が農地を安値で地主から直接買い上げ，小作農へ売り渡した。当時はインフレーション状態であったので，無償に近い低価格での譲渡となった。強制の譲渡方式によって地主制度は崩壊し，戦後日本においては自作農主義が基本となった（大石1975：20-22）。1938年に農地調整法が制定され農地委員会の下で地主と小作との調整が行われていたが，この委員会の委員は戦後公選制となり，1951年に農業委員会へ統合された。この農業委員会は農地の利用や転売についての調整・許可を行う行政委員会であり，農地の民主化の行政機

構として重要な役割を期待されていた。戦後の農地改革は地主の農地を小作農へ配分し，農業委員会はいわば農業の民主化機構の一翼を担っていたのである。

　自作農主義は農業の民主化をはかるうえで大きな意義があったが，それは農地の規模拡大にはつながらず，農業の効率経営には寄与しなかった。むしろ外国から低価の農産物が輸入されるようになると，農業の近代化は急務となった。1970年の農地法改正は農地の流動化をはかり，農業の大規模経営をより可能にするための改革であった。農地法は個人の自作農を想定していたが，この「農地法の特徴である自作地主義と個別主義」（今村1991：62）の伝統を改め，農業法人による農業経営を目指した改革であった。しかしながら，この法改正にもかかわらず農地の大規模化は進展しなかった。小規模の自作農を中心とした日本の農業のいわば限界であり，兼業農家の拡大で課題はさらに複雑化した。

(2) 食糧の管理

　食糧管理制度とは，食糧の需給安定のため，米，麦，大豆などの主要食糧の生産・流通・消費を国が直接・間接に統制する制度である。1921年に米穀法，1933年に米穀統制法，1936年に米穀自治管理法，1939年に米穀配給統制法が制定され，総力戦体制の下，食糧管理は制度化していった。そして1942年の食糧管理法の制定により，米，麦，芋類，雑穀など主要食糧の広範な管理制度が確立した。戦後においても食糧の欠乏は続いたため，農林省食糧管理局が主導する形で戦前からの食糧管理体制を継続させた（小田2012：128-136）。第二次世界大戦直後は家計の68～73％を食糧費が占め，米価は物価一般を大きく左右し，米価を統制することは日本経済にとって重要であった。米価審議会が経済安定本部物価庁の附属機関であったことは，米の日本経済に与える影響が大きかったことを示している。しかし第二次世界大戦後の需給好転に伴い，その制度は空洞化した。つまり希少資源ではなくなり，しかも物価を大きく左右することもなくなった米について，政府の管理はなじまなかった。

　1961年農業基本法が制定され，農産物の生産・流通・価格に関する基本内容が規定され，農家の所得向上と農業の構造改善が目標とされた。農業の基本

法ともいうべきこの法律の制定にかかわったのが，農林省事務次官であった小倉武一である。しかしながら，農林省は零細な農業構造を改善しようとしたが，それは実現することはなく，1969 年に自主流通米制度が導入され，1972 年に消費者米価が物価統制令の適用から除外されて間接統制へ移行した。自主流通米ではないヤミ米が流通し，減反政策の実施によって米価は一定価格に維持された。消費者の米離れにより市場規模は縮小したにもかかわらず，生産調整と価格支持による政府統制システムは維持された。1995 年に民間流通を機軸とする主要食糧の需給及び価格の安定に関する法律（食糧法）が施行されて食糧管理法は廃止され，食料・農業・農村基本法の施行によって 1999 年に農業基本法は廃止された（岸 1996：337-359；山下 2010：44-51）。

戦後食糧供給は安定せず，農業の生産要素である労働力・土地・資本いずれにおいても「過剰と不足の並存構造」（今村 1991：56-58）が続いた。食糧供給を統制する手法は，米価を中央集権的に決定する機構に基づき，米価審議会がその決定の場であった。また，この流通の中核を担ったのが農協にほかならない。公共交通の規制に見るように，価格統制の政策手法は完全競争が働かない自然独占や希少資源の配分などで実施されてきた。後述する価格支持政策は，農業政策の機軸を占めるものであった。この食管制度は米の価格・流通・消費を全面的・直接的に管理する制度であり，価格が政府によって一元的に決定する「公定価格制度」，出荷と流通に関する「政府流通管理」，輸出入の一元管理を行う「政府貿易制度」から構成された究極の統制システムである（佐伯 1987：2）。

(3) 自由貿易との両立

1955 年，日本は GATT（関税貿易一般協定）に加盟した。このことで農業も他の製品と同様に，GATT・WTO の自由貿易体制の下で国際化への対応を余儀なくされた。自由貿易の規範の下，関税引き下げにより輸入制限品目が縮小していったのである。1960 年貿易・為替自由化促進大綱の決定により大豆やコーヒー豆が関税撤廃となり，81 品目が輸入制限品目となった。1963 年

GATT11条国へ移行し、輸入数量制限などの輸入障壁はGATT違反となった。さらに1966年に125品目あった輸入制限品目を1974年までに29へ減らし、1980年代以降、市場開放圧力、農産物の自由化、輸入枠の拡大、市場アクセスの改善を余儀なくされていった（山下2000：49-83；林2015a：38-51）。

日本の一方的な対米貿易黒字を解消すべく、1986年アメリカは12品目の全面自由化を要求してGATTへ提訴し、対日交渉が始まった。同年9月、ウルグアイ・ラウンドの開始が宣言された。そこでは15の分野を交渉項目とし、農業の特殊性は原則として認められなかった。農業分野では、輸入障壁の削減による市場アクセスの改善、農業貿易に影響する補助金などに対するガット規則の拡充、動植物検疫にかかわる規則や障壁が貿易に与える悪影響の改善、が交渉テーマとされた。アメリカは農産物の輸出をめざして農業保護と農産物の輸入障壁を全廃するという急進的な主張を行い、ECはより穏やかな段階的保護削減を求め、日本は例外的な輸入制限を認めるよう主張した。農業交渉はこれら3つの国・地域の間で行われ、米については特例として6年間関税化しない代わりにミニマム・アクセスの量を多くするという調整案、いわゆる「コメ部分開放」を細川連立政権は受け入れた。ウルグアイ・ラウンド農業合意の実施に基づいて、1995年から米の継続的な輸入が始まった（山下2000：84-134；林2015b：59-76）。

その後も補助金や交付金を通じた農業保護の議論は続いた。農業の多面的機能の是非をめぐり、農業の多面的機能を主張する日本や欧州と、これを「国際的定義なく、農業特有なものではなく、保護主義である」と主張するケアンズグループの間で議論が続けられた。また、非貿易的関心事項への政策手法として有効なものは何か、非貿易的関心事項を市場アクセス分野の約束へどのように反映すべきか、についてWTOでの枠組み合意が得られた。WTO農業協定に基づき、日本においても農産物貿易を歪めている国内政策の抑制・削減を行うことになった（山下2000：135-175）。

以上、農業政策の歴史的展開を農地、価格・流通、貿易の3つに区分して説明してきた。次に農業の多面的機能について概説しておく。

(4) **農業の多面的役割**

このように農業を取り巻く環境は大きく変化しているが、近年は農業の役割も従来の食料生産のみならず、多面的な役割を強調することが一般的である。このような農業の多面的役割を強調する立場は、農業を存続・発展させることが望ましいという価値観を前提としている。確かに、リカードのように自由貿易に基づく国際分業が経済効率性を高めるという立場からすると、国内の農業生産は崩壊しても工業製品の輸出と外国からの農業品の輸入によって国民所得の総計は増加するという議論は可能である。実際に、工業生産を優先させ他国と比較優位に立つ工業製品の輸出に重点を置く産業に比重を移し、農産物の確保を他国に大きく依存する国もある。

しかし、その議論は工業製品の輸出が常に好調で農産物の輸入が常に確保されるという前提に立っている。また、農業の環境や地域への外部性も想定していない。そのため、農業の役割を食料生産だけに限定することは適切ではなく、ここでは3つの機能を強調しておきたい。つまり、第1が食料生産の役割、第2が環境保全の役割、第3が地域づくりの役割である[7]。

第1の食料生産は、食料安全保障の観点からの役割である。国民に対して食料を確保して安定した供給をすることは重要な役割である。また安全安心な食料の生産を維持し、未来に対する安心を国民に提供することこそ国の責務である。また量的な食料確保のみならず、品質の維持に対する国民の関心も高い。有毒物質の管理はいうまでもなく、食品事故などの食品危害から消費者を保護するリスク管理も、食料安全保障の1つと考えられる。食の安全では生産・流通・消費の過程を管理することが求められ、食料情報の提供は消費者保護の観点からも重要である。生産者のみならず消費者にまで介入の対象が拡大している点が、近年の特徴なのである。

第2の環境保全の役割は農業の洪水防止、水質の涵養と浄化、生物多様性の保全を積極的に評価する考え方である。日本の水田は多くの水を確保する必要があり、そのための森と川は農業の前提条件である。農業の持つ保水機能はダムに匹敵する洪水防止機能を有し、それは水質の涵養と浄化につながる。無農

薬や減農薬など農薬の散布を控えることで農地には多くの魚，両生類，昆虫が生息することになる。さらに，それらを補足する鳥などの動物を農村に生息させることになり，生態系の維持と生物環境の保全に大きく貢献する。生物多様性の確保に農業が寄与し，生態系の維持は地域社会を豊かな環境にしてくれる。農業の外部性効果は大きく，その経済性は無視できない規模である。

　第3の地域づくりは地域再生や地域活性化への貢献である。農業は佐賀県玄海町浜野浦の棚田や北海道美瑛町の丘陵のように農村景観保護や観光に貢献するだけでなく，地域社会の文化の継承につながる。地域住民や観光客への食育教育・農村理解にもなり，娯楽や保養という人間性回復という機能も果たすことになる。多極分散型社会の実現に農村の発展は欠かせない条件であり，農村社会の産業としての第一次産業の発展は地域社会の人口・雇用・所得にも貢献してくれる。

　以上，農業の多面的機能について概説してきたが，さらに3つに区分して詳しく多面的機能の意味内容について分析しておきたい。

第2節　多面的機能のアイデア

(1) 農業と食料生産

　農業の土地利用については農業委員会の監督の下で強い規制がかけられ，自由な売買が認められていなかった。農地には税制上の優遇策がとられたため，農地が休耕地として所有され，必ずしも土地が有効利用されることがなかった。また株式会社が農地を保有して農業政策を行うことも認められていなかった。土地が転売され農業目的以外に利用されるリスクがあったからである。このような農業規制に対しては，規制改革会議において強い懸念が出され，規制緩和の対象とすべきという議論が行われてきた。

　これに対して，2009年に農地法が改正された。これは農地の売買・利用に強い規制がかけられていたことを見直すことが目的であった。農業の自作農主義から耕作者主義へと方針を転換し，農地の効率的な利用を促進するためであ

る。株式会社の農地所有は形式的に認めなかったが，農業の所有権と耕作権を切り離し，農業生産法人以外の株式会社・NPO法人でも耕作を可能にした。農業において，リースによる企業参入を認めたのである[8]。

　また農業の生産性と収益性を高めるため，農業経営の法人化を促進させ，「認定農業者」「認定新規就農者」「集落営農」に対する融資や税制上の政策を集中させ，農業の大規模化を促進させている。各都道府県に第三セクターとして農地中間管理機構を設置し，農地を貸したい人から農地を借り受けて協力金を交付し，農地を借りたい人へ農地を貸し付けて「転貸し」することで，農地を一定規模で利用できるようにした。いわゆる農地の集積・集約化のメカニズムを制度化することで耕作放棄地を有効かつ持続的に利用することを試みたのである。

　これら「認定農業者」「認定新規就農者」「集落営農」に対しては，諸外国との生産条件格差による不利がある畑作物について恒常的なコスト割れ相当分を補填する「畑作物の直接支払交付金」（ゲタ対策）や，米と畑作物について農業者1：国3の割合で出資をしてその年の販売収入の合計が標準年収を下回った場合にその差額の9割を補填する「米・畑作物の収入減少影響緩和対策」（ナラシ対策）もとられることになった。また農業経営のセーフティネットとして，農林水産省は現行の農業共済制度を改革して価格低下や全農業経営品を対象とした収入保険と災害補償の制度化を検討している。

　これらについては大規模農家に資源を選択・集中させた政策であることに対して批判があり，所得補填についても逆インセンティブの効果があるとの批判もあるかもしれない。それらの批判に応答するための対策も必要とされている。

　農産物そのものの価格は必ずしも高くない。しかしながら，生産した農産物を加工し，消費者へ販売すれば，加工・流通・販売の利益を生産者が得ることができる。この点に着目したのが六次産業化による農商工連携である。農林漁業者が生産・加工・販売を一体化して所得を増大させ，二次・三次産業と連携して地域ビジネスの展開や新たな産業を創出することを狙いとしている。六次産業化・地産地消法の前文によると，六次産業化とは「一次産業としての農林漁業と，二次産業としての製造業，三次産業としての小売業等の事業との総合

的かつ一体的な推進を図り，地域資源を活用した新たな付加価値を生み出す」こととされている。農林水産省と経済産業省が所管する六次産業化・地産池消法に基づく直接間接出資による支援が六次産業化を促進させている。融資の延長，契約販売の交付金交付，専門家の派遣，商品開発・販路拡大・施設整備に対する補助，活動に対する農林漁業成長産業化ファンドを利用した出資などがその内容である。

　2013年度で六次産業の加工・直売の売り上げは1.9兆円であり，従業者数は41.4万人の規模となっている。2015年5月の段階で，対象農林水産物の割合は野菜31.8%，果樹18.4%，米11.8%，畜産物11.5%の順となっており，加工・直売の事業内容が68.9%を占めている。

　また地域団体商標の制度として，商標法の改正に基づく地域ブランドの認証制度も開始された。特産品をブランド化し，付加価値を高めて生産者の所得を増大させ，生産の持続性を確保し，地域活性化に貢献することを目的としたものである。さらに，和食のユネスコ無形文化遺産への登録も追い風となり，拡大する世界の食市場への積極展開が行われている。2013年に農林水産物・食品は5,505億円の輸出額となっている。

　事業を六次産業化し，地域団体認証として有名な地域事例として，高知県安芸郡馬路村農業協同組合の取り組みがある。形が悪いために青果として出荷できないゆずを有効活用するために「ごっくん馬路村」などの加工品を開発して付加価値を向上させたのである。売上金は1億円（1989年）から31億円（2012年）へと拡大し，雇用職員数も19人（1989年）から96人（2013年）へと増加した。ただし，この成功事例は典型的なものではない。農林水産省によると，六次産業の認定事業者の売上高は認定申請時と比較して増加した者が73.5%，減少した者が25.0%，3年間取り組んできた認定事業者の売上高経常利益率が上昇した者は52.7%，低下した者は46.9%である。利益を継続するためには付加価値をつける努力を継続させる必要性があり，さらなる支援が求められている[9]。

　日本の農業においても，生産性と収益性で成果を上げている例もある。たと

えば，近郊農業の可能性として，施設園芸（温室やビニールハウス）による花・野菜の生産は高い土地生産性・収益性を示している。また，長野県野辺山高原野菜はしばしば近郊農業の例としてあげられる取り組みである。大規模化の例としては，秋田県大潟村の生産者団体が国の減反政策（生産調整政策）に反対し，米作の大規模化によるビジネスを展開してきたことは有名である。

　ただし，小規模農家にとっては，これらの取り組みは参考事例にはならない。小規模農家にとっての近年の成功事例としてあげられるのは，道の駅（国土交通省道路局所管）での地域農水産物の直売所の取り組みである。道の駅の特色として，①高齢者や女性を中心とする小規模農業経営，②小規模零細の多品種少量生産による販売が可能であること，③農水産物の加工業が活発化すること，④リスクの高い少品種大量生産方式の出荷から産直市への出荷へ転換すること，⑤生産者と消費者の直接対話が可能なこと，がある（鈴木 2010：139-141）。

　たとえば，福岡県宗像市の道の駅「むなかた」は宗像農業協同組合・宗像市商工会・宗像漁業協同組合・宗像観光協会・宗像市の5団体が出資して設立した株式会社であり，漁港からの新鮮かつ廉価な海産物，農産物，加工品が人気である。併設されたレストラン「おふくろ食堂はまゆう」は玄海ホテル旅館組合と神湊飲食店組合の有志が出資し設立した株式会社「玄洋むなかた」が行っている。共に地域協働による地産地消の実践である。

　しかし，このような道の駅の成功は，自動車での利便性の良い場所に設置できる場合に限定される。さらに，産直の物流システムの構築として，問屋・中間業者の中抜きにより生産地から商店・レストラン・消費者へ宅配によるサービスを行うなどの生産者努力が求められている。

　また，福井県小浜市は「食のまちづくり」を行っており，食のまちづくり条例の制定，食育文化都市宣言，食の活動拠点施設「食文化館」の設置を行っている。小学校で食育教育を行い，地産地消マップの作成で観光客にPRしている。地元の農水産物を地元で消費し，食に関する知識と食を選択する力を育む食育教育を行っているのである。

(2) 農業と環境保全

　アメリカ・カナダ・オーストラリアにおいては広大かつ平坦な農地において200ヘクタールを超える大規模農業が行われており，安価な農作物を大量生産して輸出している。隣家は遠く離れ，集落社会は少ない。これに対してEU諸国は平均30～40ヘクタールの農場規模である。日本の農業特性は規模においてアメリカ・カナダ・オーストラリアよりも，むしろEUに近い。日本は国土面積の67％が森林であり，3分の1近くが勾配30度以上の傾斜地という山岳地域である。モンスーン気候の国であるため，農業では除草に大きなコストがかかる。このような地理・気候特性を有する国において，自立を前提としたGATT・WTO体制における自由貿易の下で行政が介入する根拠は何か。そこで採用されたのがEUで重視されてきた農林水産業の多面的機能に基づく直接支払である。

　日本学術会議は農業の多面的機能を，①国民生活に長期的な安心・安全をもたらす食料保障の機能，②農業的土地利用が周辺の自然生態系の物質循環系に組み込まれ，それを補完しつつ発揮される機能，③農業が，里山，畑地，水田，水路，畦畔などの形態を取り，独自の自然生態系を構成し，そこから発現される機能，④生産・生活・生態環境を一体化した持続的農業が地域社会・文化の形成・維持に果たす機能，⑤農業・農山村の存在が都市的緊張を緩和する機能，に大別している（日本学術会議2001：14）。また三菱総合研究所では，農業の洪水防止機能3兆4,988億円／年，水源涵養機能（河川流状安定機能）1兆4,633億円／年，土壌浸食防止機能3,318億円／年，水源涵養機能（地下涵養機能）537億円／年，土砂崩壊防止機能4,782億円／年，と定量的な評価を出している（日本学術会議2001：43-52）。このように農産物の生産以外に，国土の保全，水源の涵養，自然環境の保全，良好な景観の形成，文化の継承など農業の多面的機能を維持することを根拠として，価格支持政策のみならず日本型直接支払へと農業政策の方針を拡大させた[10]。

　従来から，「中山間地域等直接支払」において，中山間地域等の農業生産条件の不利を補正することにより農業生産活動を将来に向けて維持する活動を支

援していた。耕作放棄地の発生防止や機械・農作業の共同化などの活動がそれである。さらに，2015年度から超急傾斜地の用地の保全・活用に関する活動への支援にも対象が拡大された。また，「環境保全型農業直接支払」において，自然環境の保全に資する農業活動の実施に伴う追加的コストを支援していた。化学肥料・化学合成農薬を低減させる取り組み，地球温暖化防止や生物多様性保全に高い効果のある営農活動を支援したものである。

これに加えて，2015年から多面的機能を支える共同活動を支援する「農地維持支払」が開始された。草刈り，水路の泥上げ，農道の路面維持，農村の構造変化に対応した体制の拡充・強化，保全管理構想の作成がそれである。また，多面的機能支払として「資源向上支払」も制度された。地域資源（農地，水路，農道等）の質的向上を図る共同活動，未舗装農道の舗装や水路の更新など施設の長寿命化のための活動，地域資源保全プランの作成，組織体制強化のための直接支払である。

前述したように，日本の農業政策は減反政策や生産調整による価格支持を見直し，関税による価格支持から直接支払へと大きく政策方針を拡大させた。関税や補助金による価格支持から直接支払へと政策手法を広げ，国際間競争力を高めることに力を入れるようになったといってよい。ここで取り上げる農業政策としては3つある。詳細は次節で論じるが，ここでは簡潔に概説しておこう。

第1は「関税による価格支持」である。それは行政コストが少なくてすむというメリットがあり，徴税によって経済効率性の喪失，いわゆる死荷重は生じない。消費者が輸入農産物の内外価格差のメリットを享受できないため消費者の便益が少なくなること，つまり消費者余剰の減少の可能性がある。関税による価格支持はすべての農家に効果が及ぶため，政治支持を広く調達することができるメリットがある。しかし，政策対象が絞れないため，政策効果として非効率になる可能性も出てくる。第2は「農産物補助による価格支持」である。農産物の生産調整のために行政コストは一定程度かかり，消費者余剰の減少はないが，徴税による死荷重が生じる可能性がある。農産物補助金が専業農家も兼業農家も対象とすれば政策対象の焦点が不明確となり，政策効果が非効率と

なる場合が生じる。第3は「直接支払」である。これは行政コストが大きく徴税による死荷重が存在するというデメリットがある。消費者余剰の減少はなく、政策対象が限定されるため政策効果が高いというメリットも生じる（荘林2010：216-218）。

EU諸国においては農林水産業の多面的機能を積極的に評価し、自由貿易における行政介入の根拠として多面的機能維持をあげている。「二次的自然」の機能など農林水産業の多面的機能は市場を通じて維持することが難しく、行政が介入せざるをえないからである。農業は、多面的機能が農業生産と結合して創り出される「結合性」、市場を通じて反映することができない「外部性」、対価を払わずに享受することを排除することができない「公共財性」を保有しているものと観念されている。

農業が多面的機能と「結合性」がないならば、多面的機能のみを対象とする政策で対応すればよく、多面的機能を根拠に介入することはできない。もし農業と多面的機能が強く結びついていると仮定すれば、農作物の輸入によって農産物が減少すると、農業と「結合性」のある多面的機能が低下する可能性がある。そこで結合性がどれくらい存在し、食料生産と環境保全（地域づくり）の結合により範囲の経済性がいかに発揮できるかが直接支払の根拠となる。

ただし、それだけでは多面的機能を維持するために農産物の自由な貿易を抑制すべきという議論に説得性はない。そこで、自由貿易により失われる多面的機能の損失が得ることができる便益よりも上回る額なのかどうかが議論の焦点となる。いわゆる貿易による市場の失敗、負の外部性が生じているかどうかが焦点となる。直接支払の主張には損失と便益との論証が必要となる。さらに損失が便益よりも上回っていると仮定するとしても、その介入は政府でなくてもよく、政府が介入する公共財的性質を農業が保有するかどうかを検討しなければならない。住民組織や非営利団体ではない行政組織の存在理由がここで根拠として説明されなければならない[11]。

しかも、農業の多面的機能といっても、多くは直接結合ではなく間接結合にすぎない。間接結合性を直接支払の根拠にすることには、さらに議論を精査し

なければならない。また,「農地維持支払」「資源向上支払」「中山間地域等直接支払」「環境保全型農業直接支払」の政策単位が適切なのか,各直接支払の整合性も検討しなければならないだろう。有機農業の推進などで多面的機能を維持することは,農産物の生産性を高めることと直接結びつかないこともある。農業の環境機能の大半は定量的に言えば洪水防止と水源涵養の機能であり,その役割の多くは米作が担っている。「耕作面積支払」と「単一農場支払」の組み合わせなど,政策効果を推定して制度設計をさらに深めていく必要もある。多面的機能間の論理整合性をいかに確保し,政策選択の根拠の恣意性をいかに排除するかが課題であろう[12]。

　グリーン・ツーリズムは旅行客が農村を訪れることで都市と農村の交流を図るものであり,多面的機能と農業生産との結合例として知られる。農業と環境の相乗効果を目的とした農村保全政策といってよい。農業体験,農家民宿,農村での長期休暇から構成されるグリーン・ツーリズムは1970年代ヨーロッパ諸国で取り組まれ,1980年代以降各地へ広まっていった。日本では愛媛県・大分県で始まり,グリーン・ツーリズムの宿泊者数は2013年で925万人に及ぶ。外国人観光客の増加に伴い,拡大する傾向にある。

　グリーン・ツーリズムは農山漁村地域において自然,文化,人々との交流を楽しむ滞在型の余暇活動ということができる。都市民にとっては余暇活動であるのに対して,農村の人々にとっては地域資源を生かした地域の活性化,観光の浸透にも貢献する経済活動でもある。長期滞在としては,農家・古民家への民宿・民泊,地産池消,食育教育,食文化体験,農業農村生活経験,市民農園の活動があり,日帰り滞在としては道の駅での買い物,農家レストラン,トレッキングがある。旅行や観光を通じて経済効果・雇用効果を地域に与えることで,自然環境・農漁村の生活環境を保全する,いわば環境と経済の両立可能性を模索した政策であり,農業の多面的機能を雇用・所得・消費に波及させる効果を狙ったものであるといってよい(鈴木2010:141-143)。

　たとえば,小学校の廃校舎を宿泊施設として活用し農業体験を通じて都市住民と交流する事業を,栃木県の特定非営利活動法人・塩野谷町旧熊ノ木小学校

管理組合が行っている。地元農業者が体験学習指導者となり，わら細工や魚つかみなどの農業体験や工芸体験を実施している。沖縄県では特定非営利活動法人・国頭ツーリズム協会が，やんばるの森で野生動植物の保護を目的とした環境保全活動を行っている。地元高齢者を雇用し，ガイドを育成しながら，交流人口の拡大を図っている[13]。

ただし，グリーン・ツーリズムにおける日本の市場規模はヨーロッパに比べて大きくない。近年日本においても祭日を土日の前後にすることで連休が取りやすい暦となっているが，外国に比べて日帰り客が多く長期の宿泊客が少ない。これは国民のライフスタイルの伝統が異なるからである。またヨーロッパにおいて個人の専業農家の経営が一般的なのに対して，日本の場合は個々の農家の経営基盤が強固なものではなく，住民組織，NPO，第三セクターなどの非個人経営が多い。副業的収入の安定性を高めるため，直接支払制度を用いて個人の経営基盤を固め，専門家のアドバイスによってマーケティングの改善を図る必要もある。

(3) 農業と地域づくり

農業の重要な役割として地域社会の形成・維持がある。日本の地理特性として，0～3,000メートルの標高差があり，70％が山地で多様な気候風土の日本において，各地域が多様な発展形態を持つことは自然の姿である。多極分散型の地域づくりとしては，地域特性を生かし，大量生産大量消費ではなく，地域特性とアイデアを生かした内発的な発展が望まれている。農業は産業としての経済効果・雇用誘発効果のみならず，地域づくりへの貢献の機能も持つ。祭りや地域芸能の保存は，文化と言語の継承となり，住民の参加は人々の結びつきを促進する。日本は水や森林の資源大国であり，現在でも埼玉で行われているように，資源利用として里山から堆肥や間伐材を調達して農業と里山との循環が実施されている。

小田切徳美はリゾート開発との対比で1990年代の地域づくりを，①内発性，②総合性・多様性，③革新性，に特徴づけている。「内発性」とは，外部資本

による開発ではなく，自らの意思で地域住民が立ち上がるプロセスを持つ取り組みを意味している。「総合性・多様性」とは，単品型・画一的な地域活性化から福祉や環境を含めた総合性，地域の実情を踏まえた多様性をさす。「革新性」とは，人口が少ない状況を想定し地域運営の仕組みを地域自ら再編し新しいシステムを創造することをいう（小田切 2014：52-55）。

　また，地域づくりの3つの柱として，①暮らしのものさしづくり，②暮らしの仕組みづくり，③カネとその循環づくり，が重要であると指摘されている。「暮らしのものさしづくり」とは住民たちの「気づき」に基づき，それは地元学や都市農民交流を通じて生じる。「暮らしの仕組みづくり」とはソフト条件としての広域コミュニティとハード条件としての生活諸条件から構成されている。「カネとその循環づくり」とは産業の基本的性格づけとしての地域資源保全型経済，小さな経済規模を前提としている（藤山 2013：314-327；小田切 2014：71-90）。

　同じ小規模の循環型社会を想定するのが，藻谷浩介らの『里山資本主義』である。里山資本主義とは，マネー資本主義に代わり「安心の原理」で動くサブシステムをつくる提案であり，貨幣価値でない生活，物々交換，多業兼職，バイオマス発電など里山における自然エネルギー中心の生活を推奨している。藻谷はマネー資本主義に代わるものとして3つのアンチテーゼを推奨している。第1は貨幣換算に基づく経済からの脱皮である。第2は規模の利益へのアンチテーゼである。第3は分業の原理への対抗である（藻谷ほか 2013：141-148）。

　しかしながら，このような経済が成立する社会はかなり小規模な共同体であり，農村社会においても貨幣換算や分業原理の存在しない前近代を想定することは現実に難しい。『里山資本主義』の本には事例の興味深さという積極的な評価と同時に，不変性・適用可能性での課題や一部地域で実現できる理想との批判もあるだろう。ただし，『里山資本主義』には木質バイオマス発電など再生可能エネルギーとしての森林の可能性を示唆しており，分権型社会における将来を見据えた1つの理想型を示したといってよいのかもしれない[14]。

　景観保全まちづくりは経済利益とアイデンティティの2つを同時に追求する

ものであり，農業と関連産業，たとえば酒造業，蝋燭，焼き物，和紙，漆器，銅器などの伝統工芸の発展は地域経済に継続した所得と雇用を確保し，誇りを持って地域社会で生きていけるアイデンティティをもたらすことになる。第一次産業を基幹産業とする多くの小規模地方都市において景観まちづくりが行われているが，それらは商家町，武家町，港町，集落，宿場町，寺社町，産業町，茶屋町など多様な発展形態を示している。

このような景観保全型のまちづくりは，第1に地域社会特有の歴史・文化・芸能の継承に貢献し，多極分散型の国土発展に寄与している。三河や佐渡で行われているような歌舞伎や能の継承，祭りなどの催し，陶磁器，漆器・織物・鉄器・銅器など地域特有の伝統工芸は地域経済の内発的な発展に貢献している。第2に自分の地域社会を誇りに思い，住民のアイデンティティは自分の町に住み続けるインセンティブを与えてくれる。アイデンティティは所得・雇用と同時に重要な居住条件である。第3に町並み保全の活動へ住民が参加することによって自分の町に関心を抱き，住民たちを共通関心で結びつけ，問題や課題に認識を持つ「気づき」のきっかけを与え，住民団体の形成を促進する。第4に観光資源は地元に経済効果や雇用誘発効果を生み，まちづくりが正の外部性を与えてくれる。このような景観型まちづくりは，一部を除いて地方の小都市を中心に展開されている。

たとえば，福岡県の筑後吉井は城下町の久留米と天領の日田を結ぶ旧豊後街道沿いの宿場町として発展し，筑後吉井は筑後地方南東部における重要な経済拠点であった。江戸後期以降，商品作物の集散地となり，酒・油・櫨蝋等の商品作物を加工する産業が集積され，在郷町として繁栄する。菜種から油を搾る製油業，櫨から蝋を製造する蝋屋，米から酒を造る酒屋，大豆から醤油を作る醤油屋などの農産物加工業が発展した。一部の商人はさらに金融業にも手を伸ばし，天領日田の公金を扱う豆田町の掛屋「日田銀」に対して，「吉井銀」と呼ばれた金融業が江戸後期に発展した。筑後吉井は現在，水流が豊かで白壁づくりの町並みが続く町であり，ひな祭りでは家々のおひな様を店先・玄関などに飾って展示することで有名である。2005年に浮羽町と吉井町が合併して

現在のうきは市が誕生し，筑後吉井は人口3万人のうきは市の1つの地区となっている。

さらに都市における農業に目を向けてみよう。都市農業とは「市街地及びその周辺の地域において行われる農業」（都市農業振興基本法第2条）であり，消費地に近いメリットを生かして地産地消など新鮮な農産物の供給を行う役割を持つだけでなく，環境保全，景観創出，防災，農業体験の学習・交流の機能，都市民への農業理解など農業の多面的機能を果たしている。

都市の消費者にとって農業の存在は自分のあり方を考える大切な機会であり，都市における農業は自然環境保全の機能，アメニティ，つまり趣味と癒しの提供，自給の可能性，環境教育，防災などの多様な機能を果たしている。市民農園の整備に力を入れている都市自治体は多く，それは市民農園の開設による市民の農業体験の要望が多いためである。都市農業は都市住民による農業体験，生産者と消費者との交流の場を提供している。また農地は緊急時において都市住民へ空き地を提供する可能性もあり，震災や火事の時には重要な延焼防止機能を果たし，避難場所の提供や仮設住宅建設用地としての利用も可能となる。自治体と農家の間で防災協力農地の協定提携が行われ，農地は防災の重要な機能を果たしている。また緑地空間を提供しているため，農地は都市住民にとって憩い・安らぎ・潤いの場所であり，市街地においては重要な緑地資源である。また農地はヒートアイランド現象の緩和に貢献し，雨水の保水，地下水の涵養による環境保全機能を果たしている。農地は都市住民にとって身近な場所で農業に接触することができる場所であり，農業への理解を深める機会を提供している。

1991年に改正された生産緑地法では，生産緑地と宅地化する農地とに区分された。生産緑地の固定資産税は農地課税とされ，相続税が猶予されたのに対して，宅地化する農地は宅地並課税とされ，相続税猶予制度も適用されないことになった。生産緑地の都市計画上の位置付けが明確となり，生産緑地を保全していく姿勢が明確にされたのである。

2000年の段階では，都市農家の1戸当たり経営耕作面積は75アールであり，

全国平均の約6割にすぎない小規模経営であるが，野菜を中心に果物や花など高価格の農作物を産出している。農協や市場への出荷だけでなく，個人の直売や直売所を通じた流通で販売されている。ただし，農家所得のうち農業収入は約25%にすぎず，不動産経営所得が65%を占めており，これは都市農家特有の経営形態である。相続税や固定資産税についても，市街化区域内農地・宅地化農地の税負担軽減や納税猶予を希望する要望は多く，生産緑地についての納税猶予条件の緩和を望む都市農民は多い。農業の多面的機能を評価して，これらの税負担を軽減する措置を取ることの適切さが議論されるべきであろう[15]。

第3節　直接支払制度のアイデア

(1) 直接支払制度とは何か

　前述したように，直接支払とは財政負担により農家に直接支給される交付金であり，1990年代前半，国際貿易の歪みの是正として先進諸国の各国において登場した。PSE（producer subsidy equivalent）を「農業者に対する消費者あるいは納税者からの直接的な移転額」と考えれば，直接支払制度は納税者負担型の政策であり，補助金や関税など消費者負担型の価格支持政策からの政策転換を行ったものである。農家や集落に対する各国の直接支払制度は多様であるが，ここでは直接支払制度を，①支持価格引下げに伴う補償，②条件不利の補填，③環境支払，に3分類して理解する（岸2006：ⅰ-ⅳ）。

　現在においてOECD加盟の先進諸国において農家に対する直接支払制度は一般的なものとなっているが，その起源は，1958年途上国開発を目的としたGATT体制を見直す作業グループ（アメリカのハバーラー教授が委員長）がGATT事務局に「ハバーラー報告」として報告書を提出したことに始まる。その報告書では，自由貿易の下で先進諸国が輸入関税を引き下げることで途上国から安い農産物の輸入が増えた場合，輸入国の農家所得の損失分を埋め合わせるために直接支払制度の導入が望ましいとした（岩田2012：210）。ECにおける1975年の条件不利地域に対する直接支払の導入が始まりといわれる。

1980年代に環境保全型農業への直接支払が EU 各国で行われ，1986年ウルグアイ・ラウンド農業協定で直接支払制度が世界の貿易ルールとして適用され，直接支払制度が拡大した。そして1992年の CAP 改革（マクシャリー改革）で農産物の支持価格が引き下げられる補償として直接支払制度が用いられるようになった。このようにして，3つのレベルにおいて EU 諸国で直接支払制度の手法が採用されていった（森田 2006a：3）。その後，関税や補助金の価格支持政策が国際貿易における歪みを生じさせていることが指摘され，農業生産の補助と農家への所得支持とを切り離す「デカップリング」を政策として制度設計し，生産者の生産インセンティブに中立的であると考えられた直接支払制度の手法が脚光を浴びるようになったのである。

図表3-1のように，直接支払は，狭義には歳出水準や農業者などの条件や制約を課さない「純粋な」直接支払を指し，広義には投入・産出・所得などにおいて農業者に条件を課す「経済的な歪みの少ない」直接支払を意味する。森田は，国際貿易の歪みを生じないこと，価格支持政策よりも財政負担が少ないこと，条件不利地域対策や環境対策という従来とは異なる軸が存在したこと，が一般的な政策として直接支払制度が採用された背景に存在すると指摘する（森田 2006b：137）。

後述するように，現在においては補塡や環境の観点からも直接支払の範囲が拡張されて適用されている。このような直接支払制度に対しては，多様な評価が可能である。たとえば，関税引き下げの代替として提示することで農民の政治的抵抗を減じて政治的妥協を行うための方策，貿易自由化によって比較劣位産業である農業が打撃を受ける際の激変緩和措置，農家の所得水準を他部門に近づけるための方法，農業の多面的機能に対する社会的報酬という評価がそれである（荘林・木村 2014：2）。

図表3-1　直接支払の区分に関する概念図

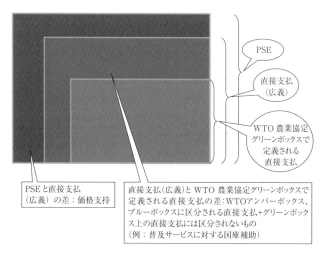

出典：荘林・木村（2014），12頁を一部修正し，筆者作成。

(2) 日本における直接支払制度

日本では民主党政権において，2000年度から自然的・経済的・社会的条件が不利な中山間地域への直接支払を実施した。立案を推進したのは農林水産省構造改善局地域振興課長の山下一仁である。山下は経済局渉外調整官，ガット室長，EU日本政府代表部参事官を務め，EU農業政策に精通した農林水産省きっての国際派官僚であった。彼はWTO農業協定の緑の政策（農業協定付属書IIの規定）に示唆されて直接支払制度の単価額などの具体的な設計をしたという（山下 2001：44, 82）[16]。その後2007年に環境支払制度，2011年に所得補償制度へと直接支払制度は拡充していった。

日本において直接支払制度は，①支持価格引下げに伴う補償として「水田経営所得安定対策（品目横断的経営安定対策）」「経営所得安定対策」，②条件不利の補塡として「中山間地域等直接支払制度」，③環境支払として「農地・水保全管理支払交付金（農地・水・環境保全向上対策）」が行われてきた。2015

年度から法律に基づく制度とされ,「日本型直接支払制度」は地域の共同活動を支援する「多面的機能支払交付金」,条件不利地の農用地により農業生産活動を支援する「中山間地域等直接支払交付金」,環境保全に配慮する農業を支援する「環境保全型農業直接支払交付金」に区分された[17]。

「多面的機能支払交付金」は2016年度予算では482億5,100万円計上され,それは2つにわかれる。「農地維持支払」は,農業者等による組織が取り組む水路の泥上げや農道の路面維持など地域資源の基礎的保全活動,農村の構造変化に対応した体制の拡充・強化等,多面的機能を支える共同活動を支援する。「資源向上支払」は地域住民を含む組織が取り組む水路,農道等の軽微な補修や植栽による景観形成など農村環境の良好な保全をはじめとする地域資源の質的向上をはかる共同活動,施設の長寿命化のための活動を支援する[18]。

「中山間地域等直接支払交付金」は2016年度予算では263億円を計上し,中山間地域等において,農業生産条件の不利を補正するため,将来に向けて農業生産活動を維持するための活動を集落協定により支援する。特に第4期対策ではとりわけ条件の厳しい超急斜面地の農用地の保全・活用への支援を強化している。

「環境保全型農業直接支払交付金」は2016年度予算では14億1,000万円を計上し,農業者の組織する団体等が実施する化学肥料・化学合成農薬を原則5割以上低減する取り組みと合わせて行う地球温暖化防止や生物多様性保全に効果の高い営農活動を支援している。

農家の所得を一定水準に維持することは各国の農業政策の重要な構成要素である。所得の補償として,「経営所得安定対策等推進事業」には5つの対策が講じられている。第1に「水田活用の直接支払交付金」としては,麦,大豆,飼料作物,WCS（稲発酵粗飼料）用稲,加工用米,飼料用米・米粉用米に対して「戦略作物助成」が行われている。また二毛作助成,耕畜連携助成,産地交付金が設けられている。第2に「畑作物の直接支払交付金」（ゲタ対策）があり,「標準的な生産費」と「標準的な販売価格」の差額分に相当する交付金を直接交付する。支払は生産量と品質に応じて交付する数量払を基本とし,営

農を継続するために必要最低限の額を面積払（営農継続支払）として，当年産の作付面積に応じて数量払の内金として先払いする。第3に「米・畑作物の収入減少影響緩和対策」（ナラシ対策）としては，米，麦，大豆，てん菜，でん粉原料用ばれいしょの当年産の販売収入額の合計が標準的収入額を下回った場合に，差額の9割を補塡する（対策加入者と国が1対3の割合で拠出）。第4にコメの生産数量目標に従って生産した販売農家または集落営農を対象として「米の直接支払交付金」が2029年産までの時限措置として実施されている。第5として，都道府県や市町村等に対して必要経費を助成する「経営所得安定対策等推進事業」が行われている。

水田経営所得安定対策としては，支援の対象を全農家一律とした施策から「意欲と能力のある担い手」に限定し，具体的には4ヘクタール以上（北海道は10ヘクタール）の認定農業者，20ヘクタールの集落営農組織に支援対象を絞った。また個々の品目ごとの価格に着目した支援ではなく，経営全体に着目した政策に一本化した。つまり，麦と大豆を対象として，諸外国との生産条件格差から生じる不利を補正するための補塡（過去の生産実績に基づく固定払と毎年の生産量・品質に基づく成績払），収入の減少の影響を緩和するための補塡（減収額の9割）を行った。

(3) 直接支払制度の課題

ここで，直接支払制度を関税や生産調整による価格支持政策と比較して詳しく検討しておこう。ここでは，財政コスト，行政コスト，消費者余剰（取引から消費者が得る利益），政治支持，政策効果を比較の視点として取り上げる。

図表3-2のように，関税に比べて，直接支払制度は財政コストも行政コストも大きい。ただし，直接支払の範囲を条件づければ，補助による価格支持よりも財政コストや行政コストはより小さくすることが可能である。消費者負担型の価格支持政策では消費者から農業者へ所得が移転するが，納税者負担型の直接支払制度は負担の透明性が高く，消費者余剰の減少はない。直接支払制度の交付対象が限定的ならば政治支持は広がらないが，逆に政策対象が限定さ

るために政策効果は高い。価格支持政策では農業生産者すべてに所得が移転し，有機農業生産者や大規模生産者などに政策対象が絞りにくい。

図表 3-2　農業政策の比較

	財政コスト	行政コスト	消費者余剰	政治支持	政策効果
関税による価格支持	小	小	減少	大	非効率
補助による価格支持	大	大	変化なし	大	非効率
直接支払	中	中	変化なし	小	効果的

出典：筆者作成。

　他国との比較においては，ヨーロッパは1986年を境に価格支持政策の比重が下がり，2005年には43.7％にまで下がった。アメリカの農業政策の内容は多様であるが，価格支持の割合がヨーロッパや日本に比べて少なく，生産量や投入財の使用にかかわる補助の割合が高い（森田 2006b：143）。欧米では直接支払の比重が大きく，日本は価格支持政策が大多数で中心的政策であった。直接支払制度の割合は20世紀末から急速に拡大し，EU，アメリカ，オーストラリアではPSEに占める直接支払制度の比率は現在では約9割を超えるが，日本においては2割程度に過ぎない（荘林・木村 2014：17）。直接支払制度を農業政策の中軸に置く欧米と比べて，日本においては関税や補助金による価格支持政策が中心であり，大きな違いがある[19]。

　前述したように，このような直接支払制度は，国際貿易にも国内農産物市場でも歪みを与えない点にメリットがある。生産奨励を目的とした政策ではなく，むしろ短期的には生産抑止的に働く可能性もある（森田 2006b：147）。WTO農業協定を遵守するならば，日本においても関税や補助金による価格支持という政策手法の比重が低くなり，直接支払制度の政策手法の比重が高まることは確実であろう。後述するように，直接支払制度の政策手法はWTO貿易ルールの下での必然的な選択肢であり，この政策には透明性の確保と外部経済効果が期待できる（長濱 2006：204）。

　ただし，この直接支払制度の政策手法にも課題は多い。画一的な交付が零細

農家の多い構造を温存するのではないか，農家に対するモラルハザードが起きたり逆インセンティブが生じたりするのではないか，という課題は残る。多面的機能支払の名の下で行われても，基盤整備事業は土地改良事業と実質変わらず，多面的機能支払と環境支払の重複が生じているのではないか，という疑問もある。日本の場合，多面的機能の多くは水田による貢献であるが，多面的機能支払の政策効果も明示化されたものではない。多面的機能支払のコストを上回る利益が生じるのかを示す必要があろう。直接支払制度の政策手法は納税者負担型の政策であるため，財政状況によって左右される可能性があり，農業者の所得維持として不安定性がある。消費者として高い価格での負担と財政負担の二重負担は回避しなければならない。

また，補填としての直接支払制度において，市場に中立的な直接支払制度として対象作物や生産量などについて具体的にどのような条件を課すかは重要である。直接支払制度の具体的な単価設定と対象者をどのように設定するかは，制度設計上の難しい問題であった（山下 2001：4）。直接支払の概念を広げると，価格保証や価格安定の価格支持政策と区別しにくくなる。直接支払制度の政策手法は納税者負担型であるので，消費者負担型の価格支持政策と異なり，政策の費用対効果は明確に試算できるはずである。関税や生産調整による価格支持が政策として選択できなくなるならば，直接支払制度が農業者の所得を維持する中心的な政策となることは間違いない。直接支払制度に関するデータを公開し，データに基づいて建設的な議論を行った後に国民的な支持を得る必要があるだろう。

第4節　農業自由化の進展

(1) **自由と保護：議論の論点**

農業に関しては自由と保護の間で対応策が議論されてきた。一方において，政府の規制・統制・管理を緩和・撤廃することで自由な競争を生み出し，消費者へ低価格で品質の良い商品を提供する市場メカニズムが成立する。他方にお

いて，消費者を保護することで安全・安心を確保することも重要である。ここでは農地，価格・流通，貿易の3つのレベルにおける自由と保護について，議論をまとめておく[20]。

　自由化のメリットとしては，株式会社などが農業へ新規参入することで生産量の拡大が見込め，規模拡大による集積性も確保可能である。自由競争による品質向上や価格低下による消費者の選択拡大も期待できる。関税税率引き下げに伴い価格が低下し消費者利益を生むこともありうる。さらに農業の技術革新が進めば，貿易輸出の機会が拡大し，競争によって高い品質の商品が海外へ提供でき，食料自給率も向上できる。輸出していた農産物を国内向けへ提供すれば，食料安全保障にも寄与できる。TPPに関してはアジア太平洋自由貿易圏の設立によって，市場のルールを適用する地域を拡大させ，市場が閉鎖的な中国への政治的牽制の効果を持ち，輸出の拡大による国内総生産の拡大にもつながる。自由化の根拠は，営業・選択の自由を保障し，資源配分の効率を生むことにある。

　保護のメリットとしては，農地の転売禁止や利用の制限が農地の安定的確保につながることである。関税や価格調整による農業者の所得安定は安定的な生産者保護にもなる。ただし貿易転換効果として，域外諸国からの輸入を協定締結国からの輸入に転換することで，より高い価格の農産物の輸入を強いられる可能性がある。つまり，負の貿易転換効果が正の貿易創出効果を上回る場合がある。関税という政策手法は，手法として歳入が安定的に確保でき，農民利益が見えやすく消費者不利益が見えにくいため選択しやすい。安定的な食料確保の可能性としてはリスクが少なく，コストが低くなるメリットがある。長期的視点から成長の抑制，短期的視点から既得権の供与になるデメリットも出てくるが，遺伝子組み換え食品など食の安全性確保を理由にして，保護は消費者の理解が得られやすい。保護の根拠は自立できない対象（農業者，消費者）に対して介入することが公共性に適う点にある。

　このように自由化と保護にはそれぞれメリットがあるが，それは逆にデメリットの裏返しである。国際貿易によって日本農業が壊滅して食の安全性が脅威

にさらされると批判するのはあまりにもナイーブであり，国際貿易によって富が蓄積されて国が繁栄すると考えるのは極めて楽観的である。その答えはその二者択一ではなく，両方の意義を考えて選択肢を考えていかなければならない。

(2) 農業の保護

前述したように，農業政策は主として関税，生産調整による価格支持，直接支払制度の3つに類型化できる。統制の対象は土地，価格・流通，資本，貿易など多岐にわたる。関税は国境政策であり，関税が主要財源であり国内の産業保護のために伝統的に採用されてきた。明治時代，関税自主権回復は大きな課題であったが，現在において関税を自主的に設定可能な国は存在せず，関税率は二国間・多国間の交渉の帰結である。価格支持政策としては，管理価格制度，最低価格保証，価格安定制度，不足支払制度，安定基金制度などがあり，市場に介入する手法として伝統的に採用されてきた政府介入政策である。直接支払制度は，もともと農業生産とは関係なく支払われる所得移転であり，価格支持政策とは異なる特徴をもつ。前述したように，価格支持政策から直接支払政策への変更は先進国農業政策の共通であり，農業政策の比重は大きく転換しているといってよい。

農林水産省は農民という顧客をもつ伝統的かつ古典的な官庁であり，各国で共通しているがゆえにしばしば比較研究しやすい対象である。「農林省は補助金分配機構」（東畑 1936：142）といわれたが，農業補助金は後見主義的な行政介入の典型であり，行政介入を考えるうえで興味深い対象といえるだろう。農業補助金は明治33年に設置された農会に対する補助金が起源であり，農民の農事教育や指導を通して農政を積極的に行うことを目的としていた（今村 1981：82）。また，農産物生産や農家所得の維持だけではなく，土地改良事業という農村公共事業の役割を担っていた。はじめは区画整理や交換分合の事業を目的としていたが，灌漑排水，開墾，地目変換，埋立て，灌漑の事業が目的に加えられていった（今村 1981：94）。土地改良事業はいわば農業の公共事業と化し，土地改良法に基づき，農業用排水施設，農業用道路その他農用地の保

全又は利用上必要な施設（土地改良施設）の新設，管理，廃止，変更を行う事業であり，区画整理，農用地の造成，埋立て，干拓などを行う。

　農業補助金は農民に既得権益を生みやすく，農民の利益を代弁する政治家，その利益共同体によって捕虜化した行政機関としての農林水産省という関係を形成してきた。農業という政策共同体への参入障壁が高いがゆえにその既得権益を改革しにくく，保守的な気質が農業の政策共同体において形成されやすい傾向にある。米価を引き上げることに農家も政治家も農林水産省も共通の関心を持ち，いわば国内産業保護派であった。米価を引き下げ，耕作面積を拡大して，海外輸出により農家の収益性を高めていく選択肢もあったが，このような国際競争力を高める志向を持った国際派の関係者は改革のイニシアティブをとれず，農林水産省は国民一般から乖離した存在になった（山下 2009：108）。刷新と革新を続けていかなければ農業の持続可能性は維持できないので，これらの保護対策をしながら同時に農業の改革をいかに図るかというディレンマを克服することが重要である。

(3)　自由化の文脈

　自由化とは市場のメカニズムを重視し，公正な競争原理に歪みを生じさせないようにすることである。自由化によって，農業においても他の産業分野と同様にカルテルや不正な介入は認められない。たとえば，農家がナスを農協へ出荷せず他の仲買人・問屋・消費者へ出荷・販売するため，「JA土佐あき」はナスをすべて農協へ出荷するように圧力をかけた。これは農家を不当に拘束する「排他条件付取引」に該当し，独占禁止法に基づく排除措置命令が出された（『朝日新聞』2016年5月31日朝刊）。農業を特殊な産業とみなさず，このような自由化を重視する傾向は近年全般的にみられ，それは農地，価格・流通，貿易の3つのレベルにおいて生じている。

　農地の自由化は所有から利用へという自由化であり，株式会社の借地による耕作を認めた。現在の農地法が想定しているのは農地の所有者が耕作者かつ自作農の状態である。いわゆる「自作農主義」であり，株式会社が農地を所有し

て従業員に耕作や経営を行わせることはできない。ただし，この農地規制は緩和化する傾向にある。つまり，2000 年に従来農家が法人化していた農業生産法人に株式会社を認め，企業の株式保有は 25％未満とし，役員の過半は農業に従事する構成員であることを要件とし，株式譲渡を制限した会社に限定して農地利用を認めた。2015 年には株式会社の株式保有を 50％に緩和化した。「自作農主義」に基づいて，株式会社に農地の所有を認めないが，しかし借地による農地の利用を認めている。つまり，所有と利用を分離し，形式上は株式会社だけの農地保有は認めないが，株式会社が経営参加する農業法人による土地保有は実質認めたのである。

　流通・価格の自由化としてはこの 20 年間で，食糧管理制度の廃止や自主流通米の普及が実施され，農業自由化は大きく進展した。農地の自由化が実質ベースで進展したのに対して，流通・価格の自由化は減反廃止によって実質も形式も自由化の改革が貫徹する。特に減反廃止で自由な経営判断と多様な価格帯でのコメ生産が期待でき，産地の移動や適地適作が進む可能性がある。競争力の強化や米価の低下が消費者の利益を生み，長期的には輸出の増加によって食料自給率の向上や補助金依存からの脱却が見込めるという（荒幡 2015：7-15）。

　また貿易自由化のルール変更も見られた。WTO の下での自由貿易では関税や補助金による価格支持政策への批判が行われ，国際間移動の激化，他国商品との競争の激化，輸出産業への育成，関税以外の農業政策の選択が見られた。TPP においては，自由化の規律や公開性が重視され，国有企業への優遇を排除し，労働・環境など国際条約の遵守，ILO 宣言や生物多様性の保護が政府に求められている。農業補助金は WTO 農業協定上で各国に通報が義務づけられており，各国の政策は WTO 農業協定と整合的であることが求められる。直接支払制度はこの WTO ルールと合致している。

　このことは国内農業政策へ大きな影響を与えている。すでに 1998 年に農政改革大綱が策定され，直接支払制度の原案が提示されていた。そして民主党政権で中山間地域等直接支払制度や農業者戸別所得補償制度が導入され，具体的

な制度決定となった。さらに 2010 年 11 月 9 日閣議決定「包括的経済連携に関する基本方針」において，経済連携交渉と国内対策の一体的実施として「適切な国内改革を先行的に推進する」とし，農業において「国内生産維持のために消費者負担を前提として採用されている関税措置等の国境措置の在り方を見直し，適切と判断される場合には，安定的な財源を確保し，段階的に財政措置に変更することにより，より透明性が高い納税者負担制度に移行することを検討する」とした。このように自由化は 3 つのレベルで全般的かつ漸変的に進展しており，特定政権の政治要因で浮上してきたわけではない。次に農業をめぐる政治過程に焦点を当てて検討してみよう。

第 5 節　政策転換の選択機会

(1)　農民保護をめぐる利益

　農業は様々な利害関係者によって担われているが，その中で最大のものは農協である。農協は米など農産物の集荷機能，生産資材の流通機能，金融融資機能，政策の下請け機能を担い，貸し付け・貸し出しを行う金融機関としての顔，原材料・機械・肥料などを調達・販売する商社としての顔も併せもっている。単位農協や連合会の指導・監査・広報を担当する「全国農業協同組合中央（JA 全中）」，販売や購買など経済事業を担当する「全国農業協同組合連合会（JA 全農）」，農協貯金の運用機関である「農林中央金庫（農林中金）」から構成され，1,000 万人の組合員を中核として選挙票を政治動員できるために，族議員や農林水産省へ大きな影響力を有してきた。農協が金融不況の際の救済対象となったことは記憶に新しい。土地改良事業の予算が半減しているとはいえ，全国土地改良政治連盟が土地改良事業の政治団体として政治家や行政機関へ利益追求（誘因）と選挙票（貢献）とで組織均衡の構造を有していることは現在も変わらない。全中の組織議員が落選した例を見てもわかるように，農協にはかつてほどの影響力はない。それでも佐賀県知事選挙のように農協支持の知事が当選して改革派が落選し，2016 年参議院選挙で農協の与党不支持が東北での与党候

補の落選につながることもある。農協の政治動員力は無視できないのである[21]。

　かつて，石田雄は農地改革以降の農村における政治指導が営農専念型政治無関心の上層と脱農的政治無関心の兼業農家との2つの層に支えられ，均質的な農民の利益を追求していると指摘した（石田1975：248）。農家対策が農業の衰退を招き，農協を行政の代行機関としたことが戦後農政の最大の失敗であったといわれている（山下2009：61-64；山下2010：131）。近年は構成員数が減少し，特に専業農家数が急減しており，兼業農家の利益を維持することが農協の利益となり，小規模農業者や兼業農家を維持した方が，大規模農業者よりもより多くの票が獲得できる。小規模の自作農は自由民主党の主要な選挙基盤であった。そのため，小規模農業者や兼業農家の既得権益を守ることが農村選出の自由民主党議員の利益であった。イギリスにおいては農業団体の特殊な団結力と政策決定に及ぼす影響力の強さが強調されているが（Self and Storing 1958：22），日本においても石田雄は農協の組織構造を分析して，農民の防衛意識を強化し排他的な団結を強める意識が高いことを指摘している（石田1961：155）。日本農業の特徴は補助金行政に見いだせるが，BSE検疫やSPS措置（衛生植物検疫措置）の徹底が外国からの農畜産物輸入の障壁となり，実質的に国内第一次産業の保護手段となっていたことは無視できない。

　「農協の最大の関心事が米価の維持にある」（大泉2014：149）以上，直接支払を中軸とした農業政策と農協の方針とは相容れないだろう。全中や全農の利益と農政改革とはゼロサムの関係になりかねない。「改正農協法によって農協は株式会社化を求められている」（飯田2015：190-193）というが，農協が本来的に「協同」の理念に支えられた組合制度であることを考えれば，原点に立ち返って隣保協同や協同思想に立ち返って農村振興に寄与することも可能であろう。実際に経営合理化に努め，地域社会への貢献を考えて刷新を行っている地域農協も存在している。機械・施設の共同化による集落営農推進，機械共同化による投資経費軽減などがそれである。また，個人の農家では行えない地域ブランドの知的財産管理や健康サービスを付加価値として，個別農業者を協同化する支援組織として蘇ることも可能であろう（大泉2014：162-177；川村

2014：135-140)。

(2) 官邸主導の制度基盤

　もし農業政策として価格支持政策を採用するならば，国際市場価格との差額は消費者負担となるので，直接的には消費者の不利益となりかねない。また，既存制度が農業の新規参入を阻害しているならば，大規模の農業法人や企業にとっても実質的な不利益の供与となる。土地，流通・価格，貿易の自由化をめぐって利益の配分が行われてきたわけであるが，このような保護行政に批判的な人々も存在する。首相官邸，内閣官房，内閣府，規制改革会議，経済産業省という行政機関がそれである。それらは拒否権プレイヤーである小規模農業者，自由民主党農水族，捕虜行政機関としての農林水産省とは激しく利害を異にする集団である。以下，官邸主導の農政改革の制度基盤を検討しておこう。

　民主党政権を経て自由民主党安倍政権において農政改革が進んでいるが，その権力資源の第1は中央省庁における人事権である。省庁幹部の人事については，内閣人事局が幹部職員人事の一元管理を行い，首相官邸の意思が人事面で貫徹している。そのため，事務次官，局長，審議官など幹部級の人事は閣議了承となり，官邸の意思を体現する幹部を人事面で処遇し，そうでない職員を冷遇することが制度上可能である。人事を通じた政策実現は古くて新しい統治手法であるが，農政改革でも改革派の職員を事務次官として任用し，農協改革などが予定されている（『朝日新聞』2016年6月16日朝刊）。

　第2はアイデア調達源としての内閣官房である。内閣官房は各省庁からの出向者から形成され，組織自体が調整と抵抗の政治空間であるが，その出向者の中で自由化のアイデアを提供しているのが経済産業省出身者である。官邸主導を進めるならば財務省を統制しなければならないが，そうすればシンクタンクである霞が関から政策アイデアが積極的に生まれてこない。そこで財務省と対抗関係にある政権がアイデアの源泉として活用するのが経済産業省である。TPP推進や規制緩和は経済産業省の組織利益と一致し，内閣府の規制改革会議でも農政の規制撤廃はしばしば議論されてきたところである。

第3は小選挙区制度と政党における役職・資金などの配分権限である。政治家における当選可能性を高める役職の付与，資金の提供，応援演説の提供など選挙マシーンへの価値を配分することは，政権与党党首の重要な権力資源となっている。中選挙区制度から小選挙区制度への移行によって党首の集権性は高まり，政党政治家を統制することはより可能となった。安倍政権においては，自由民主党総務会の決定の前に官邸で実質的に政策決定をしている。これら政党党首を通じた政治家への統制は，農民や農林水産省の代理人としての政治家の役割を縮小させているともいえる。

　三浦秀之は民主党政権と自由民主党政権とを比較して，自由民主党の安倍政権においては政権政党内部の強い政治支持や強力なコア・エグゼクティブにより，農林族・農林水産省・JA全中を中心とする政策ネットワークの力が相対的に弱まったことを指摘している。内閣・与党に対する強い自律性と統制権力を把握したことで主導権をとることができたという（三浦 2015：86）。農政の政策転換においてこのような政治要因は否定できないが，以下ではなぜこのような政策選択が可能になったかを補足して説明しておこう。

(3) 補正・代替・根拠としての直接支払制度

　直接支払制度は国際貿易に影響を与えないという意味で中立的な農業政策としてEU諸国で採用され，自由貿易を前提とした，関税や価格調整による価格支持政策に代わる政策として各国で支持されてきた。直接支払制度は日本においても「中山間地域等直接支払制度」として民主党政権時代に制度設計された。それは集落との協定を前提とし，しかも集落協定の内容や直接支払の配分方法について地方自治体の裁量を認める「地方裁量主義」を特徴としていた。そして，2010年度から一部始まった「農業者戸別所得補償制度」が「経営所得安定対策」へと変更され，「水田経営所得安定対策（品目横断的経営安定対策）」「多面的機能支払」「環境保全型農業直接支払」へと拡張していった。中山間地域を対象に限定された直接支払制度が，所得補償や土地改良事業を目的とした多様な農家支援制度へと拡大しつつあるといってよい。直接支払制度は農地の

自由化に対しては農業条件の不利性を補正する政策含意を持ち，価格・流通に対しては価格支持政策の代替として機能し，自由貿易に対しては農民への移転支出の正当化根拠となった。つまり，直接支払制度は農業自由化の補正・代替・根拠としての役割を果たし，政権の選択機会を許容する環境を創出した。逆に言えば，多面的機能や直接支払のアイデアと自由化の文脈が結びついたからこそ TPP の政策転換が可能になったとも理解できる。

ただし，米・麦・大豆など主要農産物を生産している農家を対象とした所得補償制度を加味した制度の拡張は，民主党の要請でもあった。自由民主党政権時代に実施されていた「水田・畑作経営所得安定対策」では支給対象を大規模農家に限定していたため，この対象を拡大させて小規模農家へも支給することにしたのである。支給を限定しない方式はむしろ EU における直接支払制度の理念に一致するが，民主党政権の政策は減反という価格支持政策を前提としているので，消費者は二重の支払を余儀なくされたことになる。減反という生産調整の価格支持政策と直接支払を併用した点が EU との違いである。自由民主党安倍政権においては，対象農家を 4 ヘクタール以上の認定農業者に限定する形で実施したが，20 ヘクタール以上の農地面積を持つ集落営農者も対象とする例外を認め，兼業農家について市町村長の特例を認めた。民主党のバラマキを批判した自由民主党も，対象を限定して集積性を高める改革からは後退したのである（山下 2010：242-248）。

他の直接支払制度でも具体的な交付条件が必要とされているため，「日本型直接支払制度」は WTO 農業協定グリーボックスで定義される狭い純粋の直接支払制度というよりも，広義の直接支払制度として運用されているのが実態である。支給対象に関して，政党が拡張要因となったのに対して，抑制要因となったのが財務省である。直接支払制度がバラマキとなり，小規模農家を温存するのではないか，という指摘は，財務省と農林水産省との予算折衝で常に指摘されていた（山下 2001：4）。

農林水産省の『中山間地域等直接支払制度の最終評価』（平成 26 年 8 月）によると，交付を受けた農家の満足度は高く，最も効果があったと考える事項と

して「耕作放棄の防止」「多面的機能の増進」をあげている。「集落内の話し合いの回数の増加」「鳥獣害対策の推進」「都市農村交流の推進」において地域が変わったとアンケートに回答し,「高齢化の進展」と「担い手の不在」を課題としてあげている。この課題はデータにも表れており,中山間地域の農業総産出額や耕作面積は全国平均と同様に減少しており,減少に歯止めがかかっていない。耕作放棄地率は改善しているので,1人当たり耕地の利用集積は成果を上げている。政策の効果以上に高齢化により離農や耕作放棄が進展しているというべきであろう。さらなる対策により,中山間地域等直接支払制度を新たな担い手の参入という政策効果へ結びつけていくことが課題となっている(農林水産省 2016a:9-11)。

　たとえば,橋口卓也は中山間地域等直接支払制度には農地の維持保全と地域活性化の2つの性格があると指摘している(橋口 2008:139)。3つの地区の事例を検討し,中山間地域等直接支払制度の重要性と効果を指摘している。中山間地域等直接支払制度が万能薬ではないという限界を理解しながらも,営農の継続と農地の維持・保全を目的とした取り組みの中で地域の将来を考え続けることの必要性を強調している(橋口 2016:54-55)。

おわりに

　本章では多面的機能と直接支払制度のアイデアの受容と変容に焦点を当て,その決定の文脈を明らかにしてきた。多面的機能と直接支払制度のアイデアが自由化の文脈の中で農政改革の選択機会と結びついているという仮説を提示してきた。多面的機能と直接支払制度のアイデアは修正・拡大しながら発展し,農地,価格・流通,貿易の3レベルでの自由化が進展し,これら概念の導入・拡大とルール修正は,野田政権や安倍政権での政策転換の選択機会を開いた。図表3-3のように,このようなアイデアと自由化の文脈により,政治的リーダーシップを発揮しやすいような環境が整備されてきたのである。

　確かに,直接支払制度が拡大する中において関税や補助金による価格支持政

図表3-3　政策過程の構図

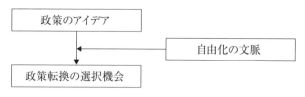

出典：筆者作成。

策は現在においても存在し，それは農民の政治的支持を調達する外的均衡として機能し，不確実性を回避・吸収する役割を果たしている。しかし本章では多面的機能と直接支払制度という農業政策に着目して，それらのアイデアと自由化との結びつきを政策転換の条件適合性の文脈として理解すべきであると強調してきた。中山間地域等直接支払制度は日本の農政を転換させ，直接支払制度は拡大して制度設計され，自由化のルール修正という文脈の中で3つのレベルにおいて農業自由化の補正・代替・根拠として機能した。それは政権の選択機会と結びついたのである。ただし，本章では詳細な過程分析のような手法は採用しておらず，綿密な検証は行っていない。

　たとえば，環太平洋の自由貿易システムを推進することは中国へルール変更と政治圧力の効果をもつが，これは民進党も自由民主党も共通した関心事である。農業団体などの反対勢力の政治動員を考えると，TPPは政権獲得の抑制要因となるが，いったん政権を獲得したならばTPPは消費者や経済団体に支持されるため政権維持の推進要因となるという二面性がある。政権獲得の前と後では選択行動に違いが生じ，これは民進党も自由民主党も，日本もアメリカも共通した行動様式である。このような対外的な要因や政権獲得のタイミングにも選択機会が影響していると考えられるが，本章では具体的な検討を行っていない。本章は農業政策に関するラフスケッチに過ぎず，これらの課題は個別の事例を通じて綿密に検証していかなければならない[22]。

　かつて民俗学の柳田國男は農商務省や法制局に勤務し，戦前の小作農や小規模農業者の実態を見て「中農養成策」を主張した。農業経営の規模拡大を唱え，

農業収入のみで自立した生活が営める農地面積を有した中農を日本農業の中核として構想した。また産業組合の役割を積極的に評価し，補助金に依存することなく資本を農民自らが調達する自立的な金融システムを考えた。柳田の農政学は自助と誘導による政策を基本とし，農業生産量の最大化ではなく農民の生活向上を重視した。消費者や国民という視点から農政が論じられている点や経済政策学の対象として農政が位置づけられている点で，当時の農政学としては画期的なものであった。農業政策の思想は自助主義と協同主義との両方に基づいており，近世の農村自治にその精神を求めたのである。彼の『農業政策』は1907年から始めた中央大学における講義の講義録に基づいているといわれる。しかしながら，柳田による農政構想は現実の農業政策として採用されることはなかった。柳田の構想が実現しなかった歴史的経緯とその後の農政の歩んだ道を鑑みれば，私たちは柳田の思想を再度振り返る必要があるのかもしれない[23]。

注

1) 農業・農村の基本問題については，徳野（2007），本間（2010；2014），藤山（2013），八田・高田（2010），山下（2004；2010；2015），齋藤（2015），農林水産省（2015b）が参考になる。
2) 各国の農業保護については，Self and Storing（1962），今村（1981），今村・犬塚編（1991）に詳しい。
3) このような農政改革の政治過程からの研究としては，久保（1988）におけるウォーレス研究，農政史研究がある。第二次世界大戦直前にウォーレス農務長官と農務省は，小作農民の自作農化，低所得農民層への低利融資と農業技術教育の提供，小農民の協同組合への支援，食糧スタンプ制度の実施など低所得国民層を対象とした政策に着手し，利益集団の利益を排除しながらリーダーシップを発揮していく。
4) 本章では減反政策について詳細な検討は行わない。この米生産と減反の歴史については荒幡克己による綿密な実証研究がある。荒幡（2006；2010；2014；2015）を参照のこと。また農業の課題全般については，本間（2010；2014），山下（2016a）を参照した。なお，安倍政権は「農林水産業・地域活力創造プラン」で減反政策の廃止を決定した。しかし，民主党政権下で1反（10アール）当たり8万円措置されていた飼料用米の作付助成を安倍政権はさらに増額させ，最大で10アール当たり10万5千円給付されることになり，今後は飼料用米の作付が

拡大するものと予想されている。2016年参議院選挙の対策と思われるが，減反廃止の論理も2016年現在必ずしも単純ではない。民主党が始めた戸別所得補償制度を廃止したために減反の目標数量（生産目標数量）が意味のないものとなり，生産目標数量の配分をやめることを農林水産省が決め，それをマスメディアが減反と捉えたと山下は論じている。そして安倍政権の減反見直しは「減反廃止どころか，大幅な強化である」と指摘している（山下2016b：332-333）。

5）農業の歴史については岸（1996），「農林水産省百年史」編纂委員会編（1979-81）を参考にした。農地制度については，小倉（1958；1975），加藤（1959），ドーア（1965）に詳しい。また戦後の農業政策の展開については，橋本（1981-2；1984），本間（2010），山下（2010）が詳細な検討を加えている。

6）農地改革は戦後農政における革命的な大改革であり，和田博雄はウォーレス長官のごとく役割を果たした。和田は農政課長時代に企画院事件に連座して治安維持法違反で検挙され，無罪判決を受ける。その後，幣原喜重郎内閣で農林省農政局長，吉田茂内閣で農林大臣，片山哲内閣で経済安定本部総務長官を務め，参議院議員，衆議院議員をへて日本社会党において副委員長などの要職を務めた。和田博雄については，和田日記を読み解いて微に入り細を穿つ記述を行った大竹啓介の研究が圧巻である。大竹啓介の研究については，大竹（1978a；1978b；1978c；1981a；1981b；1984；2004），和田博雄遺稿集刊行会編（1981）を参照のこと。

7）多面的役割について詳細は後述するが，その概要について農林水産省（2015a）を参考とした。

8）近年の動向については，農林水産省（2013；2014）を参照のこと。

9）六次産業化についての調査分析は，農林水産省（2015c）に詳しい。

10）以下，直接支払の制度については，農林水産省（2015a）を参照した。

11）農業政策の比較分析については，作山（2006），荘林（2010），荘林・木下・竹田（2012），荘林・木村（2014）が詳しい。

12）多面的機能の経済学的分析については，OECD（2004），荘林（2010），荘林・木村（2014），作山（2006），山下（2011）を参照した。

13）以上，グリーン・ツーリズムを通じたまちづくりの事例については，農林水産省（2012）を参照のこと。

14）自然エネルギーや地産地消林業を軸とした農村再生については，西尾（2008），山下英俊（2014）に詳しい。

15）都市農業についての調査については，農林水産省（2011），都市農業の振興に関する検討会（2012）を参照した。

16）山下（2001）は日本において中山間地域等直接支払制度を導入した経緯や制定過程を記した貴重な書である。また，ガット，ウルグアイ・ラウンド交渉，

WTO 農業協定などの農業交渉については，佐伯（1990），遠藤（1999），山下（2000），作山（2006），林（2013；2015a；2015b）に詳しい。

17) 以下，日本型直接支払制度，経営所得安定制度，経営所得安定対策等，水田・畑作経営所得安定対策，農地・水保全管理支払交付金については，農林水産省（2016c；2016d；2016e；2016f）を参照した。
18) 農業の多面的機能については，OECD（2004）に詳しい。
19) 欧米の農業政策については，山下（2001），松田（2004），森田（2006a；2006b），庄林・木下・竹田（2012），荘林・木村（2014）を参照した。
20) TPP が農業に与える影響について，賛成の立場からの議論は山下（2012；2014；2016b），反対の立場からの議論は鈴木・木下（2011），田代（2015），田代編（2016）を参照した。TPP 一般については，日本経済新聞社編（2016）がわかりやすく要領が良い整理を行っている。
21) 以前から農協のあり方について批判的な見解は多い。立花（1984），山下（2009），本間（2014），飯田（2015）を参照のこと。
22) TPP については 2017 年 1 月 20 日トランプ大統領就任時にアメリカが TPP からの離脱を通告した。日本における農業自由化の傾向については変わらないと考えるが，日本農政への影響については今後も注視していきたいと考えている。
23) 柳田國男の農政論については，柳田（1999）に「産業組合」「農政学」「農業政策学」「後狩詞記」「農業政策」が収められている。なお，中央大学中央図書館には柳田國男講述の「農業政策学」が準貴重書として所蔵されている柳田（発行年不明）。柳田の農政論については，東畑（1973a；1973b），岩本（1982），並木（2010），山下（2018）が論じているが，圧巻なのは藤井隆至の業績であろう。藤井は経済思想史の文脈で柳田の農政論を自助と協同の二重構造として特徴づけ，柳田國男の業績を「産業組合」から「遠野物語」まで「農民は何故に貧なりや」という問題を，退化ではなく深化させた経世済民の学としている。藤井（1990；1995；2008）を参照のこと。

第4章　地域の資源：歴史的町並み保全のまちづくり

はじめに

　訪れた土地に居心地の良さを感じるときがある。初めての土地なのに昔住んでいたかのような錯覚に陥ることさえある。函館，角館，川越，佐原，佐渡宿根木，高岡，金沢，輪島，小浜，熊川宿，足助，妻籠宿，奈良井，高山，白川，有松，関宿，坂本，京都，伊根，篠山，神戸，今井，倉吉，津和野，倉敷，竹原，萩，柳井，内子，秋月，八女福島，黒木，筑後吉井，有田，長崎，雲仙，日田，飫肥，竹富。歴史と街歩きを趣味とした著者がこれまで訪れた重要伝統的建造物群保存地区である。重要伝統的建造物群保存地区制度とは文化財保護法に基づき伝統的な建造物とその周辺地区環境の保存と整備を行う制度であり，市町村の主体性を尊重し，都市計画と連携しながら歴史的町並みの保存と整備を実施するものである。

　重要伝統的建造物群保存地区とはいっても，商家町，武家町，港町，集落，宿場町，寺社町，産業町，茶屋町など地区によって特徴は様々である。日本の町は画一的といわれるが，これらの町の歴史・形態・機能はきわめて多様であり，これらの町並みの原型が形成された近世から近代までの日本の姿を映し出している。

　これらの地域に共通した点は懐かしさと快適さであろう。その地域にはそれぞれ多様な伝統があり，その歴史を生かした発展には内発的な存在感があり，住民との調和がある。それぞれの地域の多くは江戸時代から明治時代後半まで発展した地域経済の拠点であり，なぜ分権型社会が崩壊して集権化が近代日本で進展したのかを探るのに最適な事例となっている（武智 2017a：5）。

このような歴史的町並み保全の効用は第1に地域特有の歴史・文化・芸能の継承に貢献し，多極分散型の国土発展に寄与していることであろう。地域の歌舞伎や能の継承，ひな祭りなどの催し，陶磁器・漆器・土人形・織物などその地域ならではの伝統工芸は地域経済の内発的発展へ貢献している。第2の効用は自分の地域社会を誇りに思い，住民のアイデンティティの形成に寄与している点である。所得と共に，アイデンティティは自分の町に住み続けるインセンティブを与えてくれる重要な要素である。第3に町並み保全の活動に住民が参加することでコミュニティの形成にプラスの影響を与えている。自分の町に関心を持ち，その住民たちを共通関心で結びつけ，問題や課題に認識をもつきっかけをつくりだしている。第4に観光資源として町並みを活用することで地元への経済効果や雇用誘発効果をもつ。六次産業化によって地場産業が発展し，外部からの観光客を招くことで，町に潤いが生まれてくる。第5として観光，再生エネルギーの利用，食育教育などのまちづくり活動が正の外部性を生みだし，波及効果をまちにもたらしてくれる（大森2011a：14-15；大森2011b：147）。

　もちろん，これらの町並み保全の活動には経済発展とのディレンマがあり，歴史を守る活動が全面的に肯定されるべきではないかもしれない。防災面で木造建築は限界があり，必ずしも歴史を継承することが未来の発展に繋がらないこともあるだろう。しかしながら，文部科学省文化庁の補助金制度である重要伝統的建造物群保存地区制度は地域の合意形成を選定要件としていることもあり，地域の多様性を許容する補助金行政となっている点が大変興味深い点の1つである。住民の主体性を尊重するボトムアップの政策実施プログラムの典型例であり，その成立条件を知ることは重要である[1]。また前述のディレンマを地域の知恵と工夫でいかに解決してきたかという問題は，地域活性化を考える上でも重要な事例を提供している。

　従来から重要伝統的建造物群保存地区制度については，都市工学や建築学の分野の研究がもっぱらであった。それらは大変興味深い研究であるが，多くは建築学や都市計画の専門技術的な事例研究であり，政策や行政に関する一般的

な議論や分析は少なかったといってよい。たとえば，行政法の計画裁量の関心から山本寛英（2009）が計画の策定・実施・公私協働について，行政学の立場から伊藤修一郎（2005；2006）が政策の伝播や住民の役割について，町並み保全や景観行政に関する研究を行ってきた。それらは行政研究として数少ない貴重な研究蓄積である。本章は山本や伊藤の研究に新たな議論を付け加えるべく，重要伝統的建造物群保存地区制度に対象を限定して地域マネジメントの観点からアプローチを行い，分析を試みる。また前述したように，重要伝統的建造物群保存地区制度は政策の実施過程や合意形成過程を研究する上で貴重な事例を提供しており，本事例は地域資源の文脈からマネジメントの意味を示すことが可能である。なお，本章で資源とは活動を行う上での手段や媒介を意味し，法規範，財源，情報，リーダーシップなどの資源をさす。

　ここでは地域マネジメントの手法として3つの視角を設定する[2]。第1の手法は「革新」である。この手法は内発的に創意工夫が凝らされ，組織成員によって刷新的な発案が行われる。人的資源などの調達も自律的であり，競争による効率性の達成も比較的容易である。第2の手法は「組織（化）」であり，内部組織化によりリスクとコストを軽減する手法である。垂直的な関係を構築することで，機能を共同化したり組織を統合したりするだけでなく，共通の利害関心を保有することもより可能となる。第3の手法は「調整」であり，連結による効率をめざした団体間の水平的な関係を構築するものである。前者の「組織（化）」と同様に「調整」で共通のアイデアを保有することも可能であるが，それはあくまでも団体の主体的な意思を尊重した状態を想定している。

　本章は重要伝統的建造物群保存地区制度の実施構造を検討することが目的である。まず歴史的町並み保全の歴史を概観し，重要伝統的建造物群保存地区制度の概要を説明する。基礎自治体レベルにおける歴史的町並み保全の実施構造を検討し，川越と八女福島の町並み保全の取り組みを紹介する。歴史的町並み保全の問題点と課題を指摘し，重要伝統的建造物群保存地区制度の実施構造を検討する意味についても説明することにしたい。ただし，景観法ないし歴史まちづくり法については関連した部分の検討にとどめ，本章は基本的に文化財保

護行政,とくに重要伝統的建造物群保存地区制度を対象とし,景観行政そのものを分析対象にしているわけではないことをお断りしておきたい。

第1節　歴史的町並み保全の歴史

(1) 第二次世界大戦前の文化財保護

　文化財は現在,図表4-1のように体系づけられる。日本における町並み保全の歴史を文化財保護の観点から,ここでは3つに区分して説明する[3]。

　明治初期は西洋化の波におされ,さらに廃仏毀釈により多くの仏教美術品が神社仏閣から流出した。このような風潮を改善するために,1871年古器旧物保存方の太政官布告がだされた。古器旧物とは祭器,古仏像,貨幣,陶磁器,楽器,古経文など31品目をさし,古器旧物を記載させ,官庁へ届けさせることを目的としていた。この太政官布告は近代における文化財を保護する日本最初の法制度である。

　1880年に内務省は全国の主要な古社寺へ保存金を交付し,建造物の維持管理を行おうとした。また1888年,宮内省に臨時全国宝物取調局が創設され,4人の取調委員の調査により美術品の所在・所有者が確定された。1897年に制定された古社寺保存法は古社寺の建造物や宝物の中から特別保護建造物や国宝を指定する権限を内務大臣へ与えるものであり,文化財保護における「指定」という手段を採用した最初の法律であった。この法律に基づき古社寺の建造物や宝物の指定が進み,保存金が支給された。

　しかしながら,古社寺保存法は一部の古社寺の建造物と宝物に文化財保護の対象を限定していたため,それ以外の所蔵品は国外へ流出し続けた。そのため,1929年に国宝保存法が制定され,国,地方自治体,個人の所蔵品を保護対象とし,特別保護建造物と国宝とを一本化した。さらに国宝保存法を補完する法律として1933年に重要美術品等ノ保存ニ関スル法律が制定され,重要美術品はすべて政府の許可がないと海外へ持ち出しができなくなった。さらに建造物や美術品に限定されていた文化財保護も史蹟,名勝,天然記念物へと対象を拡

第 4 章　地域の資源：歴史的町並み保全のまちづくり

図表 4-1　文化財の体系図

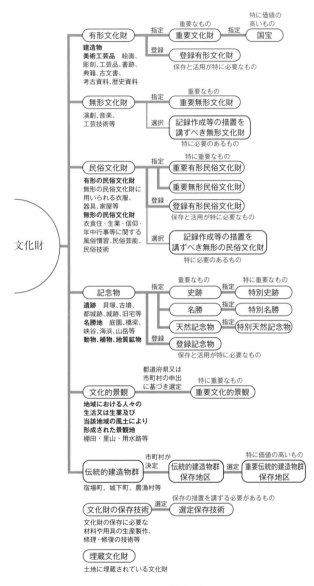

出典：文部科学省文化庁ウェブサイト「文化財の体系図」http://www.bunka.go.jp/bunkazai/shoukai/taikeizu_l.html（閲覧日：2017 年 8 月 24 日）を基に筆者作成。

大させ，1919年に史蹟名勝天然記念物保存法が制定された。

　第二次世界大戦中，文化財保護行政は予算削減の対象となり，文化財保護の活動が軽視され，1943年には国宝・史蹟の指定と保存・修理に文化財保護は限定された。重要美術品・名勝・天然記念物の指定事務は事実上停止状態に陥り，戦争で各地の建造物は焼失してしまった。

(2) 文化財保護法の制定と高度成長

　第二次世界大戦が終わっても，国民の困窮は回復せず，文化財の売却などが相次いだ。さらに1949年法隆寺金堂の壁画が焼失し，1950年には松山城，福山城，鹿苑寺金閣が焼失する事態が続いた。そのため1950年に文化財保護法が制定された。その文化財保護法は，従来の3つの文化財関連法を一本化したこと，無形文化財・民俗資料・埋蔵文化財などへ保護対象を拡大させたこと，国宝と重要文化財の2つに区分して優先主義・重点主義を採用したこと，文化財の保存と活用を区別して所有者の財産権に配慮したことなどが特徴である。

　高度成長期において地域開発が進展し，歴史的風土や景観の保存の必要性がでてきた。京都の双ケ丘，鎌倉の鶴岡八幡宮裏山，奈良の若草山では開発により歴史的に重要な建造物，遺跡を取り巻く景観が問題となった。市民による景観保護に関する機運が高まり，古都保存連絡協議会の結成と法律制定の要請が行われた。そのため，1966年に議員立法で古都保存法（古都における歴史的風土の保存に関する特別措置法）が制定され，歴史的風土の保存がおこなわれた。「古都」には京都市，奈良市，鎌倉市などが指定されており，「歴史的風土」とは「わが国の歴史上意義を有する建造物，遺跡などが周囲の自然的環境と一体をなして古都における伝統と文化を具現し，及び形成している土地の状況」を意味している。歴史的，文化的資産と周辺の自然的環境を一体的に保存することを目的とし，現在国土交通大臣は歴史的風土保存区域を指定し，その区域での建築物の新築・改築・増築，宅地造成などを知事ないし市長へ事前に届け出ることを義務づけている。しかし，当時の古都保存法では対象が一部の都市に限定され，しかも規制の対象が狭く，保護すべき歴史的風土が社寺陵墓など

周辺自然環境に限定され，市街地などの町並みの保存には至らなかった。

　1960年代半ば以降になると史蹟指定が積極的に行われ，1966年に静岡県島田市の旧東海道島田宿が島田宿大井川川越遺跡に史蹟指定され，1967年には萩市が萩城城下町として史蹟指定された。1970年には集落の保存として富山県平村の越中五箇山相倉集落と上平村の越中五箇山菅沼集落が史蹟指定された。しかしながら，このような史蹟指定の方法は周囲の歴史的環境や景観を保存する手法として十分とはいえなかった（亀井2004：187）。1970年代になると歴史的な町並みを保存する活動への関心・運動が高まり，住民活動が活発化した。各自治体で条例づくりがおこなわれ，歴史的町並みの指定が行われた。このような時代背景をもとにして1975年文化財保護法が改正され，重要伝統的建造物群保存地区制度が創設された。この文化財保護法の改正には，フランスのマルロー法（1962年制定）やイギリスのシビック・アメニティズ法（1967年制定）の影響があるといわれている（亀井2004：190）。歴史的町並みが文化財保護の体系の中に位置づけられ，建造物の「点的保存」から土地や自然を含めた「面的保存」へと転換したのである。国が行ってきた文化財保護を市町村の責任で実施する点も，大きな変化であった（伊藤延男2000：7）。そして2017年11月28日現在では97市町村117地区が選定されている。

(3) 景観法と歴史まちづくり法の制定

　横浜市や神戸市では都市景観への取り組みが先駆的に行われてきたが，1980年代には他の地方自治体でも景観行政が積極的に取り組まれるようになってきた。歴史的環境保全を含む地域全体の景観整備のために制定された景観条例がそれである。国においても，建設省で都市景観形成モデル事業，歴史的地区環境整備街路樹事業，歴史的建築物等活用型開発事業，歴史的建築物活性化事業などが実施された。2004年には景観法が制定され，地方自治体の景観行政の法的根拠が示された。

　また文化財を総合的に把握することが必要と認識され，市町村による「歴史文化基本構想」の策定が行われるようになった。地域のアイデンティティの確

保や絆の維持,人々の生活の中での文化財の保存や知と技の継承がその構想の理念となっており,文化財保護行政とまちづくり行政を連携させ,市町村基本構想,都市計画,景観計画を調整する意義を持っている。それは2010年に公布された歴史まちづくり法(地域における歴史的風致の維持及び向上に関する法律)との連携を意図したものであった。歴史的まちづくり法は文部科学省文化庁・農林水産省・国土交通省の共管であり,歴史的風致を維持・向上させることを目的としている。歴史的風致とは,歴史まちづくり法第1条によると,「地域におけるその固有の歴史および伝統を反映した人々の活動とその活動が行われる歴史上価値の高い建造物およびその周辺の市街地とが一体となって形成してきた良好な市街地の環境」を指している。市町村は重要文化財などの建造物がある重点区域を設定して歴史的風致維持向上計画を作成し,国の認定を受ける必要がある。

その他に近代化遺産の指定や世界遺産条約の批准が行われ,棚田・里山・用水路などの「文化的景観」を設け,民俗技術(生活・生産の製作技術)を民俗文化財として保護することになった。文化財保護はより体系的かつ包括的な広がりを見せていることが近年の特徴といえる。

以上,歴史的町並み保全の歴史について,3つに区分して説明してきた。次に,重要伝統的建造物群保存地区制度の概要について検討したい。

第2節 重要伝統的建造物群保存地区制度の概要

(1) 地区選定までの過程

ここでは重要伝統的建造物群保存地区制度の選定過程を4つに区分して,その概要を説明する[4]。

第1は保存対策調査である。集落・町並みとそれを構成する建造物等について,市町村は歴史や現状を調査し,文化財としての価値を把握する。また,まちづくりの観点から課題を整理し,住民意向の把握を行う。これらの成果に基づき,保存のための方策を総合的に検討する。

第2は保存条例の制定と保存審議会の設置である。保存条例では保存地区の決定や保存計画の策定の手続き，現状変更の規制内容や許可の基準，経費の補助，審議会の設置など重要伝統的建造物群保存地区の保存のための必要な措置を定める。保存条例の決定・改正は市町村長から文化庁長官へ報告される。

保存審議会は保存条例に基づき設置され，重要伝統的建造物群保存地区を決定するため，保存地区の範囲や保存計画の内容について審議する。決定後は，保存地区の保存に関する重要事項を調査・審議し，必要に応じて市町村や教育委員会に建議する。

第3は保存地区の決定と保存計画の策定・告示である。都市計画区域または準都市計画区域内では，都市計画法に基づき市町村が都市計画に保存地区を定めることになっている。都市計画区域または準都市計画区域外では，市町村教育委員会が保存条例に基づき保存地区を定める。つまり保存地区の決定は都市計画部局と教育委員会の二本立てとなっている。保存地区の決定・変更は市町村長から文化庁長官へ報告される。

さらに，保存の基本方針，保存物件（伝統的建造物，環境物件）の特定，保存地区内の建造物の保存整備計画，保存地区の環境整備計画（防災，案内板，公開施設など），所有者への助成措置などを定める。保存計画の中に，許可基準，修理基準，修景基準を定めるのが一般的である。保存計画は教育委員会が策定し告示する。保存計画の決定・変更は，市町村長から文化庁長官へ報告される。

第4は保存地区の選定申請と選定である。国は市町村からの申し出に基づき，文化審議会での選定の諮問・答申により当該保存地区が国として価値が特に高いと認めるとき，重要伝統的建造物群保存地区として選定される。その選定基準は，(一)伝統的建造物群が全体として意匠的に優秀なもの，(二)伝統的建造物群及び地割がよく旧態を保持しているもの，(三)伝統的建造物群及びその周辺の環境が地域的特色を顕著に示しているもの，のいずれか1つが該当すればよいとされている。

以上，重要伝統的建造物群保存地区制度の選定過程を4つに区分して説明してきた。その選定過程をまとめたのが図表4-2である。

図表 4-2　選定までの流れ

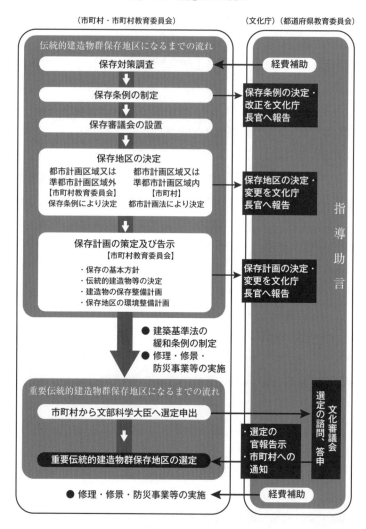

出典：文部科学省文化庁ウェブサイト「歴史を活かしたまちづくり」http://www.bunka.go.jp/bunkazai/pamphlet/pdf/pamphlet_ja_05.pdf（閲覧日：2017年8月24日）を基に筆者作成。

(2) 保存と保全

　海に面した家屋の1階部分に船が引き揚げることができる舟屋で有名な京都府伊根町では，伊根町伊根浦重要伝統的建造物群保存地区の選定を行い，保存計画において主屋129，舟屋114，土蔵127，その他59，計429件の建築物及び石垣・井戸などの工作物5件を伝統的建造物に，石段・旧道など15件を環境物件に特定している。この建築物の件数は奈良県橿原市今井町に次ぐ規模である（伊根町教育委員会2014：2）。また製蝋で栄えた愛媛県内子町では白壁の町並みが特徴的であり，1916年に建築された劇場である内子座が有名である。六日市・八日市護国地区が重要伝統的建造物群保存地区に選定され，建築物75，石灯籠などの工作物8，自然物・土地40が指定されている。約600mの町並みに約90棟の伝統的民家が並び，浅黄色と白漆喰で塗られた重厚な大壁や袖壁，卯建（うだつ），なまこ壁，鏝絵など美しい造形が続く町並みが保全されている（愛媛県内子町1987：199-202）。

　このような古い町並みには，切妻，寄棟，入母屋，平側，妻側，平入り，妻入り，直屋（すごや），鉤屋（曲り屋），下屋，本瓦葺き，桟瓦葺き，塗込造り，土蔵造り，塗屋造り，大壁造り，真壁造り，粗壁仕上げ，中塗り仕上げ，なまこ壁，下見板張り，卯建，大戸，蔀度（しとみど），数寄屋造り，通り土間，腕木門，薬医門，長屋門など伝統的建築物や特徴ある意匠が存在する（大森2011c：152-155）。これらの歴史的町並みをいかに保存していくかが重要伝統的建造物群保存地区制度の課題である。

　重要伝統的建造物群保存地区制度では伝統的建造物を特定物件として特定し，これらを「修理」する。その他の一般建造物の新築や修繕に際しても景観に調和するよう「修景」する。伝統的建造物を履歴調査に基づいてしかるべき時代の姿に戻すことを「復原」といい，そのための行為（工事）を「修理」と呼ぶ。それ以外の建築物や塀・門・石垣・井戸などの工作物を周囲の歴史的風致と調和するように配慮して増築・改築・新築する行為（工事）を「修景」と呼ぶ。修景の中でも昔の姿のままに再現することを「復元」といい，庭園・樹木・石段などの「環境物件」を修理・保全・手入れなどで元の姿に戻すことを「復旧」

と呼ぶ。

たとえば佐賀県有田町の修理基準では,「建物の構造・階数」「建物の位置・規模」については現状維持または旧状に復元修理し,「外部意匠」は旧状に復元修理することとなっている。修景基準では,「屋根の形状」が入母屋造又は切妻造とすること,「屋根の勾配」は周囲の伝統的建造物の勾配に合致させること,「軒」は建物本体と調和する軒の出を有すること,「建物の位置」は町並み壁面線を維持すること,「建物の構造」は下屋又は庇を付けること,「ショーウィンドー」は町並みの賑わいに貢献すること,「主屋間口」は妻入りの場合は6間以下（裏通りは5間以下）とすること,とされている（岡崎2004：30)。

西村幸夫は「保存」とは異なる「保全」の概念を提示している。一方で「保存」とは,建造物や都市構造の文化財的価値を評価し,これを現状のままにあるいは適切な復元を実施し,必要な場合には最低限の補強を行って,対象の有する特性を凍結的に維持していく行為を意味している。他方で「保全」とは,建造物や都市構造の歴史的な価値を尊重し,その機能を保持しつつ,必要な場合には適切な介入を行うことによって現代に適合するように再生・評価・改善することも含めた行為を指す（西村2003：3)。「保全」は「保存」のみならず補強や修理,復元などを含む,歴史的環境の固有性を維持し増進するためのより広い包摂的な概念として用いており,良好な変化を誘導する側面をもつという意味では「保存」とは相いれない場合もでてくる（西村2004：10）。

保存であれ保全であれ,保存調査の段階で調査を行う住民や調査を受ける住民たちが,伝統的建造物群の伝統的建造物（建造物,石垣や井戸など工作物),環境物件（城跡,石段,旧道など),伝統的建造物群の伝統的建造物以外の建造物など建築物（建造物,工作物),土地,自然,意匠等に自分たちの住む地域社会の価値を発見する過程であるといえよう。保全の意味を見出し,その意識を育み,地域の価値を見出し,地域社会とのアイデンティティを再確認する過程が重要なのである。

(3) 選定条件としての合意形成

　重要伝統的建造物群保存地区制度においては，地域住民の同意を得ることが前提となっている。第1に保存対策調査において住民の意向を反映させなければならず，第2に自治体議会で保存条例を制定しなければならず，第3に保存地区の決定と保存計画の策定において説明会や公聴会を開催して住民の同意を得なければならない。いわゆるボトムアップの政策決定方式が重要伝統的建造物群保存地区制度の特徴となっている。住民参加・住民運動が盛んに行われた1970年代に法制定された時代背景や財産権を尊重したまちづくりを行わなければならない日本の特質もあるのかもしれない。他の文化財保護行政は「指定」「登録」という手法をとることが一般的であるが，重要伝統的建造物群保存地区制度は「選定」という方法を採用している。

　しかしながら，これは保存条例の制定や保存地区の決定に時間がかかる側面も併せもっている。保存地区の決定と保存計画の策定に合意形成が困難な事例も少なくないのである。1998年度までに重要伝統的建造物群保存地区決定のためのプロセスの第一段階と考えられる重要伝統的建造物群保存対策調査を実施済の123地区のうち，1999年12月までに重要伝統的建造物群保存地区の決定・選定に至ったのは54地区（44%）と半数に満たない（小林・川上2003：87）。このような「時間がかかるデメリット」（亀井2004：199-200）もある。「地区決定までの所要期間は5年未満が過半数だが，10年以上要した地区も約3割あり，とくに都市的地域で長期間を要する傾向にある」（小林・川上2003：93）。三重県亀井市関，宮崎県日南市飫肥，沖縄県竹富町竹富のように2年間で地区選定がおわる自治体もあれば，福岡県八女市八女福島のように選定まで6年間かかる例もある。千葉県佐原市佐原のように23年間，埼玉県川越市川越のように25年間の月日が地区選定までにかかることもある。

　合意形成にコストがかかる理由は，まちづくりをめぐる利害対立がある。重要伝統的建造物群保存地区においては，文化財保護法施行令第4条第2項によると，「建築物等の新築，増築，改築，移転または除去」「建築物等の修繕，模様替えまたは色彩の変更でその外観を変更することとなるもの」「宅地の造成

その他の土地の形質の変更」「木材の伐採」「土石の類の採取」「その他市町村の条例で定めるもの」の現状変更行為は市町村の教育委員会の許可を得なければならないこととなっている。重要伝統的建造物群保存地区制度においてはこのような詳細な景観規制があるため，高層ビル建設予定者，不動産会社，開発業者は利得の抑制を恐れるだろう。住民の中には，財産価値が下がることを懸念したり，歴史・文化・風土の継承を重視しない意識も出てくるかもしれない。歴史的町並み保全のメリットが十分浸透せず，住民の機運が盛り上がらないことはしばしばおこることである。家屋の維持が困難であり，私有財産の処分に制限がかかること，住民主体・地域の個性が生かされるメリットを実感できないことが合意形成に時間がかかる理由である。住民の合意形成を円滑にすすめるためには，地区選定によって付加価値が高まるような営みが枢要であり，保全と開発という相反しがちなディレンマを克服・両立させた構想・計画をいかに提示できるかが鍵である。

　以上，重要伝統的建造物群保存地区制度の概要について，地区選定までの過程，保存と保全の意味，選定条件としての合意形成を説明してきた。次にその実施構造について分析したい。

第3節　歴史的町並み保全の実施構造

(1) 町並み保全の環境条件

　町並み保全の環境条件は第1に歴史と文化である。町並み保全地区の歴史と文化は様々であり，ここで一様に議論することは難しい。地域には積み重ねた歴史があり，住民が育んできた文化がある。たとえば，岐阜県飛騨市古川と愛媛県内子町の共通点は日本では数少ない和蝋燭の生産地だということである。和蝋燭の原料は植物の櫨（ハゼ）の木の実の油（木蝋）であり，2つの町は櫨の木の生産地・集積地として栄えた。今は古川も内子もそれぞれ1軒の蝋燭店しか残っていないが，かつてはその産業を基盤に居住・商業・工業の空間が発展し，商家町としての賑わいがみられた。現在において，古川には瀬戸川のほ

とりに白壁土蔵が残り，内子には蔀戸（しみど）や大戸（おおど）の意匠が残る町屋が復元修理されている。

　町並み保全の環境条件として第2は人口規模である。京都や神戸は別として，重要伝統的建造物群保存地区制度の多くは都市集積の少ない地域や小都市であることが多い。小林史彦らのアンケート調査によると，7割以上は10万人以下の自治体であるといわれている（小林・川上2003：88）。自治体の人口格差が大きい日本において，人口の少ない中山間地域に古い町並みが残っているのは，開発があまり進んでいなかった地域であったこと，住民の結びつきが強く土地家屋の流動性が高くなかったことなどが考えられる。

　第3の環境条件は産業経済の基盤である。経済のグローバル化，つまり工場の生産拠点が海外へシフトし，製造業企業が海外進出することで失業者は増大し，地域経済の悪化と地方自治体の地方税収入の減収という現象を招いている。地域商業についても構造変化が生じ，小売業の縮小，商店街の停滞・衰退を招いている。地域商業の集積性，つまり小規模店舗から大規模店舗へ，地方小都市から地方中枢都市（札幌，仙台，福岡）へと人口移動している現状を変えるためには，高岡のように彫金技術を駆使した銅製品や螺鈿細工のブランド化を行ったり，桜並木が続く角館のように樺細工など桜の工芸品を名産化したりして，ニーズ指向型開発による雇用創出・産業おこしを行うことが重要である。市街地活性化や観光のまちづくりとしては，「まちじゅう博物館」として町並み保全地区全体を博物館として観光化する萩市の試みがあり，高山のように福祉観光都市としてPRして外国人観光客を呼び込むことに成功している地域もある。

　第4の環境条件は財政基盤の確保である。一般的に文化・教育・地域系予算は自治体において優先的な削減対象となっていることが多く，文化財関連の予算を確保することは自治体関係部門の大きな課題である。2016年の段階で地方自治体の長期債務残高は196兆円であり，自治体間の財政力格差は法人事業税・法人住民税の差に基づいている。国や都道府県などの補助金や融資を確保して，いかにして町並み保全のインフラ整備を行うかが課題である。文化財保

護を負担として考えるのではなく，観光や伝統産業の発展基盤として位置づけ，経済や雇用のプラスの効果のある事業として構想し，具体策を実施していくことが，重要伝統的建造物群保存地区制度の持続可能性を考えるうえで鍵となる。

(2) 行為主体と地域資源：行政・専門家・地域団体

　まちづくりは人づくりともいわれる。歴史・文化・産業などの遺産を継承するだけでなく，地域資源としての人をいかに調達・組織するかが町並み保全では重要である。一般住民，商工会議所・商業協同組合，青年会議所，建築士会，大学，まちづくりNPO，町並み協定運営委員会，町内会・自治会，教育委員会，都市計画部局，商工（観光）部局，地方議会議員，首長が町並み保全において枢要な行為主体である。

　商工会議所や青年会議所は志向としてはやや保守的な色合いを持つ団体とみる人が多いかもしれない。しかしながら会社や商店を経営する人々であるため，町の発展と自分の会社・店との発展とを重ね合わせて考え，まちづくりへの意識を高くもつ人が多いのも実態である。ビジネスの点からいっても，資金調達の点からいっても重要な行為主体であり，地域社会の政治に関しても大きな影響力をもつ集団である。重要伝統的建造物群保存地区の指定過程ではその初期段階において，アクセルとブレーキの両側面で大きな影響力を有し，地域マネジメントでは「革新」と「調整」の役割を担う。

　建築士会や大学教員などの専門家は，町並み保全の専門性を考えると欠かせない存在である。建築や土木工学の専門知識は建築士や大学工学部の教員から調達するしかないのが実状である。歴史的町並みの保全には多くの建築関係の専門家が調査事業や研究会へ参加し，専門家としての助言を行っている。真野洋介は町並み保全における建築士など専門家の役割を，第1に専門技術支援者としての役割，第2にプロジェクト・マネージャーとしての役割，第3に生産・技術と地域・住まいをつなぐ役割，第4に参加の場の運営とプロセス編集を支援していく役割にもとめている（真野2001：46-47）。「組織（化）」と「調整」の積極的な役割を果たしているといってよい。

自治会・町内会は，商工会議所や青年会議所と同様に保守的気質があるかもしれないが，歴史的町並み保全の活動では合意形成の拒否権行使のプレイヤーとなる意味で重要な存在である。自治会・町内会の行政区長会は地方議会と並ぶ自治体政治勢力であり，自治会・町内会は地域政治の最大動員システムとして作動していることもある（日高 2003：104）。重要伝統的建造物群保存地区の指定過程において，自治会・町内会は決定を実質的に左右する行為主体であり，「組織（化）」と「調整」を受ける対象（受け手）である。

住民はボランティアの担い手，修理修景の対象住民，調査の担い手として存在し，保存対策調査・地区決定・計画策定の主要行為者である。まちづくりNPOや任意団体はボランティアの動員，イベントの提案，市民への相談，情報発信など歴史と文化と町並みとを結びつけ，市民ネットワークの結節点となる役割を果たしている。まちづくりNPOは町並み保全活動の推進と合意形成とでアクセルとなることが多く，「革新」と「調整」の積極的な機能を果たしている。

重要伝統的建造物群保存地区制度については，多くの自治体が教育委員会所管，残りの自治体が都市計画部局などの所管となっていた。歴史的町並み保全は文化財保護を所管する教育委員会とまちづくりを所管する都市計画部門とが「調整」する必要のある政策分野であり，重要伝統的建造物群保存地区制度が文化財保護と都市計画の両方を包摂した制度である以上，2つの部門の「調整」はこの制度の宿命である。また，観光を通じたまちづくりを目指す場合は商工課（観光関係課）との「調整」も求められる。もちろん，これらを統括する市町村長や地方議員は選定までの過程で，部局間の「調整」のためにリーダーシップを発揮したり，地域住民の意向を受けて地区選定を外したりする重要な役割を果たす[5]。

まちづくり協議会，町並み協定運営委員会，町並み委員会など名称は様々であるが，その合意形成機関は住民の様々な推進機関から構成され，審議会の構成員を兼ねていることがほとんどである。協働，地域知と専門知の融合がそこで試行されている。また全国町並み保存連盟では全国の町並み保存活動を行っ

ている地域が集まって年1回大会を開催し，町並みゼミとして歴史的町並み保存のネットワーク化に貢献している。全国伝統的建造物群保存地区制度協議会は1979年に発足し，研究・研修・情報交換などの機能を果たしてきた。

日本政策投資銀行が行ったアンケート調査によると，草創期における町並み保存活動の主体は，①「行政が中心になって行った」が43%，②「地域住民が中心になって行った」が17%，③「行政，住民双方が中心となって行った」が38%，④その他2%，であった（薄井2003a：144）。地区選定の初期の段階においては行政主導型，民間主導型，官民協働型のそれぞれが存在していることが明らかにされている[6]。どのようなタイプであれ，地域の行為者たちは，価値観を共有し，専門知と地域知を融合させて提供し，合意形成・利害調整を行い，そして地域開発の設計を行わなければならない。

(3) **支援の手法**

町並み保全を支援する手法は4つある。ここでは規制，助成，税制，金融に区分して説明したい。

第1は規制である。法令による規制，条例や施行規則による規制，住民たちの自主規制がそれである。都市計画の規制，ルール作り，許可，届出によって修理，修景の基準が決まる。前述したように，「町並みの建造物を3階以下の階数にすること」「屋根形状は2方向以上の傾斜屋根にすること」「壁面は塀または垣にすること」「屋根の勾配・材料・外部意匠は歴史的風致を損なわないものにすること」などの景観規制がそれである。地区指定による規制としては，屋外広告物の掲出を禁止または制限する自治体，景観形成基準として重要伝統的建造物群保存地区の周辺に緩衝帯として基準を指定する自治体も多くあり，修景基準よりも緩やかな基準が設定される。住民の自主規制としては妻籠宿や高山の自主協定や住民憲章の例が有名であり，川越の協定書による規制も注目すべき事例の1つである。

建築基準法第3条1項3号，第85条の2に基づき，重要伝統的建造物群保存地区において，市町村は国土交通大臣の承認を得て，条例によって建築基準

法の一部の規定について適用除外もしくは制限の緩和を行うことができる。道路内の建築制限，建蔽率の基準，建築物の高さ制限などがそれである。ただし，建築基準法の規制緩和措置は伝統的建造物に限定されているので，面的規制が地区すべてに機能しているわけではない。逆に，伝統的建造物以外の建築物で修景基準を満たしているものに対する規制緩和も求められている（西村2004：267）。

　第2は助成である。文部科学省文化庁の補助事業としては，前述した修理と修景の保存事業・修理事業，消火設備の設置，地区全体のシロアリ対策，危険な石垣の積み直しなどの防災事業，説明版の設置，緊急的な保護措置が必要なものを買い上げる事業などがそれである。防火の助成を行わないと，重要伝統的建造物群保存地区の木造建造物が準防火地区指定の例外となってしまうことになりかねない（刈谷1997：59-62）。そのため防火対策事業も重要伝統的建造物群保存地区制度の補助事業の1つとして積極的に行われている。

　また，文部科学省文化庁以外の補助事業としては，国土交通省の歴史的地区環境整備街路事業，街なみ環境整備事業，歴史国道整備事業，総務省の地域文化財・歴史的遺産活用による地域おこし事業，農林水産省の農村総合整備事業，そのほか厚生労働省や都道府県の補助事業が存在する。

　自治体はこのような様々な補助金を組み合わせて住民の支援方法を設計し，自治体によってその助成金額も異なる。たとえば，埼玉県川越市では修理について費用の5分の4以内，1,600万円以下の助成，修景について費用の5分の3以内，600万円以下の助成となっている。佐賀県有田町では主屋の修理への助成は上限600万円，修景は上限300万円となっている。修景などには歴史的まちづくり事業や街なみ環境整備事業の補助金を用いている自治体もある。

　第3は税制手法であり，国と地方自治体の税制上の優遇措置がとられる。国税としては重要伝統的建造物群保存地区の区域内にある土地の地価税を非課税とし，重要伝統的建造物群保存地区の伝統的建造物・その敷地について相続税を10分の3控除する措置が取られている。地方税としては，重要伝統的建造物群保存地区の伝統的建造物にかかる固定資産税を非課税とし，敷地にかかる

固定資産税は市町村が適時免除または軽減の措置が取られている。函館，川越，高岡，金沢，富田林，倉吉，倉敷，萩，柳井，丸亀，内子，知覧，竹富のように，市町税の不均一課税条例が施行されている自治体もある。

　第4の金融手法として，薄井充裕はまちづくりにおいてナショナル・トラスト，公益信託，コミュニティ・クレジットの金融手法を推奨している。ナショナル・トラストとは，会費・寄付・出損という形で出資を募り，土地の購入や土地建物の維持管理費を捻出して自然を保護する活動である。公益社団法人日本ナショナル・トラスト協会，公益財団法人日本ナショナルトラストの活動が有名である。公益信託とは財産の出損者（委託者）が一定の公益目的のために財産を受託者に信託譲渡し，その財産を受託者が管理運営して公益目的を実現する制度である。1980年代から90年代にかけてまちづくりにおいて多くの公益信託が誕生して活動してきたが，低金利時代で元本を取り崩して助成する方式が多くなり，公益信託によるまちづくりの手法は近年普及していない。コミュニティ・クレジットとは，地域で連携する企業が委託者兼受益者となり，このグループのうち一部の資金需要のある企業に対して部分保証を行い，この連携の仕組みを利用して構成員個々よりも高い信用力を創り出し，金融機関からの資金調達を容易にし，地域の資金を地域で還流することを目的としている。信託銀行が仲介し，資金の管理や運用を行い，契約形態や情報開示・確認などで新しい金融技法も採用されている。薄井はさらに社会投資ファンドの可能性についても触れている（薄井2003c：172-179）。近年はインターネットを通じたクラウドファンディング，つまり一定目的で多数の市民から少額の寄付を資金調達する手法も注目を集めている。

　以上，重要伝統的建造物群保存地区制度の実施構造について，その環境条件，行為主体と地域資源，支援の方法について論じてきた。次に川越における町並み保全活動の取り組みについて検討したい。

第4節　川越の町並み保全

(1) 歴史的経緯と町並みの特徴

　川越市は人口約35万人の中核市であり，東京西北30キロにある埼玉県下の城下町である。城跡・神社・寺院・旧跡・歴史的建造物が多く，東日本では鎌倉市や日光市に次いで多くの文化財が残っている。そのため小江戸と呼ばれ，多くの観光客が訪れる観光都市である。また大学や高校も多く，文教都市としての顔も併せもち，住宅地としても人気の都市である。

　川越は地理的に武蔵野台地の北に位置し，入間川と荒川が合流する政治的・経済的に重要な拠点である。室町時代には太田道灌によって河越城が築かれ，江戸時代の川越藩は徳川御家門の大名や譜代の大名が配置され，江戸の防衛拠点や物資流通拠点として重視された場所であった。武蔵野台地は新田開発による農作物，とくにサツマイモや狭山茶，絹織物，工芸品の産地でもあった。また喜多院，仙波東照宮，中院，川越八幡宮，成田山川越別院など歴史ある寺社も存在し，川越は城下町でありながら，寺社町や商家町の側面も持ち合わせていた。

　埼玉県（かつての川越県，入間県）の中核都市である川越の北に位置する一番街は蔵造り町屋が並び，川越の繁華街として栄えた。1893年に川越を大火が襲い，市街地の多くは焼き尽くされた。しかし，のちに重要文化財に指定される大沢家など一部の蔵造りの町並みは焼け残り，蔵造りによる町屋再建が行われた。一番街は店棟の平入屋根が連なり，その背後に店棟と直角の住居棟が並ぶ。一番街の町並みは，蔵造り町屋，真壁造り町屋，洋風町屋，近代洋風建築，寺社など多様で時代重層的な建造物で構成されている。町屋が約8割を占め，この地区の基調をなしている。一番街の中心には高さ約16mの檜造りの鐘楼があり，黒壁と並んでその鐘楼は「時の鐘」として一番街のシンボルとなっている。市の南部に鉄道の駅ができて駅周辺が商業地域として発展し，逆に町屋の町並みが続く市北部の一番街は衰退した時期があった。商家町としての

復活は 1970 年代の町並み保全活動まで待たなければならなかった。

(2) 町並み保全活動の特徴

川越の町並み保全活動は民間主導で行われた。1971 年大沢家住宅が重要文化財に指定され，蔵造り町屋である旧万文の取り壊し計画への反対運動がおこった。結局，旧万文は川越市開発公社が買い取り，1977 年から蔵造り資料館として公開されている。1975 年に川越市によって重要伝統的建造物群保存地区制度の保存調査が行われたが，商店主たちの反対により地区指定はされなかった。城下町川越開発委員会，川越市史蹟保存協賛会，青年会議所，文化財保護協会による保全活動の動きがみられたが，主要な推進主体にはならず，重要伝統的建造物群保存地区制度の制定への直接誘因とはならなかった。団体間の「調整」を行う主体が存在しなかったのである。ただし川越市は，1981 年に蔵造り 16 件を文化財に指定して保存を開始した[7]。

マンションの建設とその反対運動が市内で頻発し，規制の必要性が認識され始めた時，1983 年に町並みの愛好家と専門家によって設立された「蔵の会（現在の NPO 法人川越蔵の会）」は町並み保全に関する提言を行い，町並み保全活動の機運を盛り上げた。この提言を契機として「革新」の手法が採択されるにいたった。一番街商店街協同組合の町並み保全活動が始まり，通商産業省のコミュニティマート構想事業に採用された。町並み保存の自主的組織である町並み委員会が設置され，町づくり規範の作成とデザインの誘導が行われた。町並み委員会が定めた町づくり規範では，まちづくりの基本目標として「商業活動の活性化による経済基盤の確立」「現代にふさわしい居住環境の形成と豊かな生活文化の創造」「地域固有でしかも人類共有の財産としての価値を持つ歴史的町並みの保存と継承」の 3 つを掲げている。町づくり規範は構成員の間で価値を共有する役割を果たした（福川 2003：141-143）

1989 年に川越市景観条例が施行され 景観形成地区による景観誘導が実施された。町づくり懇談会が開催され，条例の制定と重要伝統的建造物群保存地区の指定について住民に説明しようとしたが，都市計画道路の拡張案が地域住

民の反発と紛糾を招き，合意形成には至らなかった。そのため一番街町づくり研究会が市職員と地元商店主によって設置され，意見「調整」と勉強会が続けられた。コミュニティマート構想以降，商店街協同組合が積極的な態度を示したのと対照的に，自治会は批判的な態度をとった（福川 2003：144）。

1992 年には市の町づくり案の承認機関として「北部町づくり自治会長会議」が設置され，それは名称を「十カ町会」と変更し，重要伝統的建造物群保存地区制度を町づくりの目標と定めた。1994 年に「町並み専門委員会」が設置され，川越市に重要伝統的建造物群保存地区制度の導入を要望した。十カ町会も市へ重要伝統的建造物群保存制度導入の要望書を提出した。川越市は住民に対して意向調査を行い，約 9 割の住民から賛成を得て，1999 年 12 月に重要伝統的建造物群保存地区へ選定された。伊藤修一郎は川越市長のリーダーシップが地区指定の鍵であったと指摘している（伊藤修一郎 2006：114）。川越の歴史的町並み保全活動は市民活動がイニシアティブをとり，専門家が媒介となり，自治体が「調整」をはかることで四半世紀の年月をかけた合意形成の過程をへて重要伝統的建造物群保存地区へ選定された。現在，図表 4-3 のような協議プロセスを経て計画案が決められている。

図表 4-3　町並み委員会での協議プロセス

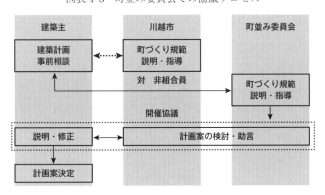

出典：岡田（2004），74 頁を基に筆者作成。

(3) 活動の課題

　NPO法人川越蔵の会はその後もさらに活動を活発化させ，商店街へ街路整備の提言を行ったり，洋風建築物や茶室の設計コンペを実施したりしている。アートイベントの実施，お茶会などのイベントの実施，空き家のお掃除会，町並みライトアップなどのデザイン指導も実施している。このような専門的な提言集団は他の地区にはない川越ならではの特色であり，突出した川越の市民の力を示している[8]。

　また，旧川越織物市場の保存活動については，地元自治会，商店街，川越唐桟愛好会との協働で保存活動を展開し2万人の署名を集めて保存に成功するが，他方で1893年築の旧田中家の母屋・袖蔵の保存，1921年築の佐藤小児科医院の保存移築については，要望書提出にもかかわらず，保存には成功しなかった。川越は他の地区よりも面規制の対象が広いため伝統的建造物と非伝統的建造物が混在し，これらをどのように規制・誘導していくかが課題である。

　町並み委員会と共に構想された町づくり会社では，町並み委員会の方針に基づいて施設の企画・建設・運営，空き地や空き店舗の活用，街区内部の再開発を行うデベロッパーの役割を担うことが想定されていた。土地の所有と利用の分離を促進させ，市街地を活性化させる手法として期待され（福川1999：82-83），この町づくり会社は地域活性化と観光とを目的とした地域拠点として活動している。観光だけでなくこのような空き地・空き店舗の利用を促進するメカニズムの創出も川越の課題であろう。

　川越においては3段階のデザイン誘導基準が設定されているが，綿密かつ高度な基準を設定すればするほど面的規制の対象を拡大することは難しくなる。たしかに他の重要伝統的建造物群保存地区に比べて観光都市として成功しているため，保全と開発を両立させていくことは不可能ではない。しかし，一番街商店街以外の町並みにおいても文化財が点在するが，一番街商店街と同等の町並み規制をかけていくことには時間がかかるだろう。

　以上，川越の取り組みについて検討してきた。次に商家町として対照的な特色を持つ八女福島の町並み保全活動について説明したい。

第4章　地域の資源：歴史的町並み保全のまちづくり　117

第5節　八女福島の町並み保全

(1) 歴史的経緯と町並みの特徴

　八女市は福岡県南西部に位置する人口約6万7千人の小都市である。北を広川丘陵，東を八女山地，南を筑肥山地に囲まれた盆地的地形であり，矢部川，その支流の星野川がつくる沖積平野に位置した農業生産地としての顔を持っている。八女市はブランドの八女茶，電照菊を中心にした農業生産拠点である。また職人の多く居住する町でもあり，手漉き和紙，石灯籠，仏壇・仏具，提灯など伝統工芸における九州有数の生産拠点となっている。

　戦国時代は蒲池氏，安土桃山時代は筑紫氏が支配し，八女福島の中心部に城郭を築いていた。関ヶ原の戦以後，福島城は田中吉政により筑後地方最大級の平城として改築されて柳河城の支城として存在したが，田中氏が断絶すると福島城は廃城となった。しかし江戸時代の始めに形成された町人地は残り，城下町久留米から黒木を経て豊後へ抜ける豊後別路に沿う在方町，つまり在郷の商家町として発展した。現在も城下町と商家町の両側面が特徴として存在し，町割，街路構成，枡形，堀跡の水路に城下町としての遺構が残り，街路に沿って塗屋造の町家の町並みが伝統的建造物として残っている。

　八女福島の町並みは「居蔵」（土蔵）と呼ばれる瓦葺き塗込めの土蔵造りが特徴である。その多くは江戸後期から明治期における建造物であり，妻入り入母屋造り桟瓦葺きを基本とし，外壁は白漆喰の大壁，腰は青石張りとし，広い間口の場合は袖下屋を有する重厚な景観である。町屋の雨戸や板壁など外部に面する木部は防腐のためのベンガラと柿渋の赤い色合いとなり，町並みの1つの特徴となっている。他の重要伝統的建造物群保存地区の多くは通りに面した外観のみの保存であるが，八女福島の重要伝統的建造物群保存地区は裏手の外観も保存対象となっている。八女福島の地割は表が街路，裏が水路に面し，間口は狭く，奥行きの長い短冊形が基本となっており，草葺き，真壁造り，洋風木造建築，寺社建築などによって多様な町並みを形成している点も特徴となっている（福岡県八女市八女福島伝統的町並み協定運営委員会2003：2-26；高

口 2011：36-38)。

(2) 町並み保全活動の特徴

　八女市の本格的な町並み保全は，1988年に東京町の「旧木下家住宅」(堺屋)が市に寄贈され，修理・復原されたことに始まる。また，1991年の大型台風によって被害を受けた伝統的町家が取り壊されて空き地になる状況を見て，危機感を感じた市民有志が勉強会を重ねた。そして，1993年にまちづくり活動を展開する市民団体「八女・本町筋を愛する会」が設立され，「八女町屋まつり」が取り組まれた。さらに，1994年にはまちづくり団体「八女ふるさと塾」が新たに発足し，八女福島の町並みを活かすまちづくり活動が主体的に実践されてきた。現在，地場産業でもある雛人形をPRする「雛の里・八女ぼんぼりまつり」やミニギャラリーとして町屋で伝統工芸品や絵画などを展示する「八女福島白壁ギャラリー」など町並みを舞台としたイベントが様々なまちづくり団体によって取り組まれ，町並み保全の活動と共に定着してきている[9]。

　八女市は企画課を中心にこれら市民団体の「組織化」を図った。これが住民の合意形成に大きく貢献した。1994年度には事業対象地区の住民によって「景観のまちづくり協定」が締結され，424世帯が締結を結び，締結率74％にも達した（大森 2004：100）。八女市は住民協定をもとに建築物等の修理・修景事業や住環境の整備を行うため，建設省（現国土交通省）の街なみ環境整備事業を1995年から始めた。協定者の代表による八女福島伝統的町並み協定運営委員会（現：八女福島町並み保存会）が組織され，整備事業が開始された。この委員会は協定者代表1名と町内会長11名から構成され，事業内容やまちづくりについて協議し，地元住民と行政との「調整」をする役割を担っている。街なみ環境整備事業の補助金から会の事務局運営費も支出した。造り酒屋跡地を買収し，1997年5月には町並みの情報発信や市民交流の場として横町町家交流館を開館した。

　さらに，街なみ環境整備事業は補助率も高くなく，事業補助も期限が限られているため，八女市は建築物等の修理・修景事業に対して継続的な財政支援が

可能な重要伝統的建造物群保存地区制度を導入できないか検討しはじめた。八女市は 1996 〜 1997 年度に保存対策調査を行い，1999 年に八女市商工観光課へ特徴あるまちづくり係を設置し，図表 4-4 のように町並みを活かしたまちづくり事業を一本化し，予定保存地区内の住民の合意形成に取り組んだ。調査には住民の反発もあったが，町並みの価値を住民に説明する過程で反発は緩和され，市と協定委員会は予定地区居住者のすべてに同意取り付け作業を行い，全居住者の同意率が 76％，保存特定物権の同意率が 72％と高い割合を獲得したのである（大森 2004：103）。八女福島の重要伝統的建造物群保存地区の選定

図表 4-4　町づくりの推進体制

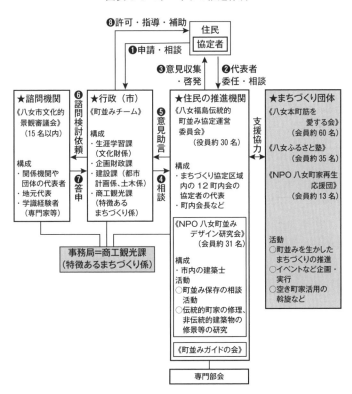

出典：福岡県八女市八女福島伝統的町並み協定運営委員会（2003），38 頁を基に筆者作成。

の過程は，市の「組織化」と「調整」を通じて町内会長による住民合意取り付けが成功した事例といってよい。

　八女市は2001年6月に八女市文化的景観条例を制定した。この文化的景観条例は重要伝統的建造物群保存地区と景観形成地区，田園・農村景観の保全・形成を目指した全国で初めての条例である。保存地区を決める過程の中で，重要伝統的建造物群保存地区候補地域の中に2本の都市計画道路が予定されていたため，交通量の多い東側の道路より西側を重要伝統的建造物群保存地区とすることで妥協した。そのため，重要伝統的建造物群保存地区の対象にならなかった東側の地域を景観形成地区として重要伝統的建造物群保存地区に準じた保全を行うこととした。2001年12月末に保存地区の都市計画決定を行い，重要伝統的建造物群保存地区制度を開始し，2002年5月に国の重要伝統的建造物群保存地区の選定を受けた。この文化的景観条例の制定による景観まちづくりが八女福島の特徴の1つである。

(3) 活動の課題

　八女福島の町並みとその周辺では毎年9月に，「八女の祭り　あかりとちゃっぽんぽん」が開催され，提灯・蝋燭などの灯りが町並みを照らし，様々な伝統工芸の実演や八女の産物の展示販売が行われ，福島八幡宮ではからくり人形「重要無形民俗文化財　八女福島の燈籠人形」が奉納公演される。伝統工芸と伝統芸能とが融合されて祭りという形で実施されているわけであるが，このような地域の伝統工芸と伝統芸能の伝承が町並み保全と共に地域住民によって担われる意味は大きい。

　伝統技法を駆使した町家の構造を学び，地元建築士の立場から町並み保存のあり方を考えるため，福岡県建築士会八女支部の八女市居住者が中心となり「NPO八女町並みデザイン研究会」が2000年に発足した。修理・修景事業等の相談活動をはじめ，その事業実施にあたっての設計管理・施行を担当し，現場での技術者・技能者の研修会を行い，技術の向上・継承に努めている。また，小学生の社会学習として，町家の修理現場で，土壁塗り，土間のたたき締めや

外壁のベンガラや柿渋塗りを体験学習する取り組みが展開され，文化の継承に貢献している（大森 2011b：150-151）。

このような選定後の八女福島における取り組みは市民と行政の協働型であり，特定の市民団体が主導した川越とは異なるものであった。制度導入の過程で様々な市民団体が誕生し，町並み保全の活動は多様な実績を示した。小規模ながらも市民団体による「革新」の成果といってよい。ただし，八女福島も他の重要伝統的建造物群保存地区と同様に空き家の活用に課題がある。八女福島は仏壇・提灯などを作る職人が多く居住し，町屋には職人たちが店舗や工房を出して手仕事の町として発展してきた。近年は竹細工，木工，弓矢，革工芸，和紙製品などの工房も増え，ギャラリーや飲食店も空き家へ出店している。このような空き家対策でも市民団体の活動が実施されている。

中心市街地の空洞化に拍車をかけている空き町家の拡大を解消するため，2003年に「NPO八女町家再生応援団」が発足し，空き町家の斡旋活動を開始した。その後，2004年に町並み協定運営委員会は，町並みに関係するまちづくり団体に呼びかけて「八女福島空き家活用委員会」を立ち上げ，情報の共有と斡旋を含めた保存活用に力を入れている。町家再生応援団は空き家を紹介するホームページを開設し，空き家の実態調査に基づいて所有者と借り手等の仲介活動を推進し，賃貸契約及び売買契約を含めて様々な支援活動を展開している。空き家の活用に関しては，日本ユネスコ協会連盟「未来遺産運動」の「プロジェクト未来遺産 2009」に「八女福島　空き家町屋と伝統工法の再生による町並み文化の継承」として登録されている（高口 2011：39）。

おわりに

本章においては歴史的町並み保全の歴史について説明し，重要伝統的建造物群保存地区制度の概要について述べ，歴史的町並み保全の実施構造について検討を加えた。さらに川越，八女福島の2つの商家町について比較検討し，それぞれの特徴について摘出作業を行った。

同じ城下町（または旧城下町）にある商家町とはいっても，川越と八女福島では地理的条件は大きく異なる。川越は大都市近郊の中規模人口都市であり，八女福島は農村地帯にある地方の小規模人口都市である。前者は観光都市として脚光を浴び，後者は伝統工芸のまちとして発展しようとしている。NPOの役割についても違いがあった。一方において，川越は川越蔵の会という突出した専門家の提言集団が大きな主導的役割を果たし，地域マネジメントにおける「革新」の手法が発揮された地域である。他方において，八女福島は町並みデザイン研究会，町並みガイドの会，八女ふるさと塾，八女町屋再生応援団など小規模の市民団体が存在し，それを八女市役所が初期段階の「組織化」と後期段階の「調整」によって官民協働型の町づくりを実践している。

しかし専門家や自治会・町内会の果たしている役割については共通した特質がみられた。川越では福川祐一が，八女福島では大森洋子が，専門家として「調整」で大きな役割を果たしている。また自治会・町内会は住民の合意形成でブレーキとなることもあるが，行政が働きかけをすることで合意形成のアクセルへと変化している。これは2つの地域で地方自治体が重要な役割を果たしていることを示している。どのようなタイプであれ，それぞれの地域に即した特性であれば優劣は問われることはなく，さらに事例研究を積み重ねて類型化されることが望ましい[10]。

かつてアリソンは「公私のマネジメントは重要でない点で類似点が多く，原理原則のような重要な点で差異がある」と指摘して公私の差異と共通を鋭く考察した（Alison 1979：27-38）。歴史的町並み保全の活動において行政と民間はその役割やマネジメント手法で差異も多く，それゆえに協働的特質が表出しやすい分析対象といえる。この領域が住民やNPOの活動特性が表れやすい対象であることは違いない。重要伝統的建造物群保存地区制度がボトムアップの政策決定であるのに加えて，優れて条件適合的な特質を有する対象ということができる。重要伝統的建造物群保存地区制度は地域の多様な行為主体が交錯し政策形成を行う政策空間であり，まちづくりをめぐる地域マネジメントを考える上で最適な事例である。ただし，本章では自治体の部局間調整と市長のリー

ダーシップについては詳細な検討ができなかった。また，地方議会議員と市長との関係についても，証拠を提示するには至らなかった。これら政治行政の構造の検討については今後の課題である。

　さらに，空き家対策の必要性という点では2つの地区に共通した課題があり，それは歴史的町並み保全を行っている地域のみならず日本各地の共通した緊急的課題である。稲葉良男が指摘するように，町屋は不動産価値が高くないために住宅流通市場には乗りにくい特質をもち，空き家対策には行政やNPOの積極的な役割が期待される（稲葉 2013：98）。長浜市のまちづくり会社や高松市丸亀商店街の例が市街地活性化の例として取り上げられることが多いが（福川 1999：78-87），それらを模倣することなく地元に存在する資源を生かした地域活性化が求められている。その意味で重要伝統的建造物群保存地区制度の持つ多様性は地域活性化における普遍性と固有性を考えるうえで大いに参考となる事例ではないかと考える。歴史・文化・人口・産業・財政という条件を考慮しながら，経済社会の文脈を理解して分析することの大切さを重要伝統的建造物群保存地区制度は教えてくれる。形式合理主義的な思考から脱皮して個別の事例の中に真実を見出し，文脈を重視した事例分析を重ねる営みこそ，行政研究や政策研究に重要な意味をもつことになる。

注

1) 政策実施におけるトップダウン・アプローチとボトムアップ・アプローチについては，Van Meter and Van Horn（1975），Sabatier and Mazmanian（1980），真山（1992）を参照されたい。なお，本章では重要伝統的建造物群保存地区の選定までの過程を主たる対象としており，選定以降のまちづくりについては民間団体の活動以外は論述していない。この行政過程は離反する住民に対する行政の説得と誘導という非強制的・非権力的な日常業務の連続であるが，これについては別の機会に執筆の機会を持ちたいと考えている。
2)「革新」「組織（化）」「調整」など団体間の組織間関係については武智（1996）を参照されたい。後述するように，歴史的町並み保全において「調整」が多い理由の1つは，住民の財産権を保護する制約が多いなかで地区選定という目標へたどり着かなければならないためである。

3) 歴史的町並み保全の歴史については，伊藤延男（2000），三村（2000），亀井（2004），刈谷（1997；1999），林（2004），西村（2004）の記述を参考とした。一般的には4〜6つに区分することが多いが，ここでは単純化させて3つに区分している。また，都市建築史の立場からの研究としては，宮本（2005；2012）がある。
4) 選定の過程については，文化庁建造物課伝統的建造物群部門（2000），文部科学省文化庁ウェブサイト「歴史を活かしたまちづくり」に詳しい。
5) なお2017年文化財保護法改正により，文化財保護の所管は教育委員会以外の首長部局でも可能となった。また，議会や首長も地区選定では大きな役割を果たしているものと考える。地区選定が遅れた場合は住民や議員の反対で合意が得られず，首長も政治的リスクを冒しても選定を推進することは少ない。逆に，地区選定が推進した場合は住民や議員の賛成が得られ，首長が部局間の「調整」に成功した帰結である。ただし，これらの政治要因は資料の面で裏づけが難しく，後述する事例でも入手できた資料の範囲でしか論述していないが，それは政治要因を軽視しているということではない。
6) 「行政主導型」「民間主導型」「官民協働型」はあくまで日本政策投資銀行が行ったアンケートに基づいた町並み保全活動の「草創期」の主体による分類である。どの自治体も多様な行為主体が関与するので，それは程度の違いであり，地区選定以降は多くの自治体が「官民協働型」になるものと考える。
7) 川越の町並み保全活動の概要については，岡田（2004），伊藤修一郎（2006），川越市のウェブサイト「八女福島の町並み（歴史と保存の取り組み）」，川越市教育委員会「川越市川越伝統的建造物群保存地区保存計画」，川越市都市計画部都市景観課「川越市川越伝統的建造物群保存地区まちづくりガイドライン」を参照した。
8) 川越蔵の会の最新の活動については，岡田（2004），福川（1999；2003），川越蔵の会ウェブサイトを参照した。
9) 以下，八女福島における住民活動の実態については，大森（2004），福岡県八女市八女福島伝統的町並み協定運営委員会（1998；2003），八女市ウェブサイト「八女福島の町並み（歴史と保存の取り組み）」を参照した。
10) たとえば，今井町の住民主導型のまちづくりについては八甫編（2006），内子町の行政主導型のまちづくりについては森（2014）に詳しい。本章では内子町のような行政主導型の歴史的まちづくりについて論述していない。このようなタイプの歴史的町並み保全活動については，別途執筆の機会を持ちたいと考えている。

第5章 制度の選択：社会福祉の組織・市場・連結

はじめに

　社会福祉法人が運営する社会福祉施設としては，特別養護老人ホームなどの高齢者施設，保育所や児童養護施設などの子ども・家庭系施設，救護施設や更生施設などの保護施設，障がい児を対象とした障がい児入所施設，障がい者を対象とした自立訓練施設など極めて多様である。また，社会福祉の要というべき社会福祉協議会は居宅福祉の事業や社会福祉団体の調整と組織化を行い，様々な福祉活動に寄与してきた。

　第二次世界大戦直後に公立の福祉施設が少なかった日本においては，これらの社会福祉法人や社会福祉協議会を積極的に公益活動へ動員する仕組みが発達した。行政が財源を調達し，民間が組織と人材を提供した責任分担メカニズムである。その意味で日本の社会福祉は「生まれながらの」公私協働の制度であった。

　本章では社会福祉法人と社会福祉協議会について概説し，措置から契約へという転換について説明する。さらに自治体と社会福祉法人の関係，自治体と社会福祉協議会との関係を検討する。そして最後に地域社会の福祉システムとして，「統制型」「市場型」「連結型」の3つのモデルを提示し，「統制型」や「市場型」とは異なる「連結型」の福祉制度として地域社会を理解し，多様な制度選択という文脈の中で社会福祉の制度運営が行われていることを示す。なお，本章で制度とは制約やルールをさし，規範，慣習，伝統，法，所有権などから構成されるものとして議論を進める。

第1節　措置から契約へ

(1)　社会福祉法人・社会福祉協議会とは何か

　社会福祉法人とは「社会福祉事業を行うことを目的として，社会福祉法の定めるところにより設立された法人」であり，「公益性」と「非営利性」を兼ね備えた特別法人である。

　憲法第89条においては，「公金支出・公的財産供与の禁止」として「公金その他の公の財産は，宗教上の組織若しくは団体の使用，便益若しくは維持のため，又は公の支配に属しない慈善，教育若しくは博愛の事業に対し，これを支出し，又はその利用に供してはならない」と規定されている。町内会や同胞援護会など宗教団体・地域団体・軍人援護団体が第二次世界大戦で準行政機関として活用され，それらへの公金支出が反民主主義勢力の拡大に寄与したものと占領期のGHQは理解していた。

　この憲法規定の解釈は，明確な国家責任，公私二分論的な発想で責任体制を構想していたといってよい。この憲法解釈通りならば，民間の福祉団体へ助成することはできない。そのため，公の支配に属するならば公金の支出は可能であるとの反対解釈を行い，福祉団体を統制する代わりに公金支出を行う二重構造が生まれた。また第二次世界大戦直後は公立の社会福祉施設が少なく，民間の施設に社会福祉事業を依存せざるを得なかった事情もあった。これが社会福祉法人設立の経緯である（武智1996：167-170）。

　現在社会福祉法人が行う事業としては，社会福祉法第2条に基づく社会福祉事業，社会福祉法第26条に基づく公益事業，収益事業が存在する。第一種社会福祉事業は地方自治体・社会福祉法人の運営が原則となっているため，それ以外の主体にとっては参入障壁があるといってよい。施設設置には都道府県知事への届出が必要であり，地方自治体や社会福祉法人以外のものが第一種社会福祉事業を行う場合は，都道府県知事の許可が必要である。これに対して，第二種社会福祉事業は経営主体の制限はなく，届出により事業経営が可能である。

また，社会福祉法人に対して「公益性」や「非営利性」を根拠として施設運営に関して自治体の助成措置や税制上の優遇措置があり，これが後述する批判の対象となっている。

社会福祉協議会とは社会福祉法（1951年の制定当時は社会福祉事業法）に基づく営利を目的としない民間組織であり，市区町村社会福祉協議会，都道府県社会福祉協議会，その連合体である全国社会福祉協議会によって構成されている。99％が社会福祉法人を保有し，社会福祉法第109条から111条に基づき，地域福祉団体の調整，地域福祉の組織化，居宅福祉サービスに取り組み，共同募金などで集めた寄付金の配分，民生委員との協力，民間福祉団体間の調整を行っている。ただし，社会福祉法人の施設と同様に民間団体であるにもかかわらず，運営資金の多くを行政による補助金などの財源に依存し，公的組織の性格を色濃く持っている。

(2) **福祉の分権化・民間化・規制緩和**

これら社会福祉法人と社会福祉協議会を取り巻く環境は，分権化と民間化・規制緩和の変動にさらされている。

分権化としては，社会福祉法人認可の権限が厚生労働大臣から都道府県知事へ（二以上の都道府県の区域にわたるものは厚生労働大臣），そして「主たる事務所が市の区域内にある社会福祉法人であってその行う事業が当該市の区域を超えないもの」は都道府県知事から市（区）長へ，そして施設の認可は都道府県知事等への届出へと変更された。第二次地方分権推進一括法の施行に伴い2013年4月より改正社会福祉法が施行され，市内に事務所があって市域を越えずに活動を行う社会福祉法人の所轄庁が市長（特別区の区長を含む）となり，社会福祉法人の定款の認可や指導検査を市が行うことになった。2013年4月1日の段階で社会福祉法人の9,131法人，46.1％については一般市が認可権限を持っている（社会福祉法人の在り方等に関する検討会2014：28）。福祉サービスの提供は基礎自治体中心の仕組みへと変わりつつある。

民間化・規制緩和の傾向としては，措置から契約への転換，指定管理者制度

の導入，公益法人改革，第三者評価制度の導入などに見られるように，事業間の公平性や経営の効率性・透明性を求める要請が高まっている。後述する措置から契約への変化に加えて，2008年の公益法人制度の改革は社会福祉法人の改革へ大きな影響を与えている。この公益法人改革においては，主務官庁制・許可主義制を廃止し，登記のみで設立できる一般社団法人・一般財団法人と，税制上の優遇が与えられる公益社団法人・公益財団法人とに再編された。これらの公益法人には透明性を確保するための情報公開が義務づけられている。

(3) 福祉の措置と契約

措置とは，行政機関がサービスの対象と内容を一方的に決定し，それに従って事業を遂行する制度である。いわば希少資源を優先順位に従って配給する制度であり，供給側にとってはサービス提供の安定が確保されるというメリットがあり，需要側には最低限のサービスが確保されるというメリットが存在する。

また契約とは，自由な意思に基づく利用者選択の制度であり，供給側は能力と意欲次第で競争により最適なサービスが提供できて市場を占有できるメリットがあり，需要側は財政制約がなければ質の高いサービスを受けることができるメリットがある。

もちろん，これらは諸刃の刃であり，デメリットも存在する。逆に言えば措置により供給側は既得権を持つことになり，供給側の創意工夫を阻害しがちとなる。需要側には選択の自由というサービスの質が提供されない可能性も出てくる。また契約は市場の淘汰により供給側の供給停止や倒産というリスクもあり，利用者側の所得格差でサービス水準が左右され，情報の歪みで適切な利用者選択ができなくなる可能性も出てくるだろう。

1951年に社会福祉施設を監督・援助するための社会福祉事業法が制定された。戦前は財団法人として社会事業が遂行されていたことが多かったが，この法律によって社会福祉法人が設立され，人事や財政の面から公の支配を前提として民間社会福祉事業を行うことになった。いわば「生まれながらの」公私協働システムである。その後高度成長期に福祉施設も多く設置され，措置費という形

で公金が民間施設へ提供された。措置行政は，供給側の安定を確保しながら弱者救済を目的とした選別主義的な最低限のサービスを提供するための手法であったといってよい。

　しかしながら福祉の需要が多様化し，福祉の対象が低所得者以外にまで拡大する中で，従来の措置行政の仕組みは大きく転換した。高齢者福祉においては社会保険方式が導入され，財源調達の在り方が大きく変化した。介護保険制度，障がい者支援制度，子ども・子育て支援制度において利用者選択の仕組みが導入され，社会福祉サービスの制度は行政主導の「措置」制度から利用者・サービス提供業者間の「契約」方式による支援制度へ転換した。2000年の社会福祉基礎構造改革がその契機であった。それは利用者の選択を拡大し，措置行政の供給主権を改める改革であった。社会福祉法人に関しては，自主的な経営基盤の強化，福祉サービスの質の向上，事業経営の透明性の確保を内容とした社会福祉法人の経営原則が法定された。社会福祉法人には財務諸表の義務づけも行われたのである。2012年の段階で，施設を経営する社会福祉法人は16,981法人に及んでいる（社会福祉法人の在り方等に関する検討会 2014：6）。

　ただし，契約とはいっても福祉分野によってその内容は多様である。高齢者福祉の契約においては，公的介護保険制度の設立時には施設利用は介護認定のレベルに左右されず，利用者が自由に施設を選択できた。しかしながら，保育制度の契約においては，利用者の資格についてはポイント制度によって優先順位が決まり，契約の自由にも公的介護保険とは大きな違いがあった。所得の高い世帯などは実質的に保育所利用ができず，自治体の保育サービス供給量に大きく左右されたのが実状である。「保育所方式においては従来の措置の枠組みを残している」（秋元 2002：279）改革であったといってよい。

　しかも財政制約によって利用者主権という理念は大きく阻害された。公的介護保険導入の2000年4月には149万人だった利用者は2015年4月の段階で608万人にまで拡大し，4倍の伸びを示している。このような利用者の拡大は介護保険料の上昇を招き，要介護の度合いが高い利用者を優先して福祉施設へ入所させる対応が一部の自治体で始まり，現在では他の自治体でも一般的に運

用されている。資源配分の効率性を優先して選択の自由の理念が財政制約により抑制されるようになった。つまり，契約の理念は財政制約の下で大きく変容し，資源配分の余裕のある措置制度とどこが違うのかという疑問も出てくる。

かつて措置制度には「要件該当性の認定」「サービス内容の決定」「負担能力の認定」の役割があり，契約の利用者制度においては「利用者の主体的な判断と選択でサービスを利用する」ことが実現しているかどうかが鍵であると指摘されていた（秋元 2002：283-284）。現在においては，他の社会保障と同様に財政制約によって契約の理念が大きく変容し，利用者方式における選択の主体性が薄れているのが実態なのである。

第 2 節　自治体と社会福祉法人

(1) 社会福祉法人への統制

福祉サービスの安定性と継続性を確保するため，自治体が主導して地域に社会福祉事業団や福祉公社などを設置し，それらが多くの福祉事業を遂行し施設を統括している場合がある。このような施設を保有する社会福祉法人は施設の所有権を保有するか国・地方自治体の貸与・使用許可を得ていなければならず，施設を保有しない社会福祉法人は 1 億円の基礎財産を持たなければならない。評議員の構成として住民代表が存在することが条件であり，東京都のように施設の点検評価の公表を義務づけた自治体もある。

自治体と社会福祉法人との関係は，規制，助成，人的資源の 3 つで形成されている。

第 1 は規制である。法人認可，施設設置の届出は社会福祉法人に対する自治体の統制手法であり，社会福祉法人以外の団体にとっては参入規制にもなっている。地域福祉計画，介護保険事業計画，高齢者保健福祉計画，保育計画，障害福祉計画などの福祉計画は地域社会の将来を予測・制御する手法である。施設建設の面では土地の確保，開発許可，建築確認など自治体との事前の協議・調整が求められる。

第2は助成である。地方自治体の受託事業，補助事業，施設整備の基盤への助成，介護報酬，措置費，運営費など財源の側面で社会福祉法人は行政機関と強固な関係を形成している。都道府県や市区町村の補助金交付や福祉医療機構からの借り入れが前提となって法人審査が行われるため，法人審査の事前調整は重要な行政過程である。

　第3は人的関係である。地方自治体が主導して設置した社会福祉法人には理事長，理事，監事，事務局長として元市幹部職員が就任し，施設の管理職員には自治体の職員が派遣されることがある。他の社会福祉法人でも，自治体の元職員がその専門能力を活かして勤務することもある。

　このように，行政主導で設置された社会福祉法人は行政の補完・代替として機能しているわけであるが，近年の変化としては供給主体が拡大し民間企業やNPOも社会福祉の担い手として参入している。さらに社会福祉法人も効率化・透明化が要請され，地域社会へ施設を開放し，レイマンコントロールが求められている。自治体と社会福祉法人との強固な関係は，社会福祉法人以外の事業体と社会福祉法人との公平性に反し，しかも社会福祉法人の効率的な経営を阻害することになりかねない。社会福祉法人の内部留保が指摘されるが，その一部は自治体の補助金・助成金と事業費の差額によって生じたものもあり，その場合公益のために使用されるべきものであろう。自治体は特定の社会福祉法人へ手厚い支援を行う役割を担う一方で，中立の立場で社会福祉法人と他の事業体との調整も行っている。この場合，地方自治体は「利益相反」の危険性をはらんでいる。

　多様な供給主体が地域社会でサービスを提供する中，社会福祉法人と行政の存在理由とは何か。要保護者に対する救護施設や更生施設，子どもの虐待防止のための児童養護施設，認知症の高齢者の身元確認や介護扶助などを行う認知症対応型老人共同生活援助事業，障がい者の自立支援を行う施設などにおいて，営利を目的とした組織では不可能な活動は多い。市場ではビジネスになりにくい活動分野を積極的に担い，「公益性」と「非営利性」の原則に立ち戻って在り方を考えるべきであろう。社会福祉法人は具体的な方策を自治体と協議しな

がら，豊富なノウハウを生かしつつ地域に即した具体策を考案して，企業，医療法人，NPO法人との差異化をめざし，その差異化された事業について行政は積極的な支援策を採用するべきであろう。

(2) 社会福祉協議会への統制

社会福祉法第109条または第110条によると，「地域福祉の推進を図ること」が社会福祉協議会の目的とされている。都道府県社会福祉協議会は日常生活自立支援事業，苦情処理・相談，運営適正化委員会，福祉団体の研修など広域的な，後方支援的な活動を行い，市区町村社会福祉協議会は市区町村を地域分けして地域社協（地区社協）づくりを行い，地域福祉活動の中心的役割を果たしている。訪問介護，配食，ボランティアセンターの運営，サロン活動，共同募金への協力などがその活動の内容である。2000年の社会福祉法改正で社会福祉協議会は地域福祉の推進主体として明確に位置づけられた。

一般的に社会福祉協議会のタイプは，調整型と事業型の2つにわかれる。調整型の社会福祉協議会は福祉団体を調整しながら地域の組織化を行う。たとえば，「ふれあい・いきいきサロン」の運営または運営支援を行い，高齢者，障がい者，子育て中の親と子などの住民たちが集い，交流し，情報交換を行う場所や機会を提供する。小地域をベースにした高齢者，障がい者の在宅生活を見守るネットワークづくりも重要な地域活動である。事業型の社会福祉協議会が行う事業としては，介護保険による居宅サービスの実施や障がい者の地域生活を支援する事業がある。地域の福祉団体が少ない場合，社会福祉協議会は地域事業展開について積極的な役割を担うことが多く，供給主体が多くない過疎地域においては重要な提供主体である。財源としては，会費，寄付金（一般寄付，指定寄付，香典返し寄付金など），共同募金配分金，基金利息などの民間財源，委託金や補助金などの公的財源，公的介護保険事業，障害者自立支援事業などによる事業財源がある。以下，社会福祉協議会が抱える課題を自治体との関係から3点にまとめておこう。

第1は「調整」と「事業」の問題である。公的介護保険導入以降，事業型社

会福祉協議会への転換が図られたといわれるが（平野2008：33），事業型社会福祉協議会の拡大で社会福祉協議会は公平な立場に立って調整する役割と事業を行う役割との二重の立場に立たされる。社会福祉協議会と事業が競合する団体からすれば，それは「利益相反」と見なされてもおかしくない。事業型社会福祉協議会において運動論と事業論を統合することが期待されてきたが（山口2000：255-267），地域福祉における調整の役割を地方自治体と社会福祉協議会とでどのように分担するかは大きな課題であろう。

　第2に施設を保有する社会福祉法人が公益活動を求められ，今以上に地域活動に貢献することになれば，社会福祉協議会と施設を保有する社会福祉法人とは地域活動をめぐってより競合が増すことになる。かつて社会福祉協議会の運営に施設の事業経営者が関わることで市区町村社会福祉協議会の活性化へ貢献すべき旨が指摘されていた（総務庁行政監察局1992：51-52）。現在でも過疎地域においては社会福祉施設が居宅サービス事業を展開していることもあり，ましてや都市部においても両者の調整は必須である。前述した「利益相反」を回避するために，もちろんこの調整の役割は地方自治体の責務である。

　第3は財源や人的資源での自立性である。社会福祉協議会は民間活動なのであるから，個人会員が少ない点は改善すべきであろう（福祉三団体再編検討有識者会議2007：5）。民間財源の確保は団体としての自立性を高め，行政の補完・代替としての機能からの脱皮を促進させる。たとえば，社会福祉協議会の人件費は自治体からの補助金によって賄われており，補助金が少なければ専任職員が確保しにくい。社会福祉協議会の人的資源は財源面からみると自治体依存の度合いが高いのである。また，地方自治体からの出向者や兼任職員も6.7%存在し（山口2002：93），他の社会福祉法人に比べて人的資源の面で行政依存度が高い点も改善すべき点である。

(3) **3つの福祉モデル**

　ここでは社会福祉のモデルを「統制型」「市場型」「連結型」の3つに区分する。これらは独立した相互排除的なモデルではなく，両立しうるものであり，

図表 5-1 のように 3 つのモデルをめざして改革が同時進行している。

図表5-1　3つの福祉モデル

	統制型	市場型	連結型
メリット	安定性	自由と選択	柔軟性
デメリット	不公平	不安定性	調整コスト

出典：筆者作成。

　社会福祉法人と社会福祉協議会は行政の補完・代替の機能を果たし、「公益性」と「非営利性」を確保するために行政からの強固な統制のもとにおかれてきた。いわば「統制型」の社会福祉システムである。第1の「統制型」の社会福祉システムは、社会的弱者を対象として最低限のサービスを安定的に提供することには適している。良質のサービスを得ることはできないかもしれないが、最低限のサービスを確実に受け取ることは可能である。現在においても、市場のサービスが提供されにくい社会的にハンディを負った人々へサービスを提供する仕組みとしては有効である。

　この「統制型」の改革手法として「統合」がある。経営を安定化させるためには、社会福祉法人の統合や、持ち株会社のように法人の下に各事業所・施設を設置する方法もある。事業規模の小さな福祉施設は運営が効率的にはならないが、施設・事業所単位の経営ではなく、法人単位の経営へ規模拡大することで経営の継続性や安定性が確保できる。しかしながら過度な「統合」の要請は従来からの統制的な行政過程を生む可能性があり、多様なサービス提供による自由な選択を阻害することになりかねない。

　しかしながら近年は多元的な供給体制が構築され、契約と競争の論理が社会福祉にも導入されてきた。「効率」と「公開」が社会福祉法人と社会福祉協議会へ求められ、それは民間化・市場化の大きな傾向といってよい。これを本章では「市場型」の社会福祉システムと呼んでおこう。この第2の「市場型」の社会福祉システムは、良質のサービスを求める人々へ利用者の意思と主体を尊重するという意味において、最適な提供システムである。選択の自由という価

値を最優先するならば，このタイプは有益な社会福祉システムであろう。

「市場型」の社会福祉システムにおいては競争と公開の傾向が高まり，財務諸表の開示など情報公開や第三者評価による住民への責務がより求められる。公的資金を得ている福祉団体は，公益団体と同様に，公開による選別にさらされる。このことは福祉の世界に競争のメカニズムを導入することになるが，効率性の過度な追求は団体の淘汰を生むことになりかねない。地域への貢献という公益性との両立をどのように図るかも課題であろう。

第3は「連結型」の社会福祉システムであり，福祉提供の団体間を「連結」「調整」するシステムとして設計することが求められる。ここでは統制や市場とは異なる効率性が求められる。「統制型」において同一法人で複数の事業所を経営すること，つまり管理機能の共同化などの具体的な方策を説明したが，「連結」による組織化は複数法人による事業の協働でも可能である。団体の自立を尊重しながら，団体間の連結をはかることで効率性も達成できる。社会福祉法人には事業展開による利潤を公益活動で相殺することも認められており，営利活動と寄付活動などの公益活動とを「連結」させていくことも求められる。

多元的な福祉サービスが提供されている地域社会において主導的な役割を担ってきた社会福祉法人や社会福祉協議会は，この団体間・事業間の「連結」をはかることでその存在理由は高まるだろう。ただし，前述した「利益相反」の問題はこの「連結型」でも残り，その解決には地方自治体の調整的役割を高めていくしかない。

以上，3つのモデルについて紹介してきたが，次にそれぞれのモデルに該当する事例を紹介しておく。

第3節　民間化と広域化

(1) 統制型の民間化

第1は大都市や中核都市における「統制型」の事例である。都市部においては人口が集中し，高齢化率は過疎地に比べて高くなかったが，介護サービスの

供給は不足しがちであり，家族によるサービスや所得の低い層を優先したサービス提供が行われてきた。大都市においてサービス提供の拡大は緊急的な課題であった。しかしながら税に基づく行政サービスは限界があった。そのため，外郭団体を利用して会員制のサービスを制度設計し，税金と会費を財源とした介護サービスを始めることを制度選択した。そこで各地の自治体では行政主導で福祉公社の設置が相次ぎ，行政関与の供給体制が構築された。

福祉公社とは協会・事業団・公社という名称をとるが，財団法人の法人格を有することが多かった。公社で運営されていた事業は公社独自の自主事業と自治体からの委託事業から構成されていた。外郭団体という組織特性は，一方において行政の目的に沿った活動が確保できるメリットがあり，有償ボランティアなどの人材確保がより容易になるというメリットもあった。

他方において，外部化の民営には責任の問題が複雑になる課題もあった。つまり委託契約であるために公社での事故等に契約者としての責任も問われる。このように行政の外郭団体へ業務を委託するようになると，責任の二重構造が生まれる。また自治体職員を公社へ派遣し，退職者の受け皿ともなっていた。そのため，公務員定数を抑制できる効果を持つが，他の社会福祉法人や株式会社など提供団体間の公正な競争が確保できないデメリットも生じていた（武智 1993：347-364）。

(2) 市場型の民間化

第2は大都市の「市場型」の事例である。公的介護保険が導入され，多様な供給主体が生まれ，有料老人ホームの入所も公的介護保険の対象となった。社会福祉法人しか認められなかった保育所の運営もNPO法人や株式会社に認められるように規制緩和された。このようなサービスの多様化によって，自治体の役割はサービス提供を確保する積極的なアウトリーチの役割と保険財政を効率的に運営して提供団体の公平性を確保するという中立的な審判との二重の役割を担うことになった。公益法人改革はこの中立性確保の必要性に拍車をかけることになった。

公的介護保険の導入で社会福祉法人だけでなく，民間企業，医療法人，NPO法人など多様な供給主体が介護サービスを提供するようになると，前述した福祉公社の役割は他の団体で代替可能となり，他の社会福祉法人との統合も進むことになる。公的介護保険の導入と公益法人改革は，前述の統制型の福祉のあり方を見直す契機となった。しかしながら，完全な自由競争が福祉の世界に導入されているかというと，それは疑問が多い。

まず，グループホームの利用は自治体内の団体に限定された。つまり自治体の圏域を超えたサービスの利用は，消費者が実質的に選択できなくなった。さらに福祉施設の供給が不足していたため，神戸市や東京都北区のように要介護認定の高い人を優先する自治体も存在した。そして他の自治体においても2015年4月から要介護認定の3以上の要介護者を優先することになった。公的介護保険は広域性を求められる保険原理の「リスク分散」と地域性を求められる「ニーズへの対応」という2つのジレンマを基礎自治体が解決しなければならない制度である。公的介護保険と公益法人改革で市場型の福祉は進展したが，それも限定的なものであったといえるかもしれない。

このような民間化は情報の分散を促進し，意思決定を行う基本情報の収集にとってマイナスとなることもある。技能や技術の組織への蓄積という点で阻害要因となりかねない。このような情報と技能という点をいかに克服しながら公平性と中立性という点から民間化を促進するかが大きな課題である[1]。

(3) **連結型の広域化**

第3は「連結型」の事例である。過疎地は人口減少地帯であるため，医師や保健師など医療資源は慢性的に不足がちであり，移動のコストの大きさが在宅福祉を困難にしている。土地の確保が比較的容易であるメリットもあり，大都市部に比べて施設福祉に比重を置いて介護サービスが提供されることが多い。しかしながら，医師や保健師など医療資源を確保することが困難である場合は，人口規模や財政規模の小さな自治体が介護認定を自治体独自で行うことが難しく，介護認定が複数の自治体による共同設置で運営されることもある。まして

や単一の自治体独自に福祉施設を運営することは難しい。そこで複数の自治体が介護公社を共同で設置した事例がある。高知県の財団法人西仁淀川介護公社の例がそれである。これは高知県が3億円を出資し，池川町，吾川村，仁淀村の各自治体が各1億円を出資して財団法人を設置した事例である。池川町は福祉主導型，吾川村や仁淀村は保健主導型という違いがあり，調整は困難であったが，高知県が主導して共同設置が実現した（武智 1997：115-127）。財団法人西仁淀川介護公社は 2005 年に池川町，吾川村，仁淀村の合併により仁淀川町介護公社へ移行している。

　このような共同設置は介護区分認定審査や障害区分認定審査を行う目的で行われており，他の簡便な共同処理方式として保育や医療の領域で市町村から他の市町村への事務委託，市町村から県への事務委託が行われることもある。また，近年は連携中核都市圏の取り組みの中で連携協約の手法が積極的に活用され，広島市・都市圏においては保育所の広域入所協定を締結し，病児・病後児保育事業を広域利用する試みが始まっている。広域連合においては，後期高齢者医療の運営や，前述した介護区分認定審査や障害区分認定審査が行われる。ただし，市町村合併が進展した 2017 年現在においては，迅速な意思決定が困難で責任所在が不明確な点も課題として残り，市町村合併の代替として限定的に活用されているのが実態である。

　法定契約に基づく広域連携では，保健・医療・保育・介護で連携協約の広域利用が行われており，階統制による統制の構図だけではなく調整や契約の構造を加味したものへと地方自治の構図は変わりつつある（武智 2018a：12）。このような連結型の広域化には調整コストが伴うため，誰がどのような方法でこの調整を分担するかという点を了解しておく必要がある。

　大都市においても共同設置による「連結型」の事例がある。東京都の特別区は 23 の区から構成されており，その水平的な調整は困難を極める。たとえば，東京都が所管していた日雇い労働者や路上生活者を支援していた城北福祉センターを東京都は特別区へ移管しようとし，特別区はこれに反対し，移管問題を議論していた東京都福祉局山谷対策室山谷対策検討会でも紛糾した。東京都は

身近な自治体である特別区の所管であるべきと主張し，特別区は日雇い労働者から路上生活者になる経緯から国や東京都の所管であるべきと主張した。政府間関係における権限の問題は，合理的な根拠が1つではないことを示している。結局，最終的な解決策は東京都と特別区が共同で財団法人を設置し，それぞれから職員を派遣し，共同で運営していくという制度選択であった（武智 2001：107-130）。

おわりに

　本章では地域社会の福祉制度として，「統制型」「市場型」「連結型」の3つの理念を提示し，「統制型」や「市場型」だけでなく，「連結型」の福祉制度としても地域社会を理解して社会福祉の制度設計を行うべきことを示してきた。今後の社会福祉システムにおいては，「統合」「公開」「調整」の3つのシナリオが想定される。

　もちろん3つのシナリオは同時に進行し，社会福祉の制度設計には複数の選択を行わなければならない状況もあるだろう。近年は内部留保への批判への対応として社会福祉法人はさらなる地域の公共活動への貢献を要請され，他の供給主体との競争が高まる中で社会福祉協議会は事業展開を求められている。地域性を求められる社会福祉法人と効率性を求められる社会福祉協議会の両者の境界がますます不明確となってきている。多様な福祉団体を調整する自治体の役割が重要となっている。これら統制・調整・連携という制度選択の多様性は条件適合的な文脈の中で作動しているが，それぞれの制度においては既得権益に固執すれば不確実性の回避という文脈の中で活動することになる。

　「公共を公平と公開の2つの原理で構成する」（大森 2008：220）ならば，社会福祉法人・社会福祉協議会へ公平と公開を求める一方で，国や地方自治体もそれらを促進させるために介護報酬，運営費，措置費などの充実を図るべきであろう。地域住民への責務を果たすべきなのは社会福祉法人や社会福祉協議会だけではなく，国や地方自治体のより積極的な役割が期待される[2]。

注

1) この民営化の課題については，武智（2018a）を参照のこと。
2) かつて，武蔵野市において市内の3つの福祉団体の再編成を諮問する審議会「福祉三団体再編検討有識者会議」へ筆者は参加し，再編成の答申を武蔵野市長へ行った（福祉三団体再編検討有識者会議2007）。結果として3つの団体の統合は見送りとなったが，その報告書の趣旨はその後の具体的な改革の中で取り入れられ，2017年には2つの団体の統合が再び議論されている。この改革は公益法人改革に基づく公平かつ効率的な社会福祉システムの在り方を構想したものであったが，国の改革に10年近く先行して議論を行った武蔵野市職員，審議会を主導した山本茂夫さんの問題意識の深さや見識の高さには，当時議論に参加していて深い感銘を受けたことを記憶している。議論の結論はどのようなものであれ，このような議論を各自治体で行い，地方自治体，社会福祉法人，社会福祉協議会の役割を見つめ直す過程が重要なのではないかと考えている。

第6章　歴史の経緯：和田博雄の農地改革と経済改革

はじめに

　和田博雄は1903年2月17日埼玉県入間郡川越町に亀之助とマサの次男として生まれ，岡山中学校，第六高等学校，東京帝国大学法学部英法科，法学部大学院へと進んだ。1925年11月高等試験行政科に合格し，1926年4月農林省に入省し，農務局米穀課に配属された。旧制中学の数学教師を父親に持ち，中学・高校時代はテニスや詩・短歌の詩作に勤しんだ。大阪営林局に勤務していた時期に始めた俳句の創作活動はその後も続き，2冊の句集を上梓するほどの先達となった。1967年に心筋梗塞で亡くなったのも，現代俳句協会総会へ顧問として出席する途中の芝公園内であった。大学時代は肺結核のため1年間静養し，喘息は持病となる。学者になるつもりであったが，進路を変更して官吏になる道を選んだ。和田の大学時代は大正デモクラシー真っ盛りであり，大学で末広厳太郎に物権法やフランス語を教授されている（大竹1981a：24-29）。

　後に和田博雄は企画院事件において治安維持法違反で検挙され，無罪判決の後に復職し，農地改革や経済復興に尽力し，日本社会党副委員長を務めた。1947年に和田博雄が参議院選挙に初めて立候補した時のスローガンは，「政治に知性を」であった。学究肌の人であり複数の行政組織を統率して戦後復興の重要な改革を成し遂げた経験を持つ意味で，リベラルな知性と大人たる風格を併せもった有能な官僚・政治家である。彼が所属した内閣調査局と経済安定本部は日本の統治構造上，大変ユニークな行政組織であり，その経験は貴重である。しかし現在では和田博雄に対して関心を向けられることは少なく，いわば忘れられた存在になっている。本章ではこの和田博雄にもう一度光を当てるこ

とで，その思考・判断・決定の環境を明らかにする。もちろん新しい事実を掘り起す歴史研究ではなく，和田博雄の歩んだ軌跡を素材としてその合理的な思考と精神をスケッチすることで，歴史的経緯の重要性を強調したいと考えている[1]。

まず農商務省・農林省の重要法案，とくに小作調停法と農地調整法に焦点を当て，石黒忠篤と和田博雄の農政観，農務局の組織哲学について論じる。次に内閣調査局での企画立案，企画院への再編，企画院事件について説明する。さらに農政局長として関わった第一次農政改革，農林大臣として関わった第二次農地改革について論述する。片山哲内閣で就任した経済安定本部長官としての活動と経済復興への貢献を説明する。最後に日本社会党に入党してからの夢と挫折の軌跡を描き，合理的な思考と精神を貫いて知性と理性の人であろうとしたが故に孤高な政治生活を送ったリベラリストの姿を明らかにする。なお，本章では歴史的経緯とは時間，タイミング，過去の経験から構成され，決定の抑制や促進の条件として機能するものとして理解する。

第1節　小作の部屋

(1) 小作調停法と農地調整法

明治民法は小作権を永小作権と賃借小作権の2つに分類し，前者は物権とし，後者は債権とした。地主が土地を売れば借地人は新地主に賃借権を主張できず，耕作権は非常に弱い権利として位置づけられていた。この小作契約の問題が小作争議の核心である[2]。

1920年11月27日，農商務省に小作制度調査委員会が設置され，農務局農政課には小作分室が置かれ，小作立法の調査研究に着手していた。小作分室が置かれた部屋を「小作の部屋」という（大竹1981a：33）。農務局にとって最大の課題は農地問題であった。地主と小作との小作争議は全国に波及し，その対立は社会問題と化し，小作の耕作権強化を狙いとした小作立法が必要とされていた。しかし地主の政治勢力は強大であり，実体法たる小作法も小作組合法

も制定されず，手続法の性格をもつ小作調停法の制定が優先された。1924年に制定された小作調停法では裁判官が中心となる調停委員会が設置され，小作争議を司法調停で解決する仕組みであった。ただし法形式では裁判官へのパイプ役を果たすことになっていた小作官が農政課4名，各府県・北海道に各1名置かれ，実際の法運用では農商務大臣から職権を与えられ実質的に行政調停を果たしていた（大竹 1981a：46-47）。小作調停法は「地主制を制限し，ある程度で小作料を軽減し小作権を安定させる作用を果たした」（安達 1959：82）のである。小作調停法は実体法には遠く及ばず手続法の性格にとどまったという限界はあったが，法運用上は小作官制度が護民官的な機能を果たした。この制度と運用の設計を行ったのが石黒忠篤農政課長である（大竹 1978b：233-244）。

　その後も小作争議解決の手段として1926年に自作農創設維持補助規則が制定され，自作農創設維持の財政補助政策がとられた。1931年に小作契約の効力，継続，消滅，賠償に関する規定を内容とした小作法案が作成されたが，衆議院を通過しなかった。同年5月に和田は農政課勤務となり[3]，和田は農政課首席事務官としてこの小作法の立案作業にかかわった。1933年にも先の法案を簡略化した小作法案が作成されたが，審議未了で法案は成立しなかった。1935年5月に内閣調査局へ出るまで，和田は小作法制定の挫折と沈滞ムードの中で農政課事務官として過ごすことになるが，その間も経済学の見地から農地の調査研究に取り組んだ。これは後の内閣調査局・企画庁・企画院時代の調査研究と共に，戦後和田が農地改革に取り組む重要な基礎となった。

　さらに，この小作法案は法案名を変えて再度提出されることになる。1936年作成の農業借地法案は1937年農地法案として衆議院へ上程されるが審議未了となり，1938年になって農地調整法として成立する。この農地調整法は農産物の生産性向上のため自作農を創設するという名目の下，農地の賃借権（小作権）への第三者に対する対抗力の付与，小作契約の解約の申し入れ又は更新の制限が行われた。農業借地法や農地法よりさらに規制は後退し，小作法としての性格は薄らいでいたが，それでも地主による土地所有権を優先する明治民

法に対して特別法を制定させた意義は大きかった。戦時下の食糧増産の緊急性の名目で、自作農創設事業のために未開墾地に限って収容・使用が認められ、小作官による調停申立、裁判所の職権調停などが定められて小作調停法が強化された。地主と小作の調整を任意で行う農地委員会が設置された（大竹1981a：232-233）。小作人の権利を一部認め、地主に対する最小限の法的制限を課した点は評価でき、小作保護立法路線と自作農創設路線の2つを併せ持って農政課が漸進的に制度設計していることに注目すべきである。この法律は1952年に農地法が制定されるまで、日本農政の基本法となった（加藤1959：14-20）。

(2) 石黒忠篤と和田博雄：その農政観

和田が農政課に勤務した際の農林省事務次官が石黒忠篤である。石黒は1908年東京帝国大学法科大学法学科を卒業後、農商務省に入省し、農務局農政課長、小作課長、農務局長、事務次官、そして第2次近衛文麿内閣で農林大臣、鈴木貫太郎内閣で農商大臣を務めた戦前農林省官僚のエースである。石黒は「農政の神」とも呼ばれた。石黒が農林大臣の時に和田は農政課長として仕え、2人は後に緑風会所属の参議院議員となり、その師弟関係は生涯続いた。

石黒の農政観で基調をなすのが農本主義である（石黒1984：245-248）。農業と農村が国の基本であるという考えは当時の日本において一般的であったので、民族的な志向性は石黒だけに現れた特異な考えではなく、時代の所産というべきであろう。石黒が農務局長の際に地主の政治勢力たる立憲政友会の反対で小作法が幾度も挫折した過程を考えれば、自作農主義を理想としながら小作の利益を擁護して農業・農村の改善をはかる漸変主義的・現実主義的な法案作成が農商務省・農林省における石黒の政策基調であった。

ただし、和田は農山漁村経済更生運動や産業組合に対して積極的な評価は行っておらず、また満州移民についても消極的である。当時流行していた農村の経済更生運動に関与することはなく、経済更生部産業組合課に配属されたわけではなかった。農務局農政課で小作問題に取り組んでいたためもあり、農業問

題は土地問題であるとの認識をもっていた（大竹 1981a：56-59；和田博雄遺稿集刊行会編 1981：12-17）。石黒と和田は合理的な精神や農地問題を重視した点で共通しているが，移民問題については意見を異にしていた。

　この石黒が農政について傾倒したのが柳田國男である。柳田は 1900 年に農商務省へ入省し，法制局を経て貴族院書記官長となり，日本民俗学の祖となる。柳田は新渡戸稲造が中心となっていた郷土会の幹事を務めており，石黒もこの会に参加している。また和田も柳田の著作に傾倒し，第 1 次吉田茂内閣の時に吉田茂の依頼で和田は柳田へ枢密院顧問官の就任を打診するため柳田の自宅へ伺っている（和田博雄遺稿集刊行会編 1981：495-496）。柳田は東京帝国大学法科大学政治科を卒業し，大学では経済学・応用経済学を学んでいる。柳田は農業経営面積を拡大した中農養成策を唱え，農民の自立と生活向上を重視した。石黒がこの柳田の農政学に影響を受け（大竹 1981a：57），この合理的思考が石黒，和田，そして小倉武一まで農林省の基本思考として継続したことは大変興味深い点である。和田は石黒を「オールド・リベラリスト」と評しており（和田博雄遺稿集刊行会編 1981：449），和田もこの自由寛容的で弱者保護のリベラルな志向を継承していくことになる。

(3) 農務局の部局哲学

　農務局の重要な業務は小作対策・農地問題であった。農務局は農民・農村の利益を代弁する業務を行っており，「弱者の味方」「声なき声を聞くこと」を旨とする護民官的な後見主義の気質が組織風土として伝統的に存在した。この点は他省とは異なる特質であったという（和田博雄遺稿集刊行会編 1981：124）。1934 年に農林省へ入省し，後に農林省事務次官，日銀政策委員，政府税制調査会会長を歴任した小倉武一は，彼が入省した時に事務次官であった石黒忠篤の訓示を紹介している。「諸君の入った役所は，必要ならパッカードを乗りつけて陳情したり要求したりするような人々を相手としているわけではない。陳情や要求に来るということもできないし，たとえ来たって満足に話もできないような人々を相手とする役所に諸君は入ったのである」（小倉 1967：3）。

それに加えて石黒農政では会議の議論で政策を検討していたため，農務局内に「リベラルな自由な空気」（和田博雄遺稿集刊行委員会編 1981：449）を持っていた。現在においても中央省庁の政策決定は会議を基本とし，議論を積み重ねて政策の選択肢と根拠・論拠を蓄積していくのが一般的である。官僚は最終的には階統制組織の業務命令に服することになるが，最終的な決済が下されるまで議論という名の努力を求められる。中央省庁において，議論は一般的に必要不可欠な行政活動である。このような組織の風土・文化は組織の意思決定に重要な意味を持つ。組織成員に同じ決定を求めるという意味で安定性を確保し，時系列として同じ決定を行うという意味で継続性にも貢献する。たとえば，同じ農林省の山林局（現在の林野庁）では「保続哲学」というドイツ流の林学思想が山林局のメンバーに影響を与え続けた（西尾 1988：129）。また厚生省では救護法の制定以来，生活保護を所得保障の機能を果たすものとして理解しており，生活保護が医療保障として機能していた状況の変化に対応できなかった（武智 1996：112-117）。

　このように組織の意思決定へ部局哲学が貢献していたのであるが，ただ単純に画一的な対応をしていたわけではない。第1に立憲政友会と憲政会（立憲民政党）の2大政党制の下で農商務省・農林省の官吏たちは法案を作成しており，自作農を積極的に養成する自作農創設路線と小作制度の改善を行う小作保護立法路線の間で政策が制度設計された。両方の要素を取り込みながら，法案作成時の政権政党や議会勢力を想定しながら法案が作成され，規則や運用でも柔軟に対応した。政党や議会による他律的要請と組織哲学による自律的養成との間で，農業政策が形成されていたと理解すべきであろう。第2に戦後の農地改革で自作農が創出されるが，その後も農地面積の規模が拡大しないままであったので，農民の生活向上と自立への貢献は限定的であった。生産調整による価格支持政策が小農の構造を固定化し，後日これらのルーティンは政策の転換にマイナスの要因として機能することになる。食糧管理制度と農協制度が制度の慣性を促進させたといえるのかもしれない。

第2節　内閣調査局と企画院事件

(1) 内閣調査局の創設

　1935年5月岡田啓介内閣において，国策の審議立案機関として内閣審議会と内閣調査局が設置された。内閣審議会は床次竹二郎逓信大臣や町田忠治商工大臣の発案で創設されたが（石川1974：30；岡田編1977：93），翌年広田弘毅内閣で廃止された。内閣官房総務課長で内閣調査局の官制を作成した横溝光暉によると，内閣調査局は「内閣審議会の庶務」（内閣審議会の事務局としての性格）だけではなく，「重要政策に関する調査」「内閣総理大臣より命ぜられたる重要政策の審査」を職務とする内閣総理大臣の補助機関とされた（読売新聞社編1972a：79；石川1974：37）。岡田啓介内閣で書記官長となった吉田茂が，陸軍の永田鉄山軍務局長，後藤文夫内務大臣，貴族院の馬場鍈一勧業銀行総裁らと共に陸軍の鈴木貞一中佐，内閣資源局総務部長・企画部長の松井春生らの尽力をえて内閣調査局の設置に成功したという（伊藤1974：60-62；御厨1979：128）。内閣審議会廃止後も内閣調査局は継続して存続し，後に組織再編で企画庁・企画院となる。

　内閣調査局には重要な政策を調査立案するために各省や民間から有能な中堅若手が集められた。内閣書記官長であった吉田茂が内閣調査局の初代長官となり，内閣調査局は各省の局部長レベルから出向した5人の勅任調査官，各省課長レベルから出向した13人の奏任調査官，そして参与と専門委員から構成されていた。文官任用令を改正し，単行勅令をもって特別任用を行った。これによって武官を予備役にすることなく，鈴木貞一陸軍中佐と安倍嘉輔海軍中佐の2人の現役武官を調査官として任用した（石川1974：38-39）。民間からも多くの人材を集め，協調会から勝間田清一が，大阪毎日新聞エコノミスト編集部から正木千冬が，専門委員に就任している。

　この内閣調査局の特徴は第1に開放系の人事システムを採用し，多彩な人材を各省庁や民間から任用したことである。第2に，セクショナリズムを排して

総合調整の目的を達成するために部課制を採用せず，調査官の全体会議で一体的に運営され，会議は自由闊達な雰囲気の下で議論が行われた点にある。企画院では部課制が実施されたので，松井春生首席調査官の発案による運営方式は2年程度しか続かなかったが，戦前日本の統治構造において大変ユニークな制度設計であったと評価してよい（吉田茂伝記刊行編輯委員会編 1969：201-230；和田博雄遺稿集刊行会編 1981：446）。

5人の勅任調査官は「一般」「財政」「産業」「交通」「文化」の5部門に分担が分けられ，奏任調査官・参与・専門委員がそれぞれの部門に配置された。1935年12月12日での調査項目は，「行政」「人口問題・保険問題」「対満問題」「財政」「金融」「産業」「農村問題」「商工問題」「社会政策」「交通政策」「文化」の11項目であった（石川 1974：資料篇 62-63）。内閣調査局から企画庁・企画院にかけて，貴族院改革案，電力国家管理案，地方交付税案，厚生省案，教育制度改革案，行政改革案，産業組織法案，所得制限法案，勤労奉公団組織方策，農地問題改革などが検討され，電力国家管理，厚生省設置，地方交付税など重要な改革はこれらの案が下敷きになった（北岡 1998：195；水谷 1999：250）。

和田博雄は小浜八弥勅任調査官担当の産業部門で農業班を担当した。いわゆる「和田農業班」には，勝間田清一，八木沢善次，熊代幸雄，川俣浩太郎，山本鉞治，田村勘次らが属した。和田の調査テーマは土地制度の改革であり，農村における所有権移転の実態調査と日本農業の再生産過程が究明された。『国民経済に於ける農業の地位の再認識』は内閣調査局専門委員であった東京帝国大学教授東畑精一が中心になってまとめた調査報告書である。また英，独，仏，露の各国政策レビューが行われ，『列国政策彙報』が刊行された。アメリカのフーバー委員会報告に触発されて経済政策の理論的基礎づけの調査研究も行われ，農村の実地調査として東北などの農村へ2人一組で「綜合基本調査」が実施された。組織再編期においても，和田はあえて調査研究に専念したが，これは戦後の農地改革の貴重な資料となった（読売新聞社編 1972a：114）。また，交友グループは農業班を超えて広がり，この後農業班のほかに正木千冬，奥山

貞二郎，井口東輔，美濃口時次郎，稲葉秀三，佐多忠隆，和田耕作らが和田グループを構成した。

(2) 混迷する組織再編

内閣調査局から企画庁・企画院への組織再編の過程は，内閣調査局，内閣資源局，企画庁，陸軍，海軍，商工省，大蔵省，重臣と様々な主体が各対立軸の中で再編の主導権を争う政治過程であった。

石原莞爾が日満財政経済研究会の中で「総務庁案」を唱え，陸軍が資源動員を主導する意図に対応する形で，海軍も国務大臣・行政長官の分離案を主張するなど陸軍と海軍の主導権争いは熾烈を極めていた。1936年11月16日の四相会議では法制局が用意した原案に基づき，内閣調査局・資源局・統計局・情報委員会を統合して「総務庁」を設置することが合意された。これに対して，内閣資源局や内閣調査局も再編案を検討していた。1936年3月2日，陸軍軍務局附兼内閣調査局調査官であった鈴木貞一が内大臣秘書官長の木戸幸一へ提出した，調査局・資源局・人事局・統計局を合併させる「内閣参議院」や人事案件を審査する「内閣国務庁」の案がある。内閣調査局，特に専門委員の中では大蔵省主計局から予算編成権を移管させて「内閣総務庁」を創設させる案も検討されていた。正木千冬，勝間田清一，奥山貞二郎の3名は専門委員を代表して1937年1月石渡荘太郎長官代理に意見を進言したという（読売新聞社編1972a：272）。1937年1月12日の四相会議では調査局・資源局・統計局を統合して「総務庁」をつくり，首相直属の人事局を新設する妥協案が成立した（御厨1979：130；井出1982：108-111）。

しかし1937年5月，林銑十郎内閣の下，内閣調査局は企画庁へ改組され，企画庁総裁は結城豊太郎大蔵大臣が兼務した。6月に第1次近衛文麿内閣が成立すると，広田弘毅外務大臣が企画庁総裁を兼務した。形式的には，企画庁総裁に内閣を構成する勅命大臣が就任し，調査官・副調査官制度の採用により機能強化の側面もあり，調査官の全体会議や特別任用制は継続した。しかし実質的には，総裁・次長制が採用され，総裁官房に設置された審議室に調査局的機

能が残されたのみになった。企画庁総裁が他国務大臣による兼務であったので，実際には農林省蚕糸局長から企画庁へ出向した井野碩哉次長の下で，和田博雄調査官が「事務的には，切り廻していた観があった」(石川 1983：418) という。

　盧溝橋事件を経て陸軍省軍務局は 1937 年 9 月 13 日，資源動員を計画的に行うべく，総務院の設置を要求し，そして「総動員庁」「国務院」「統務院」「企画院」の名称が検討されたのちに 1937 年 10 月企画庁は内閣資源局と合併して企画院となる。初代総裁は法制局長官であった瀧正雄である。企画院はさらに改組が重ねられ，1939 年には七部制・課制が採用されている。企画院設置の趣旨は，迅速な資源動員を軍が管理すること，文官任用令を廃して軍人が長官や次官になる官制を創設する意図があった (大竹 1981a：124)。企画庁では内閣資源局との合併や部課長制採用に反対が相次ぎ，和田博雄も調査官会議で反対意見を述べている (宮地 1970：384-385)。

　組織再編をめぐる政治過程の理解は一様ではない。一方において，御厨貴は陸軍と海軍の対立，内閣資源局・企画庁内外の対立を利用して大蔵省と商工省がコントロール可能な機関の設置を模索していたと指摘する。企画院総裁が大蔵省・商工省・陸軍省出身者の交代で就任し，企画院が大蔵省・商工省・陸軍省の出先機関の地位にとどまったと評価する (御厨 1979：158-161)。他方において，古川隆久は大蔵省の権限拡大は否定しながら，満州国国務院総務庁をモデルとする拡充強化論と現実の政治過程との中で，企画院の政治的影響力が増大していく過程として企画院の歴史が構成されると理解している (古川 1992：59)。

　調査立案を行う，内閣調査局は企画庁・企画院になるに及んで軍部主導の戦時統制・物資動員計画の実施を目的とした上意下達機構に大きく変容した[4]。企画庁や企画院への再編に反対していた松井春生は陸軍とは距離を置いていた (産業政策史研究所編 1975：49-50)。松井は内閣資源局総務部長・企画部長から内閣調査官を経て企画院設置が議論されていた時には内閣資源局長官として，海軍と共同歩調をとり，内閣資源局の維持・拡張の姿勢に努めた。しかし，陸軍との主導権争いに敗れ，企画院設置に応じて 1938 年退官し，日本商工会議

所理事・東京商工会議所理事，そして戦後は大阪府知事や東京都長官も務めた。和田博雄も1938年4月に農林省米穀局米政課長へ転任することになった。

　この時期に革新的政策・統制主義的政策を推進した官吏たちを「革新官僚」と呼び，和田博雄は革新官僚左派と目される。しかし革新官僚たちは同じ思想を有していたわけではなく，イデオロギーよりも所属組織の論理を優先させる行動をとることもしばしばだった。内務省出身の後藤文夫と吉田茂は国維会に属してむしろ革新官僚右派とみなされ，新官僚と呼ばれる。吉田茂は一方で明治神宮造営局書記官，神社局課長，神社局長を歴任した敬神家であるが，他方で社会局長官として労働立法の制定にも力を尽くし協調会常務理事にも就任した。吉田が内閣調査局へ集めたメンバーの多様な思想傾向を見ても理解できるように，保守性と進歩性を共存させた懐の広い官僚として理解すべきである。同じ内務省出身の松井春生は『経済参謀本部論』を著し内閣のスタッフ機能を重視する考えを持ち（松井1934：63-69），昭和研究会にも参加して内閣の資源政策を重視し統制経済的志向性を有していた。実際の活動では陸軍，大蔵省，商工省，財界の組織利益と対立し，セクショナリズムの中で内閣調査局の設置趣旨は崩壊した。企画院設置以降の革新官僚の活動は，大蔵省出身の星野直樹，商工省出身の岸信介，椎名悦三郎らの満州組や，通信省出身の奥村喜和男，内務省出身の栗原美能留，大蔵省出身の迫水久常，毛里英於菟，商工省出身の美濃部洋治によって担われた。経済計画・統制経済という思想の共同性と所属組織の政治力学の対立性とが複雑に入り組んだ形で活動が行われたと考えるべきであろう[5]。

(3) 企画院事件

　企画院事件とは，企画院に所属していた正木千冬，佐多忠隆，稲葉秀三，井口東輔，直井武夫，和田博雄，八木沢善次，勝間田清一，和田耕作が「内閣調査局から企画院時代にかけて『官庁人民戦線』を組織し，コミンテルン及び日本共産党の目的遂行のために活動した」という治安維持法違反の容疑で1941年4月に検挙された事件である。陸軍，重臣，財界，右翼，官僚の間の政治権

力闘争の余波の産物であり，事件当事者たちは精神右翼たちの犠牲になった（宮地 1970：412）。

　1940年7月第1次近衛文麿内閣が成立し，企画院総裁には大蔵省出身で満州国総務長官であった星野直樹，次長に住友幹部の小畑忠良，審議室長に秋永月三陸軍少将が就任した。逓信省電務局無線課長から奥村喜和男，大蔵省理財局金融課長であった迫永久常，大蔵省出身で興亜院経済部第一課長であった毛里英於菟，商工省物価局総務課長の美濃部洋次らが企画院で中核を担った。1940年9月には企画院で経済新体制の原案が作成されたが，その経済新体制案は，日満支を中心とした大東亜共栄圏を作り上げ，その中で自由主義経済機構を改編して総合的計画経済を建設し，高度国防の国家体制を完成させるというものであった。この企画院案に小林一三らの財界，中野正剛らの革新右翼，平沼騏一郎らの精神右翼は強く反発した。財界は日本経済連盟会，日本工業倶楽部，日本実業組合連合会，工業組合中央会，全国産業団体連合会，全国金融協議会の連名で経済新体制に反対の意見書を提出した（宮地 1970：395-396）。また平沼は検事総長，大審院長，司法大臣，枢密院議長，総理大臣を歴任し，右翼団体の国本社総裁を務めた司法界・政界の有力者であり，近衛文麿内閣の動揺は大きかった。

　これに対して近衛は12月に平沼を副総理格の無任所大臣とし，さらに安井英二の後任の内務大臣とした。実質的に近衛・平沼連立内閣の誕生である。法務大臣には国本社に属し皇道派の柳川平助陸軍中将，内務次官には平沼騏一郎内閣で警視総監であった萱場軍蔵，警保局長には平沼騏一郎内閣で保安課長を務めた橋本清吉，保安課長には平沼の秘書であった村田五郎が任命された。彼らは平沼グループによる近衛新体制つぶしの政治策謀の一翼を担い，威嚇の直接対象は革新官僚であり，最終目標は近衛新体制の打破であった（宮地 1970：402）。

　産業統制会案（戦時経済要綱案）が次官会議を通過したことに激怒した小林一三商工相から岸信介商工省事務次官は辞任を要求され，12月27日に岸は事務次官を辞任した。これに対して陸軍省の武藤章軍務局長は小林一三商工相の

第 6 章　歴史の経緯：和田博雄の農地改革と経済改革　153

軍事機密漏洩を問題にし，平沼らの保守派に対抗した。1941 年の第 2 次内閣改造で近衛は，財界の反対を受けた星野直樹企画院総裁と陸軍の反対を受けた小林一三商工相を共に更迭し，鈴木貞一陸軍中将を企画院総裁に起用し，豊田貞次郎海軍大将を商工相に起用した（宮地 1970：400；読売新聞社編 1972b：166-168；大竹 1981a：175）。

　さらに京浜グループの反戦運動の摘発に端を発し，企画院の芝寛らが警視庁によって判任官グループ事件として検挙されるに至り，その左翼思想の嫌疑は高等官である和田たちにも及んだ。政治抗争の余波を受けた形で起きた企画院事件の被害は，その人数と拘留期間を考えれば凄惨なものであった（読売新聞社編 1972b：5-196）。和田博雄は逮捕当時企画院を離れ，農林省大臣官房調査課長，調整課長を経て 1941 年 1 月に農務局農政課長へ着任したばかりであった。和田と共に逮捕された稲葉秀三は「本格的な取調べが開始されたのは，なんと半年もあとのことだったのである。故意にひきのばされていたのだとしか考えようがない」と述べ，企画院事件を企画院への牽制や圧力として理解している（稲葉 1965：81）。これらの事件が近衛新体制へ与えた影響は大きかった。馬場恒吾は近衛文麿内閣が革新派を代表し平沼騏一郎内閣が現状維持派を代表すると両者を対照的に評しているが（馬場 1946：113），近衛文麿は平沼騏一郎との妥協を余儀なくされ，近衛文麿内閣は立ち位置を右へシフトさせることになる。経済新体制構想は大幅な修正を受けて換骨奪胎の状態となり，内容を大幅に後退させて 12 月 7 日に閣議決定された。昭和研究会も 1940 年 11 月に解散し，新体制派の閣僚辞職や大政翼賛会の新体制推進派の辞職が相次いだ（昭和同人会編 1963：285）。

　和田は 1944 年 4 月 27 日に保釈され，1945 年 9 月 29 日に無罪判決が出る。保釈から復職まで，石黒忠篤が理事長を務めていた東亜農業研究所（日本農業研究所の前身）で月 200 円の嘱託となっていた（大竹 1981a：200）。3 年間留置所で拘留され，1 年間嘱託生活を過ごして，和田博雄にとっては農政課長として業務を行うべき貴重な時間を奪われたわけである。和田博雄は獄中で俳句に開眼し，獄中吟を記した『獄中通信』は妻の津馬子を経て中村草田男が推敲

していた。出獄後に詠まれた句に「満天の春星われに放たれぬ」（和田 1959：50）があり，和田の開放感に満ちた率直な喜びが顕れている。獄中では小説・歌集・句集など多くの読書に勤しんだ。R・カンティヨン，T・R・マルサス，C・メンガー，F・v・ウィザー，F・v・ハイエク，K・ヴィクセル，G・ミュルダール，A・マーシャル，E・バローネ，J・シュンペーター，ゾンバルト，A・ハーン，ワトソン，ハーバラー，G・カッセル，アントン・チェシュカ，ウイリアム・ペティ，チヤノフ，エレボー，ウンガー，横井時敬，大槻正男，近藤康男，石橋幸雄，中山伊知郎など経済学関連の原書（英語，ドイツ語）も多く読了している（大竹 1981a：205）。意図せざる結果として，和田は獄中で戦後改革の学問的基盤を形成したことになる。また，吉田茂の紹介で企画院事件の裁判の弁護士を務めた海野晋吉は，在野の弁護士として人民戦線事件，河合栄治郎事件，津田左右吉事件など戦前戦後にかけて数々の弾圧事件の弁護を担当したが，後に和田の片山哲内閣での入閣や日本社会党入党にも関わることになる。

第3節 2つの農地改革

(1) 第一次農地改革

和田博雄は無罪判決が出た翌月の 1945 年 10 月 20 日に復職し，10 月 26 日農林省農政局長となる。和田の農政局長人事は松村謙三農林水産大臣の強い意向であった。松村は町田忠治農相の下で秘書官，後藤文夫農相の下で農林参事官，桜井幸雄農相の下で農林政務次官を務め，農政通の開明的保守政治家であり，自作農主義者を自認していた。それは立憲政友会の地主を基調とする現状維持的な自作農主義ではなく，完全自作農主義とでもいうべき信念を持ち，独自の自作農拡大策を立案・費用試算していた。松村は戦前の政治家たちが着手しなかった農地改革に取り組む意向をもっており，農政局長に和田博雄を据え，食糧管理局次長に総務局長だった楠見義男をあえて降格させて，最善の人事で農政改革に臨んだ。第一次農地改革はこの松村謙三農林大臣の発案から推進さ

れたのである（東畑・松浦 1980：52-54）[6]。

　また，農林省農政局農政課も改革の原案を用意していた。当時農政課長であった東畑四郎は[7]，「和田さんが農政局長になったとき"第一次農地改革案"は事務的にはほぼ固まっていました」（大竹 1981a：231）と述べている。また和田も農地改革を回顧して「第一次改革案の原案みたいなものを事務当局は秘密につくっていた」（和田博雄遺稿集刊行会編 1981：124）と証言している。農政課は戦後の農地改革まで何も行わなかったわけではなく，漸進的ではあるが改革が行われていた。前述したように，1938年制定の農地調整法で農地の賃貸権の第三者に対する対抗力が付与され，小作契約の解約の申入れ又は更新の拒絶の制限が可能となり，地主による土地取り上げをある程度制限できるようになった。

　1941年以降，在地地主の時価保有米以外の供出分について小作人から直接出荷させる行政指導が行われていた。これにより小作料の現物納が事実上代金納へ変化し，50％の高率物納小作料が9％の実質金納小作料となっていた。1945年6月制定の戦時緊急措置法に基づいて小作料金納化を推進しようとし，農商省農政局農政課は農業生産性を高める名目で内務省警保局や陸海軍軍務局との調整を行い，次官会議を経て「国内戦場化ニ伴フ食糧対策」という附議案を閣議へ提出した。しかし，石黒忠篤農商相は小作料金納化の部分を削除したため，この小作料金納化の政策は実現するには至らなかった（東畑・松浦 1980：38-40；大竹 1981a：232-244；農地改革資料編纂委員会編 1982：106-107）。

　このように松村謙三農林大臣のリーダーシップと農政課における農地改革のアイデア蓄積に基づき，「農地譲渡の強制による自作農創設の強化」「在村地主の農地保有限度を三町歩とすること」「小作料の金納化」「市町村農地委員会の刷新」「未墾地開発の促進」を内容する第一次農地改革の案が農地調整法の改正という形式をとって短期間で作成され，GHQ天然資源局農業部も「ノー・オブジェクション」という態度であった（東畑・松浦 1980：59）。3回の閣議では松本烝治国務大臣（憲法担当）が私有財産権の侵害を理由に第一次農地改

革の案に反対し，農地の移動統制にも異議を唱えた。当時松本烝治は副総理格で入閣していたが，幣原喜重郎総理大臣が自ら斡旋を行い，1945年11月22日に閣議を通過した。しかし内閣法制局だけでなく松本烝治国務大臣も法令審査にあたり，しかも衆議院提出直前の院内閣議で，松本烝治国務大臣が耕作目的のための権利取得を農地の移動統制の適用除外とする修正を法案に加えた。耕作目的のための権利の設定・移転を認可から除外することは，地主の売り逃げ，中間地主の発生，経営零細化を招く可能性があり，重要な修正であった（農地改革資料編纂委員会編 1974：112；東畑・松浦 1980：63-69；大竹 1981a：254-256）。

　1945年12月5日から衆議院本会議や農地調整法中改正法律案委員会で審議が進められた。幣原喜重郎内閣にとって与党であった日本進歩党は衆議院で272名を有し，過半数を超える最大会派であった。しかし，その日本進歩党の議員からも反対意見が相次いだ。反対多数の中，この法案は審議未了で終了するかに見えた。しかし，12月9日GHQより「農地改革についての覚え書」が提出され，委員会でこの指令について政府委員の和田農政局長より説明が行われ，議場の空気は大きく変わった。そして一部の修正を加えて衆議院で法案が可決され，貴族院でも衆議院の修正通り通過・成立した。ただし，GHQ指令は政府原案を積極的に支持しておらず，この法案はGHQに承認されなかった。在地地主の保有面積が五町歩では多くの小作人が対象外となること，国の直接買収ではなく地主と小作の相対交渉では地主への売却強制にならないこと，小作料その他小作条件について小作人を保証する条項がないこと，が不承認の理由であった（ワード 1977：69-84；大竹 1981a：344；農地改革資料編纂委員会編 1982：17）。農地改革は再び振り出しに戻ってしまったのである。

(2)　第二次農地改革

　松村謙三農相は就任3か月で公職追放となり，後任は副島千八が農林大臣となった。しかし総選挙において日本進歩党は大敗し，日本自由党が第1党になったが，幣原喜重郎内閣は居座りを続けた。日本自由党は第1党にはなったも

第 6 章 歴史の経緯:和田博雄の農地改革と経済改革 157

のの鳩山一郎総裁が公職追放となり，1946 年 5 月 16 日吉田茂が首班指名を受けることになる。日本自由党と日本進歩党の保守連立内閣の誕生となり，吉田は組閣を行ったが，農林大臣の人選は難航した。東畑精一が辞退し，那須晧が候補に挙がった。しかし那須晧も公職追放の可能性があることが判明し，和田博雄へ大臣ポストが回ってきた。しかし日本自由党幹事長河野一郎らが和田博雄の入閣に強く反対し，調整は難航したが，三木武吉の説得により吉田茂内閣を成立させるため日本自由党の了承が得られた。和田博雄は農政局長から農林大臣に就任し，事務次官は楠見義男，農政局長は山添利作，農政課長は小倉武一というメンバーで第二次農地改革へ取り組むことになる。ただし，和田大臣の直近の課題は戦後食糧問題の解決であった（大竹 1981a：287-299）。

　対日理事会の議に付託されたため，対日理事会では日本の農地問題が政治問題化しており，1946 年 4 月末から 6 月中旬まで対日理事会は 4 回開催された。各国から日本の農地改革が批判され，特にイギリスはソ連の案に対抗すべく，日本農地制度改革に対する英国試案を具体的に示した（ワード 1977：91-115）。英国案の具体的なシナリオを書いたのは GHQ 天然資源局顧問のラデジンスキーであると推定されている（大竹 1981a：340；農地改革資料編纂委員会編 1982：118）。対日理事会での議論の後，GHQ から「指令」ではなく「覚書」「勧告」というトーンを抑えた形で 6 月 28 日に GHQ 天然資源局文書が出され，それ以降，第二次農地改革に向けて GHQ と農林省の交渉が行われた。総司令官マッカーサー元帥は日本の農地改革に強い関心と固執を示しており，天然資源局の原案が実現することを強く要望していた。GHQ 天然資源局の局長スケンク中佐，農業部長のレオナード少佐，次長のウイリアムソン，ギルマーチン大尉，顧問のラデジンスキー，（後に着任する）ヒューズ，日本側は和田大臣，農林省交渉担当官の大戸元長が交渉当事者となった（大竹 1981a：343）。両者の間では細部にわたって議論が行われたが，決して GHQ 天然資源局の一方的な押し付け案ではなかったことは，注目すべき点の 1 つである。

　勧告の骨子は，①小作地の保有限度は内地一町歩，北海道四町歩とする，②自作農の所有面積許容限度は内地三町歩，北海道一二町歩とする，③市町村農

地委員会は同数の地主と小作人から構成し，政府が土地所有権を取得し小作人へ譲渡する，④農地改革事業はGHQの法案承認後二年以内に完成する，⑤小作料の統制と金納化を承認する，というものであった。議会や日本自由党での調整を円滑にするため，日本側は「勧告」ではなく「指令」の形式を望んだ。また和田大臣は，自作農の上限を設定することが経営効率を阻害すると反対の意見を述べ，報奨金を出すことが反対を緩和すると主張している（大竹1981a：346）。

1946年7月23日閣議に第二次農地制度改革案が提出され，24日の閣議での説明，経済関係閣僚懇談会での懇談が行われ，7月26日に閣議決定された。ただし，GHQ勧告をこのまま受け入れたわけではなく，一部修正が加えられている。内地平均3町歩，北海道12町歩を超える自作地は買収対象とせず，農業の発達上好ましくないものに限定して認定買収とされた。昭和20年11月23日以降の農地取上げ，売買を無効とせず，法律適用時期を昭和20年11月23日又は買収時現在とした。農林省案は全買収農地に報奨金を交付する内容であったが，石橋湛山蔵相の反対により3町歩を限度として交付することにした。農地証券の発行，農地代金の年賦償還金・小作料の受け入れ，農地証券の償還等を処理するために特別会計を予定していたが，これは大蔵省の反対で見送りとなった。市町村農地委員会は「勧告」通り，地主と小作人の同数で10名〜20名の委員で構成し，公選で選ぶこととし，合議で3人以内の中立委員を置くことができるものとした（大竹1981a：353-354）。

第二次農地改革法案は自作農創設特別措置法案として9月7日に衆議院へ提出され，本会議では和田農相の提案説明の後，日本自由党の森幸太郎，日本進歩党の寺島龍太郎，日本社会党の須永好，新政会の井出一太郎が質疑を行った。衆議院の自作農創設特別措置法案外一件委員会では17回の審議を重ね，質問者は40数人に及んだ。日本自由党は修正法案を提出し，それは小作地保有一町歩に限定される地主が，近い将来耕作意思があると農地委員会が認定する場合，より多くの農地を保有することができるとする内容であった。しかしこの修正案はGHQの了承を得ることができず，10月5日衆議院本会議で原案通り

可決した。日本自由党，日本進歩党，協同民主党，国民党は原案に賛成，日本社会党は小作地の全面買収，報奨金廃止を内容とする修正案を提出し，日本共産党は原案に反対した。貴族院では10月11日の本会議で法案は無修正のまま通過した（農地改革資料編纂委員会編 1975a：169-1154；農地改革資料編纂委員会編 1975b：3-190）。

この第二次農地改革によって，当時のインフレーションで小作人が支払う土地代金と地主に支払われる買上金の価値が大幅に下落し，実質的にタダ同然で農地が地主から小作人へ譲渡された。戦前日本の農村を特徴づけていた地主制度は完全に崩壊し，戦後日本の農村は自作農が主となった。GHQの農地改革は自作農を創出し，農地制度を抜本的に改革することになった。保守政治家松村謙三は開明主義に基づくだけでなく防共の策として自作農拡大を主張していたが（農地改革資料編纂委員会編 1974：108，123-124），彼の予想していた通り，この自作農はその後，自由民主党の重要な政治基盤となった。また，和田博雄がGHQへ進言したように，自作農の耕作面積の規模が拡大しなかったため，日本の農業は効率経営には程遠いものとなった。現在の農業がおかれた状況は先達たちが予想した通りとなった。ただし，その課題が克服できなかったことは，松村謙三や和田博雄の責任というよりも彼らの後に続く私たちの課題というべきであろう。かつてドーアは戦後の農地改革について，次のように語っている。「占領軍の大胆なる主導性なしには，このようにドラスティックな計画が完遂されなかったであろうことは確かである。しかし，同時に，日本の官吏の立法技術と経験なしには，この程度の能率的な運営は不可能であった。さらに，世論の支持なしに，また，数多くの農林省職員，農村の農地委員会職員，農地委員会委員を動かした改革の情熱ともいうべき精神なしには，この法律の実際の運用が，かくも徹底的ではありえなかったであろう」（ドーア 1965：114）。当時の改革熱意を適切に示しており，至極名言である。

(3) **吉田茂と和田博雄：その信頼関係**

第1次吉田茂内閣は慢性的なインフレーションという経済危機に見舞われて

いた。当時は食料危機が継続し，労働者のストライキが横行し，電気も列車もしばしば止まる状況であった。このような混乱の中で「改革より復興」を吉田茂は目指したと高坂正堯は評している（高坂2006：36-41）。食料危機の騒然とした世相の中，挙国一致の体制をとるため，吉田茂は経済政策や財政政策を転換し，日本社会党との連立を模索することになる（河野2001：40）。思想信条の違いはあれ，和田博雄は吉田茂の信頼が厚かった。そのため，和田博雄は農相として農地改革や食糧危機への対応を行うだけではなく，この時期，内閣の一員，国務大臣として吉田茂のブレーン役を務めた。連立工作は1946年末から1947年初頭にかけて3回にわたり，そのうち第一次の連立工作の一部に和田博雄は関わった。連立工作は3つのルートで模索され，第1が首相秘書官の福田篤泰-日本社会党書記長の西尾末広であり，第2が日本進歩党総裁の幣原喜重郎・日本進歩党顧問（衆議院副議長）の木村小左衛門-日本社会党中央委員の平野力三であり，第3が和田博雄・有沢広巳-日本社会党の片山哲委員長・鈴木茂三郎であった（大竹1981a：414）。

　1946年11月から第一次連立工作は始まり，稲葉秀三は和田博雄の依頼を受けて山崎広や鈴木貞一郎と連絡を取り，和田博雄は日本社会党の片山哲委員長と接触をもった。また有沢広巳は鈴木茂三郎に会い，協力の意思があるかを打診したという（稲葉1965：143）。1947年1月15日に吉田茂・西尾末広・平野力三の間で会談が行われ，日本社会党へ安定本部，商工，建設，労働の4ポストが提示された。しかし吉田・西尾・平野会談では閣僚人選の合意が得られず，左派の鈴木茂三郎は日本社会党による単独首班へ固執した。和田博雄と片山哲の秘密交渉は続けられ2回開催されたが，片山哲委員長の党内へのリーダーシップは発揮できず，第一次連立工作は1月17日の内閣書記官長談で打ち切りとなった。その後政府と日本社会党で連立論が再熱し，第二次連立工作が始まる。日本自由党，日本進歩党，日本社会党の党首会談が用意されたが，しかし日本社会党が要求した石橋湛山蔵相辞任が担保されなかったため，日本社会党が会談を拒絶して連立は立ち消えとなった。さらに，「二・一ゼネスト」中止の後2月6日から石橋湛山蔵相・西尾末広書記長の会談で連立の話が進展

し,第三次連立工作が行われるが,2月13日五党代表者会談が失敗し,吉田茂が固執した日本社会党との連立構想は夢と化した(大竹1981a:428-432)。第一次連立工作が成立しなかった1月22日の時点で和田博雄は吉田茂首相に農相の辞意を示したが,吉田茂に慰留された。吉田茂は総辞職ではなく,1月31日に小規模の内閣改造を行い,和田博雄は内閣を去ることになった。農相は吉田茂が兼務したが,2月13日の補充人事で農相に日本進歩党の木村小左衛門が就任した。

　吉田茂は第1次吉田茂内閣において多くの学者を内閣へ迎え入れようとした。前述したように,東畑精一を農相にしようとして辞退されたのを皮切りに,大内兵衛や有沢広巳を経済安定本部長官にしようとしたが,これも失敗している。そのかわり和田博雄の提案で円卓会議・昼めし会を開催することになった。学者グループの顔触れは壮観である。有沢広巳,中山伊知郎,東畑精一,永田清,芽誠司,内田俊一,堀義路,白洲次郎,牛場友彦らが出席し,外務省調査局職員であった大来佐武郎が書記を務めた。ここでは傾斜生産方式のアイデア,緊急必要物資輸入品目の絞り込み,石炭委員会など重要な案件が自由に議論された(和田博雄遺稿集刊行会編1981:492-494)。

　朝日新聞の農林省担当記者であった篠山豊(後の論説委員)が残した「笹山メモ」によると,吉田茂に対するマッカーサーの信用力と大衆の労働力を結びつけることで経済的危機を救うことができると和田博雄は考えていた。また日本社会党で最も信頼し得る人物として和田博雄は片山哲の名前を挙げ,平野力三や西尾末広と交渉したことや幣原喜重郎の横やりを交渉失敗の原因として挙げている(和田博雄遺稿集刊行会編1981:293-297)。当時マッカーサー元帥と対等に渡り合える政治家が日本において吉田茂しかいなかったことは,現在において周知の事実である。思想や信条の違いはあれ,吉田茂の戦後の見取り図を描く力量に対する和田博雄の期待は大きく,交渉の挫折にもかかわらず,和田博雄の人物と見識に対する吉田茂の信頼は揺らぐことはなかった。

　有沢広巳に辞退された後,吉田茂は経済安定本部総務長官に和田博雄を起用しようと計画し,和田博雄もこれを承諾したが,日本自由党の反対は予想以上

に強かった。当時和田博雄は参議院選挙に立候補する予定であったが，吉田茂は和田博雄の日本自由党への入党を画策したほどであった。これは日本自由党による強固な反対を受け，和田博雄の師である石黒忠篤も痛烈に吉田茂を批判し，そして和田博雄も日本自由党への入党を希望しなかった（大竹 1981a：434-436）。吉田茂内閣における和田博雄の経済安定本部長官就任も日本自由党入党も幻と化したが，和田博雄の片山哲との交渉経験や和田博雄が総務長官候補となったことは，後の片山哲内閣において和田博雄の入閣，総務長官就任として実を結ぶ。和田博雄は 1947 年 4 月第 1 回参議院選挙全国区に「政治に知性を」をスローガンとして出馬し，当選した[8]。参議院では楠見義男や東浦庄治と共に緑風会へ所属することになる。「枯芝のこみちを鶴と歩むのみ」（和田 1959：54）。和田博雄は 1947 年 1 月岡山に帰郷した際，後楽園でこの句を詠んでいる。鶴は知性を示す象徴であり，知性ある政治をめざした和田博雄の決意を示している。

第 4 節　経済復興と経済安定本部

(1) 経済安定本部の成立

　経済安定本部とは，1946 年 2 月の「経済危機緊急対策」の立案を契機として発足し，1946 年 8 月から 1952 年 7 月まで日本の復興計画の中枢機関として強力な権限を保有した経済官庁である。この経済安定本部で注目すべき点は，第 1 に傾斜生産方式など戦後復興に果たした政策の内容であり[9]，第 2 に日本官僚制においては特異な性格を持つ開放系の組織機制である。

　1946 年 2 月 17 日に経済危機緊急対策が公布され，財産税の設定，金融緊急措置令，臨時財産調査令，日本銀行預入令，食糧緊急措置令，隠匿物資等緊急措置令，緊急就業対策，物価対策基本要綱，国民生活用品の統制に関する措置によって総合的に対応しようとした。しかしながら具体的な施策に欠け，日本政府の復興計画は失敗に終わった。政策を一元的に企画立案し監督する組織の

必要性が日本政府で認識され，GHQから日本政府へ経済安定本部の設置が要請された。そこで，1946年8月12日に勅令第380号として経済安定本部令が発せられ，経済安定本部が発足した。総裁は内閣総理大臣，総務長官は国務大臣が務め，外局の物価庁長官は総務長官が兼務した。第1次吉田茂内閣の下で初代長官は膳桂之介，次長は白洲次郎が務めた（経済企画庁戦後経済史編さん室1964：1-14）。

しかし経済復興の策は十分ではなく，1947年3月22日，GHQからマッカーサー書簡「経済安定本部の抜本的拡充強化と総合的な施策の確立」が出された。「国内経済をある程度安定せしめ，生産を再開せしめんとする最初の実質的な試み」として統制経済の強化と経済安定本部の拡充が提案されている。そこで5月1日，経済安定本部の機構改正が実施され，経済行政に関する基本的企画事務が各省庁から移管し，1官房5部制から1官房10局制へ拡大し，職員数も2,002人へと増強された。総裁官房，生産局，建設局，貿易局，交通局，動力局，財政金融局，物価局，労働局，生活物資局，監査局の1官房10局に加えて，東京・大阪・名古屋・福岡・仙台・札幌・広島・高松に地方経済安定局を設置し，外局として物価庁，経済調査庁，外資委員会を有し，物価庁の附属機関には米価審議会も有した。物資・エネルギーの生産・配分，財政，通商，金融の立案，電力や石炭など公益事業の監督まで幅広く権限を持つ最強官庁として存在した（経済企画庁戦後経済史編さん室1964：45-49）。

さらに片山哲内閣において，経済安定本部は次官会議に代わって閣議審議を事前審査する役割も担い，他省庁に対する優越的な特質を有した。また，他省庁や日本銀行から局長・課長級のエース職員を出向人事として動員し，外部任用として外部の民間人を積極的に登用した。和田博雄が経済安定本部長官になると，経済安定本部に総合調整委員会が設置された。委員会の委員長は長官が就任し，副委員長は4人の副長官から1人選出され，官房長を加えた6人で総合調整委員会が構成された。初代副委員長は都留重人である。アメリカ流の人事システムを採用し，特定のスタッフに権限を集中させた（稲葉1965：158；宮崎1971：337）。ただし都留重人によると，実質的には幹部会で決定が行われ，

片山哲内閣時代の公共事業の予算編成権は経済安定本部にあったという（経済企画庁編 1988：116-117）。このように政策決定でも人事面でも，経済安定本部は閉鎖的な日本官僚制の伝統とは異なる形式を持ったユニークな行政機関である。

ただし片山哲内閣が崩壊して和田博雄が経済安定本部を去ると，総合調整委員会の決定方式も廃止された。1947 年 5 月，内閣に総理庁が発足し，1949 年 6 月に総理府にかわった。1952 年 4 月，物価庁が廃止され内局の物価局へ移管され，1952 年 8 月 1 日，経済安定本部が廃止され，その機能は新設された経済審議庁，行政管理庁へと受け継がれることになる。経済復興の達成と共に権限を一元的に集中させた経済安定本部の機能は縮小し，その特色ある政策決定方式は継承されることなく現在にいたっている。

(2) 片山哲内閣と和田安本

1947 年 4 月の総選挙で日本社会党は衆議院の 466 議席中 143 議席を占め，単独過半数には届かないまでも第 1 党の座を獲得した。121 議席獲得した民主党，29 議席獲得した国民協同党との連立内閣が成立し，首班には片山哲日本社会党委員長が指名された。131 議席を獲得した日本自由党は閣外協力となり，吉田茂率いる日本自由党は一時野に下ることになる。和田博雄は緑風会所属参議院議員として片山哲の推薦で経済安定本部長官に就任することになった。片山哲に和田博雄を推薦したのは片山哲の弁護士仲間であった海野普吉であり，吉田茂の非公式の推薦もあった（大竹 1981a：454）。また，片山哲が和田博雄に固執したのは，4 党挙国連立に未練を残していたからだという指摘もある（村井 2008：225）。経済安定本部は経済危機を乗り切るための司令塔であったため，「和田安本」は片山哲内閣の目玉であった。片山哲内閣が「和田内閣」「安本内閣」と言われる所以である。

まず和田博雄が着手したのは組織の要になる人事である。中央省庁のみならず，日本銀行，法曹界，企業から優秀な人材を引き抜いた。人事は行う人間の識見・哲学・世界観・能力がよくわかる。稲葉秀三によると「頼んだ人間では

40％は失敗しています」(経済企画庁編 1988：61) というが，スカウトされた人々は後に政界，官界，財界の指導的立場になる人ばかりであり，和田博雄の慧眼がよくわかる人事である。まず第1副長官に富士製鉄常務の永野重雄(和田の六高の1学年先輩。のち日本商工会議所会頭，富士製鉄社長，新日鉄会長)，第2副長官にGHQより都留重人，第3副長官に日銀理事の堀越禎三，第4副長官に千葉地検検事正の田中巳代治，物価庁次長に倉敷絹織社長の大原總一郎，生産局長に三菱重工業から野田信夫，物価局長に日本銀行の谷口孟，労働局長に労働総同盟の渡辺年之助，長官官房調査課長に逓信省や外務省などに勤務していた大来佐武郎，官房長に商工省の山本高行を迎え，その他の局長・局次長・課長クラスには平田敬一郎，大平正芳，橋本龍伍，東畑四郎，木村忠二郎，渡辺喜久造，下村治など第一級の官僚を揃えた。企画院和田グループの一部も経済安定本部のメンバーとなる。勝間田清一は1947年4月総選挙静岡県第2区選出で衆議院議員に初当選し，和田長官の下で秘書官となる。佐多忠隆は財政金融局長，稲葉秀三は官房次長となった。都留重人(副長官)，山本高行(官房長)，稲葉秀三(官房次長)は「安本三羽ガラス」と言われ，和田博雄長官を支えた (稲葉 1965：157-162)。

　人事と並行して和田安本は6月11日に経済緊急対策の8項目を示した。①食糧の確保，②物資の流通秩序の確立，③物価・賃金体系全面改訂，④財政金融の健全化，⑤生産の重点的補強と能率の向上，⑥勤労者の生活と雇用の確保，⑦輸出の振興，⑧企業管理の実施，から構成される政策群である。これは従来の経済危機への対策を総合化したもので，対策の一貫性・体系性を打ち出そうとしたものであった (稲葉 1965：163)。経済実相報告書によると，当時の家計に占める食糧費割合は66～73％を占め，賃金と物価の悪循環が生じていた。そのため，傾斜生産の強化と共に「新価格体系」の設定と堅持で家計の実質向上を図ったのである (経済安定本部編 1975：22, 53-58)。7月4日には経済実相報告書，いわゆる経済白書が出された。これには，イギリスのアトリー労働党政権がエコノミック・サーベイを出したため，日本においても経済白書を出そうという経緯があった。そして，この後の政府報告書，いわゆる白書の嚆

矢となったものである。国民経済研究協会が収集していた統計資料が焼却を免れて保存されていたため，これを利用しながら総論・家計・結語を都留重人が執筆し，各論を大来佐武郎が執筆し，皆で議論しながら修正を加えた。この経済実相報告書は経済の実態と経済緊急対策の内容を国民に理解してもらう意図で出され，後に「都留白書」と呼ばれて平明で啓蒙的な論述が称賛されることになる（稲葉 1965：162-180；経済企画庁編 1988：21-26）。

また片山哲内閣は炭鉱の国家管理も手掛けようとした。当時石炭は重要なエネルギー産業であり，傾斜生産方式を実現するための要をなしていた。片山哲内閣は炭鉱の国家管理を目指したが，実態は「戦後復興の一つの形態として考えられていたというほうが適切」（林 1982：227）なものであった。ただし，日本社会党の水谷長三郎商工相が炭鉱国管法に熱心なこともあって，社会党政権の目玉としての性格も併せ持った[10]。経営決定機関の性格をもつ労使同数の生産協議会が設置され，炭鉱への直接的な政府統制を旨とする商工省と経済安定本部の法案に対して，炭鉱主を政治基盤の一部とする民主党も独自の案を作成し，日本自由党は国管反対の立場を貫いて，閣外協力から完全野党へと転じた。民主党内部も賛成の芦田均派と反対の幣原喜重郎派とに分裂し，幣原喜重郎をはじめとする24名が除名処分を受け，幣原喜重郎らは同志倶楽部を結成し野党に転じた。臨時石炭鉱業管理法案は最終的に産業民主制の導入が撤回され，生産協議会は諮問機関へ格下げとなり，炭鉱への直接管理も炭鉱主を通じた間接管理へ変更され，3年間の時限立法化などの修正を加えて修正案が提出された。衆議院・参議院両院ともに「委員会否決・本会議成立」という異例な形で国会閉会直前の1947年12月8日夜に成立した。臨時石炭鉱業管理法は炭鉱主側による民主党への政界工作によって炭鉱国管疑獄という副産物も生じたが，1948年4月の実施から1950年5月の石炭統制撤廃まで2年間の実施にすぎなかった（大竹 1981a：477-479）。

さらに閣内も対立が生じた。第1に和田博雄長官と平野力三農相との米価をめぐっての対立である。米価を新価格体系の一環としてパリティ方式で計算された1石あたり1,700円の物価庁案を主張する和田博雄経済安定本部長官と，

従来の生産費計算で産出された1石1,945円の農林省案を主張する平野力三農相とが閣内で対立した。最終的に片山哲首相の裁定に持ちこまれ，パリティ方式に基づく物価庁案と決し，片山哲内閣総理大臣談が発表された。ただし，これはその後，1960年に生産費・所得補償方式へ再び戻ることになる（大竹 1981a：486-487）。平野力三は11月4日GHQ民生局の要請に基づき閣僚を罷免され，日本社会党を離党し公職追放となった。

　第2は大蔵省と経済安定本部との対立である。1947年12月の本予算基本方針を検討した予算閣議や1948年1月の追加予算案をめぐる予算閣議でも，和田博雄長官と民主党の栗栖赳夫蔵相との間で対立が生じた。経済安定本部は所得税歳入を見直し，所得税の跳ね返り分を予算財源とする提案を行い，大蔵省は強く反発した。GHQ経済科学局は従来，ニューディール派の価格統制配給課と保守派の財政課が対立し，GHQ経済科学局価格統制配給課は経済安定本部を支持してきた。しかし，大蔵省事務次官の池田勇人はGHQ経済科学局長マッカートへ訴え，この経済安定本部案を覆した（片山内閣記録刊行会編 1980：374-375；松岡 1990：180；福永 1997：173-184、213）。また閣内でも西尾末広官房長官や日本社会党の閣僚も経済安定本部案を支持しなかった。この政党の政治的支持がないことで政策が実現しなかった経験は，和田博雄が日本社会党へ入党する一因ともなった（片山内閣記録刊行会編 1980：375；大竹 1981a：512）。

(3) バランスの崩壊

　片山哲内閣は危ういガラス細工のごとく微妙なバランスの上に成立した政権であった。日本社会党，民主党，国民協同党の連立であったが，日本社会党は議席数で単独過半数ではなく相対第1党に過ぎず，日本社会党も民主党も党内部に内紛・分裂の火種を抱えていた。民主党と日本社会党（左派）との対立，日本社会党も左派と右派の対立，右派も西尾末広と平野力三の対立，さらに経済安定本部と大蔵省の対立も激化するにつれて，片山哲内閣は対立と分裂を繰り返し，総辞職への道を歩んでいく。前述したように，臨時石炭鉱業管理法を

めぐり民主党は内紛・分裂を行い，過度経済力集中排除法案も審議が難航し，平野力三農相は罷免・公職追放となった。後任の農相について，左派社会党は野溝勝を推薦したが民主党が拒否し，民主党が提案した波多野鼎農相に今度は日本社会党左派が反発した。結局，81名の日本社会党議員が署名して日本社会党左派は党内野党宣言を行い，右派と左派の分裂は決定的となった。1948年1月16日から開催された日本社会党の党大会では委員長に片山哲，書記長には浅沼稲次郎が選出されたが，代議員数は左派が上回り，日本社会党右派の反対していた「四党政策協定破棄」「戦時公債利払い停止」が党の方針として決定した[11]。

　第1に片山哲内閣総辞職の引き金を引いたのは日本社会党左派である。国鉄運賃や郵便料金の引き上げを含む政府補正予算案が提案されていたが，鈴木茂三郎らの左派はこの予算案に反対であり，これを阻止しようとした。日本社会党右派は「内閣総辞職も辞さず」の姿勢で臨んだが，これにも日本社会党左派は強く反発した。当時日本社会党左派を代表していた鈴木茂三郎は，党の政策審議会長と衆議院予算委員長を務めていた。2月5日，日本社会党右派，民主党，国民協同党の議員が予算委員会の中断中に欠席していた際，鈴木茂三郎は与党政策担当者会議を退席して予算委員会を再開し，黒田寿男が提案した補正予算撤回の動議を採択し，23対1で可決した。鈴木茂三郎に倒閣の意思があったのかどうかは不明であるが，この予算委員会での補正予算案否決が内閣総辞職の引き金となったことは間違いない（片山内閣記録刊行会編 1980：372-384；松岡 1990：177-191）。

　第2に大蔵省の対応である。国鉄運賃や郵便料金の引き上げを含む政府補正予算案が衆議院予算委員会（鈴木茂三郎委員長）で否決され，そのハプニングが片山哲内閣の崩壊につながった。当時の大蔵省事務次官は池田勇人，主計局長は福田赳夫，運輸省事務次官は佐藤栄作であるが，なぜ対立を誘発して内閣がつぶれる予算案を出したか，という疑問は残る。大蔵省の補正予算はインフレ刺激的で形式的な予算均衡主義の典型であり，所得税の自然増の増収があったので，後述する和田案を採用することも可能であった（大竹 1981a：521-

522)。また松岡英夫は,「安本では〇・八カ月分給与のために別途財源発見に骨折っていたし,来栖蔵相と大蔵省がもっと真剣に内閣に協力的であれば,別途財源の発見は可能だったのではないか。いずれにせよ,組み替え追加予算を提出することで問題は当面片づいたはずである」と大蔵省の非協力が背景にあることを指摘している(片山内閣記録刊行会編 1980:394)[12]。

　第3に官房長官の西尾末広が総辞職を主導した。日本社会党左派との党内調整に指導力を発揮せず,GHQとの懇談の後に芦田均内閣への道筋を描いていく。衆議院の解散や日本自由党への政権移行ではなく,首相を民主党の芦田均に付け替えることで連立政権を維持しようとした。そのために党内調整や閣内調整に着手せず,「内閣投げ出しの主導的役割」を果たした。辞職した内閣の官房長官であった西尾末広は,次の芦田均内閣では副総理格として入閣して連立政権を維持しようとした(片山内閣記録刊行会編 1980:393-396)。

　第4に民主党と国民協同党の非協力である。和田博雄は所得税の跳ね返り分で代替させる経済安定本部案を提示したが,予算編成権を実質侵害されることに大蔵省は強く反発し,閣内でも民主党の芦田均外相と三木武夫逓相の反対にあった。2人の反対について,民主党と国民協同党で行われていた次期政権構想と深く絡んでいたことを福永文夫は指摘している。浅沼稲次郎書記長が提案した妥協案(補正予算は組み替え財源を追加し鉄道・郵便の値上げは認める案)は左派が反対したが日本社会党中央執行委員会で採択され,緊急閣議でも了解された。和田博雄は都留重人を通じてGHQへ新財源の補正予算案の承認をとったが,予算委員会は反対動議が通過した後であった(福永 1997:231)。

　第5に片山は当初,西尾末広官房長官の総辞職の進言を否定していたが,連立政権が危機的な状況にあると判断し内閣総辞職を決意した。片山哲自身は後に回顧談やインタビューの中でマッカーサーから再軍備を非公式に要請され,総辞職にいたったと述べている(片山 1967:265-266;田村 1985:145-152)。しかし,マッカーサーによる再軍備の示唆は片山哲の証言しか残っておらず,この真相はいまだ明確ではない。GHQ民生局次長ケーディスと片山哲の会談の中で,片山哲は現状の分裂と危機を回避するために総辞職することをケーデ

イスへ述べ，ケーディスもこれを黙認した（福永 1997：232-235）。

1948年2月10日，片山哲内閣は総辞職し，3月1日芦田均内閣が成立した。これによって和田博雄は国務大臣・経済安定本部総務長官・物価庁長官を辞任し，経済安定本部を去ることになる。当時経済安定本部では「都留デノミ・チーム」「長期経済計画チーム」が活動していたが，これも縮小した。都留重人は一橋大学へ転身し，山本高行はその後古巣の商工省へ戻った。稲葉秀三は和田博雄が経済安定本部を去った後も，参与・経済復興委員会事務局長として経済安定本部に残った。経済九原則とドッジラインに対応して職務を継続するが，第2次吉田茂内閣における経済復興計画が吉田茂首相の判断でお蔵入りとなった。これを機に稲葉秀三も経済安定本部を去り，国民経済研究協会の理事長として古巣へ戻ることになった（稲葉 1965：289）。

第5節　社会主義の夢と挫折

(1) 社会主義への夢

和田博雄は1949年3月に日本社会党へ入党し，その後の党内活動から日本社会党の左派として位置づけられることが多い。ただし，それは党内の合従連合の帰結であり，個人としては社会民主主義の理想を実現させることを目指して日本社会党で活動を続けた。これは当時の知識人の多くが社会主義・社会民主主義に自分の夢を描いたのと変わりなく，農地改革や経済復興で和田博雄が実現しようとした政策の延長というべきであろう。教条的な理想主義ではなく理性的な現実主義に基づき，日本社会党において単なる反対ではなく具体的な立案を目指した点に注目すべきである（大竹 1981b：80）。

和田博雄は比例代表制と小選挙区制を支持しており，当時小選挙区制度を支持した日本社会党議員は珍しい。イギリスの二大政党制をイメージし，イギリス労働党と同じように日本社会党が政権獲得政党となることを目指していたのである（大竹 1981b：71）。政策審議会長時代，影の内閣の構想を持っていたことでも，これは明らかである。和田博雄は衆議院中選挙区制度の岡山1区で

常に最下位当選であった。にもかかわらず、和田博雄が小選挙区制を支持したということは、自分の当選可能性よりも二大政党制による政権交代を優先し、それが日本の政治や政策に緊張感を与えるという考えを持っていたということになる。しかし日本社会党の実態は和田博雄が描いたような近代政党とは程遠い存在であり、和田博雄が描いた夢を実現する条件が整っておらず、内向き志向の未成熟な政党であった[13]。

たとえば、日本社会党が西欧の社会民主主義政党のように完全に体制内存在にならず、体制からの遠心的傾向と体制への求心的傾向を共にもちながら、しかも革新勢力の主流の地位を占めている理由と条件として、日本社会党の対立者としての保守勢力、日本社会党支持層の持つ特異な性格、日本社会党の特徴が日本社会党の二重性格を形づくっていることを田口富久治は挙げている。つまりイデオロギーの面では労農派マルクス主義の左派と改良主義的な右派とに分離した二重性をもち、党組織の拡大が課題にもかかわらず現実には労組依存傾向と議員中心主義の組織構造をもつ二重性を有していたという（田口1961：190-201）。

後に1986年の路線転換で日本社会党は平和革命路線から解放され、行動の自由を取り戻したが、日本社会党にとって「道」の平和革命路線は、政治スローガンであると同時に日本社会党のパフォーマンスを規定する組織原理（規範）の役割を担っていた。多義的な存在であった日本社会党が1960年代に入ってイデオロギー色を強め、マルクス・レーニン主義に立脚した綱領文書「日本における社会主義への道」を採択したのである。この後、和田博雄の反対にもかかわらず、日本社会党は西尾末広を除名し、右派の西尾派を切り捨てる形で対立・分裂・縮小の道を歩んでいくことになる（森2001：141）。

(2) 社会タイムス倒産と全購連事件

運動論的性質の強かった左派社会党や日本社会党において、和田博雄は政策審議会長や国際局長として実現可能性ある政策の立案を心がけて改革に取り組んできたが、和田博雄はここで2つの事件に巻き込まれ、結果として夢の実現

が遠ざかってしまう。いわゆる社会タイムス倒産事件と全購連事件である。

社会タイムスは 1952 年 3 月 1 日設立され，青野季吉が社長，江田三郎が専務，清水幾太郎や高野実が取締役，左派社会党委員長の鈴木茂が監査役に就任している。社会党系の日刊紙を発刊することで党組織の拡大と大衆の啓蒙を狙いとしていた。しかしながら設立当初から資金繰りに苦しみ，江田三郎が社長の時，1954 年 5 月 31 日に社会タイムスは廃刊，社会タイムス社は倒産となり，和田博雄は莫大な負債を個人で背負うことになる。この事件以降，江田三郎と和田博雄との信頼関係や人間関係は悪化し，1961 年に江田三郎が和田博雄の選挙区岡山 1 区から衆議院選挙に出馬しようとし，関係はさらに冷え込んだ。1954 年 12 月 28 日に和田博雄が詠んだ句に「冬夜の駅妻一人の出迎がよし」（和田 1959：141）があり，当時の孤独と哀愁が感じられる。

1957 年 3 月 2 日に全購連（全国購買農業協同組合連合会）の河村秀郎が公金横領容疑で逮捕され，この河村の供述により全購連と農林省の汚職事件，自由民主党・日本社会党・緑風会の国会議員への贈収賄事件へと発展する。日本社会党においては，全購連から不正な政治献金を受け取ったとして，野溝勝，小川豊明，江田三郎，井上良二，芳賀貢，川俣清音と共に和田博雄が役員権停止処分を受け，政策審議会長を解任された。大竹啓介によると，和田博雄が全購連から受け取った資金は党資金へ回されたにもかかわらず，処分理由が不明確であり，鈴木主流派が次期委員長候補であった和田博雄を失脚させるため事件を利用したという（大竹 1981b：97）。鈴木派の意図は不明であるが，次期委員長を射程に入れていた和田博雄にとって 1 年間の役職停止は大きな政治的ダメージであり，和田博雄が党役員へ復権するのは 3 年後のことになる。

日本社会党に嫌気がさしても仕方がない事件に 2 度巻き込まれるが，それでも和田博雄が日本社会党の委員長に就任する可能性は存在した。1964 年 3 月 14 日に「岡山談話」を出し，和田博雄は次期委員長選に出馬を表明した。しかし 12 月の第 24 回社会党大会では河上丈太郎が委員長に五選され，書記長には成田知巳が三選となった。和田博雄は新設の副委員長に就任することになる。河上丈太郎は高齢にもかかわらず自ら立候補したが，翌年の 1965 年 1 月 3 日

くも膜下出血で倒れ,和田博雄と佐々木更三の両副委員長の集団指導体制となった。しかし既に佐々木委員長への一本化が党内で根回しされていた(大竹1981b:307)。3月17日,和田博雄は委員長代行に佐々木更三を推し,5月6日の第25回臨時社会党大会で佐々木更三が委員長に選出された[14]。和田派の勝間田清や佐多忠隆は和田委員長,和田総理を夢見て活動を共にしてきたが,和田は委員長への固執を見せず,それらは夢と終わった[15]。和田博雄は1958年5月の選挙中に病で倒れて入院し,持病の喘息に加えて1964年8月には精密検査で糖尿病と診断され,11月には遺言書をしたためていた。1965年5月には政治家を辞める決意をしており,12月21日に最終的な決断をし,1966年1月19日に次の選挙に立候補しないことを記者会見で表明した。(大竹1981b:306)。政策のライバルである池田勇人が1964年10月25日に癌のため首相を辞する表明をし,1965年8月13日に死去している。和田博雄の二番目の句集は『白雨』というタイトルであり,それは池田勇人が亡くなった際に和田が詠んだ句から付けたタイトルである。「雷鳴と白雨来りて死を告げらる」(和田1967:37)。この時,和田博雄は第1の官吏としての人生と第2の政治家としての人生を終え,第3の人生を充実したものにしようと決意していたのである[16]。

(3) 経済と外交

和田博雄は日本社会党に入党して3つの貢献をした。第1は経済政策を党の政策として確立させたことであり,第2は外交・国際政治への貢献であり,第3は党の人的資源の蓄積である。

和田博雄は左派社会党の政策審議会長としてMSA協定(相互防衛援助協定)に対抗した政策の提示を行った。「MSAに挑戦して —— 平和経済建設五か年計画 —— 」である。これは1953年9月2日左派社会党政策審議会で提案され,1954年1月の第12回左派社会党大会で正式に決定した。「全面講和-中立」と「経済自立」とを結びつけ,吉田茂内閣に対するアンチテーゼを政治スローガンではなく政策として体系化して提示した。計画によって実現する経済は資本

主義と社会主義の2つの経済体制の混合形態であるとし、それは和田博雄が経済安定本部長官として実現しようとした経済計画の実現を意図したものであった（和田博雄遺稿集刊行会編 1981：345）。

1949年12月、日本社会党は「講和問題に対する基本方針」を大会決定し、「永久中立主義」を党の綱領として採用した。和田博雄は国際局長としてこの議論を発展させ、中立「主義」を具体的な中立「政策」へと具現化しようと努力した。アメリカや中国との良好な関係を形成しながら、インド、スウェーデン、フィンランドなどの非同盟諸国のように日本が中立的な立場にたつ政策を構想した。また超党派外交にも熱心に取り組み、外交に関する党派間での共通認識を形成しようとした（大竹 1981b：188）。晩年はアジア調査会「日本外交の前提条件」小委員会委員長を引き受け、党派間の合意を形成しようと努力している。ストックウィンは『日本社会党と中立外交』の中で、日本社会党の現実的な政策が党の国際局や和田派によって担われてきたことを積極的に評価し、しかしそれが党内で弱小派閥によって担われていた限界も指摘している（ストックウィン 1969：198-199）。当時日本は中ソ対立の激化、ベトナム戦争の長期化、中国の核実験とフルシチョフの失脚など目まぐるしい国際状況の中に置かれていた。古都京都を訪れて冬枯れの閑寂の中、円通寺の気品ある庭園で和田博雄が詠んだ句がある。「苔枯れて庭石庭に沈みけり」（和田 1967：31）。和田博雄が心の静けさを保とうとしていたことが窺える俳句である。

第3に和田博雄は党の組織、特に書記において政策の専門家を養成した。党国際局書記であった山口房雄は、和田博雄が非議員専従中執の素地を作ったと評価している（大竹 1981b：185）。和田派は他の派閥と異なり政策通の議員が揃ったが、これが日本社会党に対して政策の蓄積となり、また外部との人間関係を形成する重要な結節点を形成した。ただし政策通のスタッフの養成は党に対する大きな貢献であったが、和田派の勢力拡大には貢献しなかった。後に和田派からは勝間田清一、石橋正嗣という2人の委員長を選出したが、この時点で和田派は運動家に欠け、党の政務に精通した人材を揃えることができず、和田博雄の生前には党内権力闘争で主導権をとる機会は少なかった。

和田博雄は句集『白雨』の中で,「迫る雪山に向つて歩む何かが缺けている」と詠んだ句の後に次の解説を付している。この雪山の句は 1965 年 3 月下旬頃の作である。「日本社会党には，私達の大衆に対する信頼と，大衆の私達に対する信頼とが欠けているのではないかと。そして又この信頼に応えるに足る展望ある現実的な計画と，行動とが欠けているのではないかと」(和田 1967：17-18)。和田博雄が常に心がけようとしたのは社会主義の理想を現実に近づけるための方策であり，それはストックウィンにも積極的に評価された点であった。また，それは後に，駐日大使時代に和田博雄と親交のあったライシャワーによって「現実的理想主義」として評されることになる (大竹 1981b：397)。

おわりに

本章では和田博雄の生涯を「リベラリストの知性と孤高」として位置づけ，その軌跡を辿った。ただし，孤高とは和田博雄が人望のない孤独人だったという意味ではない。農林省，内閣調査局，企画庁・企画院，経済安定本部，日本社会党では上司，部下，同僚，友人，グループの人々に敬愛され，俳人として『早蕨』の句会では内藤吐夫や宮坂斗南などの同人に囲まれ，多くの人々が親しみをもって接した。財界にもパイプを持ち，永野重雄，藤井丙平，大原総一郎という人々は保守とは異なる軸となることを和田博雄に期待していた。東亜興業社長の梅村清のように，個人的な支援を惜しまなかった人もいた。和田博雄は生涯において能吏であった。それは和田博雄の調査官・書記官 (1935 年 5 月～1938 年 4 月),農政局長 (1945 年 10 月～1946 年 5 月),農林大臣 (1946 年 5 月～1947 年 1 月),経済安定本部長官 (1947 年 6 月～1948 年 2 月) における在職期間の短さをみれば，その仕事の密度の濃さに驚愕する。特に和田博雄は内閣調査局，農林省，経済安定本部で獅子奮迅の働きをし，それは日本の戦後改革において重要な歴史的成果として刻まれた。

しかしそれは石黒忠篤事務次官，吉田茂長官，松村謙三農相，吉田茂首相，片山哲首相という許容さと人物眼とを兼ね備えた人物が上位者に存在して和田

博雄に仕事を任せたからである。東畑精一は「社会党の中で和田君の知性は1人歩きだったじゃないか」（大竹 1981b：3）と述べているが，イデオロギー論争と権力闘争に明け暮れた日本社会党においては，和田博雄という知性を使いこなす力量も度量もなかった。和田博雄は，一方において職業行政官や政治任用職として最高の職場を得たが，他方において政党政治家としては才能を発揮する場が少なかった。このことは和田博雄にとっても，日本社会党にとっても，日本にとっても，不幸な出来事であったと考えている。これが和田博雄の生涯を「リベラリストの知性と孤高」と位置づけた所以である。

ただし，和田博雄は能吏として力を発揮するだけでなく，趣味は油絵，囲碁，ゴルフなど多彩にわたる。とくに白游子という俳号を持ち詩句の才能を発揮して2冊の句集を刊行していることは，和田博雄の人生を豊かなものにしている。和田博雄は明治大正の俳人，村上鬼城の影響を受けている。村上鬼城は聴覚に障がいのある俳人であり，動物や体についての俳句を多く著し，「孤高不昧」「古今独歩」の詩人といわれる。「世を恋うて人を恐るる夜寒哉」。鬼城の多くの句の中からこの句を選んだ高浜虚子は，「鬼城が世に出ないのは世を厭うてではなく人を恐れてである」と評しているが（高濱 1983：5），鬼城の句には弱いものへの愛情と生への気魄が見える。それが持病を抱え弱い者への関心を持ち続けた和田博雄の気風に合っていたのであろうか。俳句に込められた心情を読み解けば，和田博雄にとって俳句は趣味の域を超え，自分の生き方を見つめ直す重要な機会であり，さらに言えば生き方そのものだったのではないかとさえ思える。和田博雄は1967年3月4日，現代俳句協会の総会に向かう途中，芝公園内で心筋梗塞のため急死する。和田博雄が日本社会党委員長を佐々木更三に譲って日本社会党の顧問となり，亡くなる1年前に醍醐寺三宝院を訪れた際，「幻の花散りぬ一輪冬日の中」（和田 1967：9）という句を詠んでいる。夢が実現しなかった自分を幻の花に例えているわけであるが，その句の中に清清しい情感が漂っているように感じるのは私だけであろうか。

以上、和田博雄の評伝を通じて政策の歴史的経緯について論述してきた。本章の論述を終えるに際して、最後に歴史的経緯の意味について確認しておく。

農林省農務局には弱者救済の理念が貫徹し，それが組織哲学として意思決定に影響していた。一部の官僚には経済学的思考が共通して存在し，これは米が物価を大きく左右する時代においては農業政策を経済システム全体の中で構想することに貢献した。また農林省農務局の自作農創設路線と小作保護立法路線の2つの政策が同時追求され，政権の政策に応じて提案された。内閣調査局と経済安定本部は共通して開放系の人事システムを採用し，会議を重視し意思決定を行っていた。内閣調査局や経済安定本部という調査・立案を行う中枢機関にとっては政権の政治支持が組織維持に必須であった。また第二次世界大戦中の小作料金納化の試みや第一次農地改革で農務局が改革案を事前に用意していたことは歴史的経緯が制約条件としてだけでなく，むしろ促進要因としても機能していたことを示している。このような歴史的経緯は継続性やルーティンに貢献しているだけではなく，過去の経緯が現在の意思決定の革新や促進という制度条件として規定していることを明らかにしている。

注

1) 和田博雄が残した日記などについては国会図書館憲政資料室の「和田博雄関係文書」，和田旧蔵書については農林水産省農林水産政策政策究所図書館の「和田文庫」，和田旧蔵の図書・関連資料については農文協図書館の「和田文庫」に所蔵してある。ただし，大竹による詳細な伝記・解説（大竹 1978a；1978b；1978c；1981a；1981b；2004）と遺稿集（和田博雄遺稿集刊行会編 1981）は和田博雄の考えを知る貴重な史料であり，本章の基本文書である。著者は農業政策の文献を調べていくうちに和田博雄に対する関心を深めていった。筆者が大学院生時代，論文として人物を取り上げることを薦められたのは渡辺保男先生である。渡辺保男先生にはルイス・ブラウンローに関する評伝があり，この評伝はルーズベルト大統領の下で「行政管理に関する大統領委員会」（いわゆるブラウンロー委員会）の報告書を提出したブラウンローという人物を通じて当時の歴史的文脈を明らかにした，誠に結構な名論文である（渡辺 1965：315-390）。本章において，評伝を薦められて 30 年たってやっと宿題を果たした想いである。本章は可能な限り一次資料にあたったが，史料の面で綿密さに欠けるスケッチであることは否定できず，機会を改めて再度，内閣調査局や経済安定本部について論じてみたいと考えている。

2) 第二次世界大戦前の農地政策については細貝（1977），庄司（1999）に詳しい。なお，庄司俊作は和田博雄を理念型農林官僚とし，東畑四郎を現実型農林官僚として対比している（庄司1999：369-373）。

3) 和田博雄の事務官時代のエピソードがある。町田忠治農相の秘書官を務めていた松村謙三は次のように和田博雄の人柄を語っている。「あるとき私は大臣から急に呼びつけられ，大臣室に入ると，町田大臣は非常に機嫌が悪い。『いまきた若い事務官は，あれはだれだ』と問う。『あれは農政局の和田博雄事務官です』と答えると，大臣は『あんな無作法な奴があるか。上司のおれに向かって，片手でモジャモジャのしらみでもいそうな頭髪をかき，片手ではあごひじをついて話をする。実に無作法な奴だ。しかし話を聞いていると，なかなか頭の良い男らしい。局長によく話をして，あいつの無作法を厳重に直すように伝えろ』というのであった」（松村1964：147-148）。

4) 内閣調査局の限界について，大前信也は予算編成における内閣調査局の役割を消極的に評価し，各省要求額の査定を十分果たせていなかったと指摘している（大前2006：198-199）。また，1939年の貿易省設置をめぐる外務省，商工省の対立を企画院は調整できなかった。これは企画院の力不足というよりも，実質的に調整能力を有していなかった内閣の限界というべきであろう。貿易省をめぐる対立については，坂野（1971），御厨（1979），北村（1987-88）に詳しい。

5) 日本政治史や日本政治思想史では革新官僚や新官僚と一括りで説明されるが，その実態はかなり多様であり，革新官僚や新官僚を戦争遂行体制や軍部との協力体制として理解することはあまりにも一面的である。内閣調査局時代についての鼎談で，勝間田清一は内閣調査局が企画院の前身の性格ではないと論じ，松井春生が「新官僚とか何とかいわれて一連のもののように思われることは，およそ違っているのですよ」と述べたのに対して，和田博雄はそれらに賛同して一言「ナンセンスだね」と革新官僚への一面的な捉え方を否定している（和田博雄遺稿集刊行会編1981：476-477）。

6) 以下，農地改革立法の概略については，農地改革資料編纂委員会編（1974），農地改革資料編纂委員会編（1975a），農地改革資料編纂委員会編（1975b），農地改革資料編纂委員会編（1982），農林水産省監修・農地改革記録委員会編（1977）を参照した。また，竹前・中村監修／天川ほか編（1997），大和田（1981）は日本の農地改革に関する概略的理解を深める通史・資料として最も簡便かつ有益である。占領期，第1次吉田茂内閣，片山哲内閣に関する理解としては，五百旗頭（1997）が要領よい説明を行っている。

7) なお，第一次農地改革で農政課長を務めた東畑四郎は，後に経済安定本部生産局次長，生活物資局長を経て農林省食糧庁長官，農林省事務次官となった。彼は東畑精一東京大学教授の弟にあたる。

第6章 歴史の経緯：和田博雄の農地改革と経済改革　*179*

8) 和田の第1回参議院選挙は農林省の東畑四郎秘書課長が票を動員し，和田博雄が農林関係，楠見義男が食糧関係の票割りであった（大竹1981a：444）。
9) 傾斜生産方式とは石炭と鉄鋼の相互連関を重視し，それらの産業に政策を重点的に集中させ，生産水準の回復を図る政策である。それは以下の5つの要素から構成される。(イ) 輸入重油の全量を鉄鋼部門に充当するとともに石炭の最重点配当を実施する。(ロ) これによって増産した鉄鋼を石炭部門へ投入すること。(ハ) 石炭部門はその鋼材で出炭施設を整備し増産に努力する。(ニ) 増産石炭は鉄鋼部門に増配し，これにより再び鉄鋼の増産を促進し，この増産分を石炭部門に配給する。(ホ) この操作を繰り返し鉄，石炭の循環的増産をはかる（経済企画庁戦後経済史編さん室1964：26-27）。傾斜生産方式は有沢の提案で第1次吉田茂内閣において実施され，片山哲内閣でも継続して採用された。詳しくは島崎（1971）を参照のこと。
10) 日本社会党の社会主義政治研究所や経済復興会議の役割については，中北（1998），中北・吉田編（2000）に詳しい。
11) 片山哲内閣の成立と崩壊については，片山内閣記録刊行会編（1980），大竹（1981a），松岡（1990），福永（1997），村井（2008）を参照した。
12) 片山哲内閣の崩壊した理由として，「池田勇人次官が運賃値上げ案を作って片山内閣をつぶし，それを手土産にして吉田茂自由党へ走った」という疑念を大蔵省給与局長であった今井一男は否定している。ただし，国会についての見通しを大臣に助言すべきであったが，当時栗栖赳夫蔵相は大蔵省内で不人気であったことも告白している（今井1983：338-345）。他方で，経済安定本部総合調整委員会副委員長であった都留重人は，「西尾と芦田とでその次をやるということで，それに池田次官が絡んでいて，大蔵省はとにかく片山内閣にここで大きな傷をつけて後を引き継ぐということであった」と大蔵省の関与を示唆している（経済企画庁編1988：104）。
13) 日本社会党の概説的理解は，田口編（1969），高畠編（1989），原（2000），山口・石川編（2003）を参照した。
14) 日本社会党の歴史で，派閥抗争とポスト争いは尽きない。当時は鈴木派（佐々木派），松本派，野溝派，社会主義協会派，和田派，江田派，河上派，西尾派，平和同好会，黒田派などが存在したが，本章ではこれら派閥間の合従連合，裏取引，駆け引きについての論述は省き，最低限のものにとどめている。
15) 佐多忠隆は参議院議員を3期務め，日本社会党の国際局長を歴任した。和田博雄と共に企画院，経済安定本部，日本社会党と同じ道を歩み，和田派に属し，和田博雄が最も信頼を置いた人物の1人である。
16) 和田博雄が政治家を辞める決意をした理由としては本人の病気や周辺の人々の死があるといわれるが，大竹啓介は和田の内面の「苦悩の深淵」をくみ取るべき

であるという（大竹1981b：307）。私自身は和田博雄が俳人であったことが政治家を辞めた理由の1つではないかと推察している。俳句とは虚偽を排し，対象をよく観察し，対象に耳をすまして，対象のありさまを表現することであり，俳句の効用は栄誉，立身，出世，利得など見返りがない世界に自分が浸れる幸せである。和田博雄が俳人として自分の句をつくるときは，心穏やかな気持ちで過ごすことのできる貴重な時間であり，残りの人生を俳句に費やそうと考えたのではないか（武智2015：4-5）。

和田博雄（1903-1967）の略歴

1903.2.17	埼玉県入間郡川越町生まれ
1915.4	岡山中学校入学
1919.9	第六高等学校文科甲類入学
1922.3	同卒業
1922.4	東京帝国大学法学部英法科入学
1925.3	東京帝国大学法学部英法科卒業
1925.4	東京帝国大学法学部大学院入学
1925.11	高等試験行政科合格
1926.4	農林属　農務局米穀課配属
1928.8	大阪営林局勤務
1929.10	蚕糸局勤務
1929.10.7	神坂津馬子と結婚
1931.5	農務局農政課勤務
1933.5	農務局農政課長代理
1934.5～1935.1	万国農事協会12回総会（ローマ）へ委員として出席し，ロンドン，ベルリン，ニューヨークへ滞在
1935.5	内閣調査局調査官
1937.5	企画庁調査官
1937.12	企画院書記官
1938.4	農林省米穀局米政課長
1939.5	大臣官房調査課長
1939.10	大臣官房調整課長
1941.1	農務局農政課長
1941.4	企画院事件により治安維持法違反容疑で検挙
1943.夏	獄中で腸チフスに罹り豊多摩病院へ入院
1944.4.27	保釈
1944.8	財団法人東亜農業研究所で嘱託
1945.9	無罪判決
1945.10	復職，農政局長
1946.5	第1次吉田茂内閣農林大臣
1947.1	『早蕨』（主宰者・内藤叶夫）に入会
1947.1	依願免本官
1947.5～1952.9	参議院議員
1947.6	片山哲内閣国務大臣，経済安定本部長官・物価庁長官
1948.2.10	片山哲内閣総辞職

1948.3	芦田均内閣発足
1948.5	財団法人農林統計協会会長
1949.3	日本社会党入党
1949.7	参議院社会党議員会長
1950.1	日本社会党会計
1952.1	日本社会党中央執行委員，日本社会党外交委員会委員長
1952.6	参議院予算委員長
1952.6	「社会主義インターナショナル」創立総会（フランクフルト）に出席
1952.10～1966.12	衆議院議員（第25～30回総選挙当選）
1952.10	左派社会党政策審議会長
1954.1	左派社会党書記長
1954.5.31	社会タイムス廃刊，社会タイムス社倒産
1955.10	統一社会党中央執行委員
1957.1～7	日本社会党政策審議会長
1957.7	全購連事件で1年間の役職停止
1958.5	選挙中に病で倒れ入院
1959.11	句集『冬夜の駅』（広川書店）を刊行
1961.3	日本社会党国際局長
1964.6	「訪ソ・東欧使節団」に副団長として参加
1964.8	精密検査で糖尿病と判明
1964.11	遺言書作成
1964.12～1966.1	日本社会党副委員長
1966.1	日本社会党顧問
1967.1	句集『白雨』（初音書房）を刊行
1967.2	現代俳句協会顧問
1967.3.4	芝公園内で心筋梗塞のため急死

出典）和田博雄遺稿集刊行会編（1981：826-840）より筆者作成。

第7章　政策文脈の構造

はじめに

　本章の目的は公共政策と文脈との関係を理論的に考察することである。政策過程で文脈の要因を重視する文脈主義の利点の1つは、関連づけや条件づけという条件依存の説明にある。たとえば一般的に、利益、制度、アイデアについて政策の内容と過程を大きく左右していると考えられているが、この3つは並列的な関係ではなく、アイデアそのものは独立的ではない。アイデアは媒介変数として機能することが多く、政策過程の理解にはアイデアの条件づけ、文脈が重要である。政策決定者や政策分析者の立場からすると、そのような条件を配慮事項として考えるか、どのようなことと関連づけてアイデアを具体的に設計するかが肝要となる。その際の決定要因は、社会経済的要因のほか、制度条件、資源、政治要因、パーソナリティがある。

　ただし、文脈の背景理論について、理論として確定していないこと、厳密さに欠けること、規範だけでなく、アイデア、資源、制度条件、管理、文化、歴史的経緯、タイミングなどの要素で左右されることが問題点として存在する。そこで本章では背景理論を補完するために文脈の構造を明示化しようと試みる。

　第1に政策文脈の概念を一部修正し、政策文脈について理論的分析を行う。なお、事例として用いるのは、公衆衛生のトリアージ、特定商取引法改正をめぐる消費者保護、薬のインターネット販売、農業政策、景観まちづくり、社会福祉、農地改革と経済改革の政策事例である[1]。第2に政策文脈の理論化、文脈としての利益・制度・アイデアの意味、文脈としての歴史の意味について検討する。第3に、経験主義の意義、研究の方法、各章の要約について論述する。

第1節　政策文脈の分析

(1) 文脈の類型化

　第1章において政策文脈を資源制約，不確実性，条件適合性の3つに区分して説明してきたが，この第7章ではそれらの概念化を一部修正することを試みたい。まず，政策類型について確認しておく。

　第1は政策の目的や手法が規制か給付かという類型である。政策の目的や手法が規制か給付かによって，動員される資源が異なり，政策の対象や効果も異なることになる。つまり規制政策は組織や法令という資源が文脈として大きく政策内容に影響し，給付政策は財源や人という資源が文脈として決定要因となりやすい。また規制についてはその緩和策は既得権を有していない市場参入予定の新参者や消費者が恩恵を享受し，給付政策は納税者層ではなく低所得者層においてその政策効果が大きくなる。すべての人を満足させる公共政策は存在しないのである（武智 2017b：65-71）。

　第2は政策類型論である。たとえば，政治が政策を規定するのではなく政策が政治を規定するというロウィの政策類型論である。この類型論は独立的な変数として政治過程・政策過程を想定していた考えを逆転させ，政策内容を独立的な変数として観念すべき重要性を示している。彼は1つの軸を強制力が間接的か直接的かとし，もう1つの軸を強制の媒体が個人の行動か行動の環境を通じたものであるかとし，4つのセルで政策を類型化した。つまり強制力が間接的で個人の行動を通じたものを「分配政策」，強制が直接的で個人の行動を通じた政策を「規制政策」，強制力が間接的で行動の環境を媒介とするものを「構成的政策」，強制力が直接的で行動の環境を媒介とするものを「再分配政策」とした（Lowi 1972：299-300）。

　またJ. Q. ウィルソンは政策コストの集中と分散，政策便益の集中と分散で政策システムを理解しようとした。つまり政策コストが集中し政策便益も集中するのが「利益集団政治」であり，政策コストが分散し政策便益が集中するの

が「顧客政治」である。また政策コストが集中し政策便益が分散するのが「起業家政治」であり,政策コストが分散し政策便益も分散するのが「多数派政治」となる(Wilson 1980：367；371；384-385)。

第3は政策文脈を類型化しようとする試みである。フェッファーとサランシックに従って,第1章においては政策文脈を資源制約,不確実性,条件適合性の3つに区分した。しかし,3つの要素はそれぞれ独立的ではない。資源制約は不確実性や条件適合性に大きく影響する条件である。第1章では不確実性へ創造的に対応した状態を条件適合性と定義づけたが,この2つは区分しにくい。文脈の形式で類型化しても,比較によって明示的な結論を得ることは不可能である。また,環境文脈と組織文脈を明確に区分することも難しい。

そこで政策文脈は資源制約と不確実性との2つを基本的な構成要素とし,組織が認知した環境を直接対象とする。既存の制度で消極的対応をする場合を不確実性の状態とし,環境変化への創造的対応の状態を条件適合性の状態とする。

図表7-1　政策文脈の類型

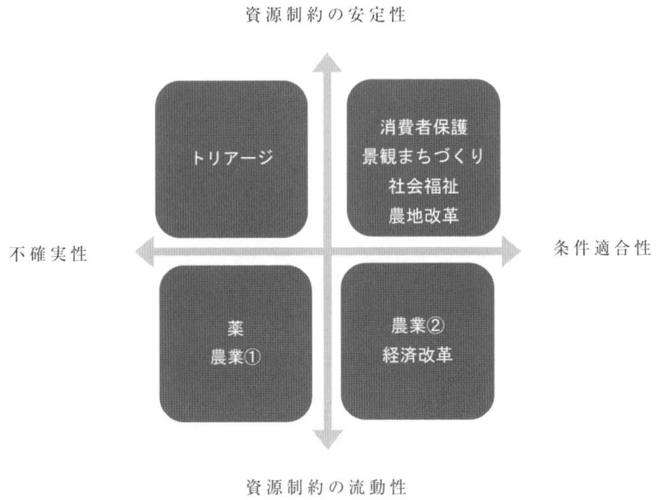

	資源制約の安定性	
不確実性	トリアージ	消費者保護 景観まちづくり 社会福祉 農地改革
	薬 農業①	農業② 経済改革	条件適合性
	資源制約の流動性	

出典)筆者作成。

枠組みとして分析の適用可能性や文脈の理解可能性を高めることを優先するならば，このような設定の方が生産的である。

さらに，資源制約について一部修正が必要である。政策を立案・決定・実施するうえで資源制約のない政策空間は存在しない。ここで制約の資源を規制か給付かで類型化することは可能であるが，それでは政策手法に基づく要因以外の条件を把握することはできない。また前述したように程度で類型化することも可能であるが，その程度を判定する方法にも課題が残る。そこで，本章では図表7-1のように資源制約が安定的か流動的かで類型化したい。それは，資源制約の内容や程度ではなく，時系列的に資源制約の可変性が高いかどうかを意味している。資源制約の安定性や流動性を基準とする理由は，それが政策過程のダイナミズムを捉えるために有益だからである。

(2) 資源制約の安定性・流動性と文脈

たとえば，公衆衛生におけるトリアージの事例においては慢性的に資源の強い制約の下にあるが，資源不足という切迫した状況自体は変化がなく，政策過程に大きな変化が生じることはない[2]。患者を救済するという必要性があるにもかかわらず，医療資源は希少であり，緊急性という時間の資源制約が存在し，資源配分の平等性よりも優先性が求められる状況は継続する[3]。

消費者保護の事例においては，健全な業者を育成する必要性と消費者を保護する必要性の両立が求められ，営業の自由と弱者保護という公益の規範が重要な基準となる[4]。消費者保護においては，業界が健全な業者を育成するよう支援し，情報公開や消費者保護の規制方法を確立することが不確実性を低下させる方法である。審議会においては時間をかけて審議し，利害対立しがちな利害関係者たちの間の信頼関係を形成することが利害調整の近道となる。限定的で安定した資源制約の下で社会動向を見定めながら営業の自由と消費者保護の公益とのバランスを模索することが，行政機関に求められている[5]。

景観まちづくりにおいては地域活性化と景観保護の両立が目標とされ，財源・人的資源という限定的な地域資源が調整や組織化により安定的に配分された。

社会福祉，消費者保護，景観まちづくりに共通していることは，利害関係者による問題解決の規範共有が政策実施を左右することである。景観まちづくりは，景観保護という文化的側面と観光・経済発展という経済的側面の調和をはかることを課題としている。そのため，地域社会において関係者の合意形成が政策の前提であり，それがいつ確保できるのか，どのような形で結論づけられるのか，どのような地域資源を調達できるのかという不確実性を常に抱えている。また地域はそれぞれ歴史的背景，地域資源，地域特性，財政力，住民の志向性などが千差万別であり，1つのモデルに収斂させることはできない。常にアイデンティティを維持しながら，自分の地域らしい発展の在り方を模索することが求められている。もし民間資源が不十分な場合は行政主導で新しい資源を動員し，地域社会を組織化しなければならない[6]。

社会福祉においては，公的介護の必要性のため，福祉団体の調整，市場化や連結の対応が求められた[7]。これらは強い資源制約があるものの，その制約性は安定していて急速な変化はなく，環境への適応という点では地域特性に条件適合的である。社会福祉の事例において，住民のニーズに応答するためには体制の整備が必要である。行政であれ，民間であれ，社会福祉の提供団体が安定して存在しているかどうかが求められている。その安定性を確保するために社会福祉法人が設置されたのであるが，近年は公益法人改革によって，この安定性と相反する社会要請として自由で公正な選択ができるのかどうかが問われ，そのための情報の公開や運営の透明さが提供団体に求められている。統制型の社会福祉としては団体間の統合が行われ，市場型の社会福祉としては良質なサービスを提供する民間団体の競争が行われ，連結型の社会福祉としては，民間団体における管理機能の共同化，事業の協働化，行政と民間の調整，研修事業の行政支援など様々な方法が実施されている[8]。

資源制約の安定したトリアージ，社会福祉，消費者保護，景観まちづくりの事例に対して，薬のインターネット販売の事例は資源制約が流動的な典型例である。その事例においては，対立争点が明確で，結論が合意しにくいという特性がある。この場合，それぞれの考えの主張者たちが勢力をいかに拡大・組織

化できるか，そしてその権力関係が決定要因となる。そのため各勢力は主張の根拠づけを行うと同時に，首相官邸，厚生労働大臣，自由民主党などの政治勢力を動員し，対抗勢力に対抗しようとした。まさしく政策は政治過程の所産である[9]。薬のインターネット販売の事例は法的資源と政治的支持の資源がタイミングによって大きく異なり，出現する状況や条件によって大きく政策過程が変化した[10]。利用者の利便性の必要性と薬害被害のリスクを回避する必要性とが対立し，最高裁判決という規範と限定された時間制約の中で規制範囲の決定が行われた。そこにおいては経済自由主義を唱える自由民主党の一部と薬害被害の最小化に固執する厚生労働省との政治過程が決定を左右した[11]。

農業政策については，関税，補助金，直接支払という移転手法が採用されて農業関係者へ配分資源とされてきた。そこでは農業の多面的機能と直接支払制度のアイデアが農業自由化の規範と結びついて政策転換の制度基盤を提供していた[12]。これらは資源制約の状況が極めて流動的であり，しかも環境適応が限定的なものでしかない。

農業政策では立憲政友会と憲政会（立憲民政党）という2大政党制の下で，農商務省は政権政党の政策方針に従う法案作成を余儀なくされた。立憲政友会は地主の利害を保護する自作農創設路線をとり，憲政会（立憲民政党）は小作の利益を保護する小作保護立法路線を支持したため，農商務省は政権政党の方針にあわせて法案を作成した。小作の利益を保護する法案は議会を通過せず実現が困難を極めたため，農商務省は1924年の小作調停法で小作官が実質的に行政調停を行うという法運用での対応をとった[13]。資源制約は流動的な状況の下，法運用での対応という条件適合性の文脈で方策を模索したのである。

また後述するように，農地改革と経済改革の事例は大きな枠組み変更の提案を志向した条件適合性という点で共通しているが，一方で農地改革が政治支持の調達に成功し資源制約の安定性の下で作動し，他方において経済安定本部における経済改革は政治的支持の調達に失敗して資源制約が大きく流動的な状況であり続けた。農地改革と経済改革においては，小作人や貧困者の救済と改革のための政治資源の調達が必須であった。内閣，GHQ，政権与党という政治

資源の調達が改革には必要であり,その条件なしには政策の決定は難しかった。農林省の農地改革は GHQ という政治資源を最大限調達できたのに対して,経済安定本部の改革は政治的資源の調達に成功せず,不安定な状況が続いた[14]。

必要・資源と文脈との関係でいえば,権限,財源,情報,人的資源という資源制約として文脈が構成される。時間制約やタイミングも資源制約としては重要である。また政治的資源の調達可能性もガバナンスを左右する。図表 7-2 のように,規範やアイデアが資源制約によって条件づけられ,規範やアイデアが資源制約を枠づける相乗的な二重構造が存在することになる。

図表 7-2　政策過程の構図

	主　張	根拠・論拠	決定の文脈
トリアージ	効率配分 公正機会	功利主義 平等主義	希少と緊急の特性 現場の非政治決定
特定商取引法の改正	営業の自由 消費者の保護	自由主義 公共の福祉	審議会の水平的調整 漸変的決定
薬のネット販売	選択・営業の自由 安全性の確保	自由主義 公共の福祉	官邸主導の垂直的調整 法と時間の制約
農業	自由化 保護	自由貿易 救済・安全保障	アイデアによる政治選択 組織均衡による利益誘導
景観まちづくり	景観保護 経済発展	所得向上 アイデンティティ	地域資源への依存 関係者間の合意形成
社会福祉	自由な活動 公平・公正	自由競争 中立性	制度選択の多様性 権益を守る制度維持
農地改革と経済改革	既得権の保護 弱者救済	自由主義 経済復興	歴史的経緯による 促進と抑制

出典）筆者作成。

(3)　不確実性・条件適合性と文脈

次に,不確実性・条件適合性と文脈について事例を通じて検討する。

トリアージの事例における不確実性とは,いつ,どこで,どのような事故が起きるかどうかわからないという不確実性である。震災,交通事故,火災,土

砂災害など地域によって発生可能性は異なるので,それぞれの地域で起きうる事故に備えて訓練が必要である。マニュアルを整備し,そのマニュアルを関係者が理解し,経験則を蓄積させることこそ人的資源の効率運用につながる。現場の非政治的決定においては,希少性と緊急性の特性を吸収できる文脈の形成が必要である。トリアージの事例においては,対応体制の整備は不確実性を低下させる。責任の所在を明確にし,部門間の水平的・垂直的調整を行っておくこと,つまり基礎自治体間の調整,基礎自治体と広域自治体・国との調整,行政機関と病院やNPOなど民間資源との調整を事前に行っておくこと,資源制約を改善しておくことも不確実性の逓減につながる。トリアージを行う際のキーパーソンたる人が誰になるのかを関係者が合意しておくことも,リーダーシップが発揮しやすい環境を形成することになる[15]。

　薬のインターネット販売の事例と農業は規制緩和を行ったという意味で共通した特質をもつが,薬のインターネット販売の事例は利用者の一部にとっては環境変化への積極適用はなく,農業政策の一部は条件適合的な文脈で直接支払制度などの決定が行われたという違いがある。

　薬のインターネット販売においては,官邸主導の政治決定,垂直的調整が大きな決定要因となった。ただし厚生労働省は劇薬の規制緩和という点を譲らず,この点は規制緩和反対派の獲得した利益となった。この点,100点と0点という一方的なゼロサムゲームではなく,60点と40点というどちらにも勝ち点が与えられる交渉ゲームとなったことが特徴的である。また,最高裁判決という法の規範が厚生労働省へ与えた負担は大きかった。つまり厚生労働省はゼロから原案を作成しなければならなかったため,営業の自由を規制する法的根拠を精査しなければならない行政コストを求められた。また,無法状態を早急に解決しなければならないという時間制約も,先送りという選択肢をなくした原因となった。限定された選択肢の選択という不確実性への対応に,法的制約と時間制約は大きく影響した[16]。

　トリアージ,薬のインターネット販売を事例として不確実性の回避と吸収を文脈として説明してきたが,さらに消費者保護,景観まちづくり,社会福祉,

農地改革，農業政策，経済改革を事例として積極的に環境を創造する対応としての条件適合性を説明する。

消費者保護においては，審議会における水平的調整による政策案の合意という特性をもつ。事務局は具体的な実施方法を諸外国の例を参考にしながら具体的に提示し，その実行可能性を含めて事前に想定しておくこともある。またその政策の受け入れ可能性を事前に説明し反応を探っておくことも立案では求められる。実際の決定過程では原案からの譲歩を求められることも多いので，落とし処を初めから提示せず，初めは極端なハードルの高い案を示した後に，交渉の過程で理想案を変更して現実案を提示する交渉戦略も求められるのかもしれない。特定商取引法改正をめぐる消費者保護の事例では，水平的調整に基づく漸変的決定が特性となる。その事例は繰り返しゲームの要素が強く，信頼関係を壊すような無理な交渉ではなく，合意が取れる範囲で合意を取り，逆にいえば合意が取れそうな範囲を少しずつ拡大することが一般的傾向となる[17]。

また，景観まちづくりの事例に関して，まちづくりNPOの活動が盛んな地域では専門家と住民との協働で革新的な提案がされ，町家再生や街歩きイベントの実施などが日常的に行われている。景観まちづくりに積極的ではない自治体でも，民間団体と行政との調整ではまちづくりの構想について時間をかけて合意を得る過程が一般的である。時間がかかるにせよ，利害調整を行いながら地域の住民や団体が主体的な意識をもってまちづくりに取り組むことが必要なのである。地域活性化には「よそ者・若者・馬鹿者」が必要であるといわれるが，行政であれ民間であれ，まちづくりにおいて調整や組織化は重要である。また分化した意思決定環境で専門的リーダーシップが発揮されるのと同時に，地方議員や首長のリーダーシップは，阻害要因を排除してまちづくりを推進するための大きな決定要因となる。これらの調整・組織化・リーダーシップは地域社会の統合的機能を果たすことになる[18]。

社会福祉においては，安定性と自由・公正との二律背反を解決することが自治体の課題であるが，その方策は一律ではない。一方において人口が集中していて提供団体が複数存在している都市圏においては，民間化という制度選択が

行われ，公共活動を民間の社会福祉法人，財団法人，株式会社，NPO法人など多様な提供団体が担い，自由な発想と柔軟な対応によるサービス提供が目指される。民間化による効率達成と考えてよい。他方において，提供団体が限定的な地域においては広域化という手法が採用されることもある。介護認定を行う医療専門家さえ十分確保できない地域では，自治体間の境界を越えて共同で認定審査委員会を設置し，サービスを提供する団体を財団法人として共同して設置することで対応することも可能である。いわゆる連結（ネットワーク）の経済性である。社会福祉の場合はこのような制度選択が条件適合性の文脈の中で行われているが，制度の既得権益を保持することに固執するならば不確実性の回避と吸収という文脈にもなりうる[19]。

　さらに農地改革と経済改革の事例に関して，内閣調査局の調査官会議や経済安定本部の総合調整委員会は政策刷新を生み出し，その調査研究は政策立案の機能に貢献した。また農林省の農地改革と経済安定本部の経済改革は内閣とGHQに支持されていた場合は大きな成果を上げることになったが，逆に内閣が分裂し，GHQの全面支持が得られなかった状況においては，必ずしも成功しなかった。日本社会党において経済改革は政治的支持を得ることが少なく，その政策が実現することは少なかった。和田博雄という当時の日本における最高の政策立案者であったとしても，政権政党の政治的支持なしにその理想の実現は不可能であった[20]。

　農業は保守的な特質と革新的な特質とを有する両義的な存在である。不確実性と条件適合性な文脈の両方が存在する。農業は天候リスク，農村の高齢化，耕作放棄の拡大という環境に左右され，これらの不確実性を吸収することが政策の前提となる。関税や補助金で産業を保護し，既得権を維持することは，継続性と安定性を確保することができるために産業保護として確実性の高い選択肢である。農民へ補助金という誘因を供与し，選挙票という貢献を行う組織均衡が不確実性を吸収する文脈の典型である。ただし，農地バンクや農協の改革は大きな成果は出ず，これが新しい農業従事者の参入にはつながることはなく，六次産業化などの地域活性化，農業の株式会社化などの刷新が求められている。

また，直接支払や多面的機能のアイデアが採用された環境は，条件適合的な文脈で理解することができる[21]。直接支払や農業の多面的機能という新しいアイデアが農業改革を促進した事例である。共に自由貿易の下での農業保護の在り方を模索し，ヨーロッパから新しい概念を導入したことが自由化に新しい文脈を付け加えることになった。ただし，それは日本的な政治風土の下で拡大解釈されて，新たなバラマキの弊害ともなっている。日本型直接支払制度は条件不利，所得制約，環境配慮という3つの要素で構成されて新たな所得移転制度として運用されている[22]。

　農業政策の事例においては，農林省（農商務省，農商省）の貧農救済のリベラルな組織哲学が不確実性へ対応する文脈としてあげられる。また米が物価を左右する機軸商品であったため，農林省には一時期経済学を重視する合理的思考が存在していた。小作調停法や農地調整法の制定に見るように，自作農主義が実現できなくても小作官制度を運用して小作を救済する途を探り，戦時中は食糧増産を名目として陸軍などを説得して小作の実質権利を拡大するなど漸変的な決定は，当時の状況へ条件的に対応する恒常的な政策手法であった[23]。

第2節　政策文脈の理論化

(1) 文脈と理論の対立

　前述したように，文脈を資源制約，不確実性，条件適合性の3つで区分する考えを一部修正し，資源制約の安定性と流動性，不確実性と条件適合性の2つの軸で政策文脈を分析してきた。次に残された課題として，文脈の理論化，利益・制度・アイデアの文脈，文脈における歴史の意味について論じることにする。ピエールによると，社会科学において文脈をどう扱うかが方法論として重要であるという。ピエールの議論は二分論にやや偏りがちであるが，その方法論上の課題は，理論と文脈との対立，演繹法と帰納法との対立として理解されてきたという（Pierre 2013：124-125）。

　一方において，帰納法による文脈化においては，事例分析は可能であるが，

考慮する事項や条件が多くなり説明可能な範囲は広くなる。帰納法は思考方法を高める志向性を持つといってよい。しかし組織マネジメントに寄与する「文化」まで文脈に含めるならば，その条件の種類は際限なく広がる（Hood 2013：115-116）。推論による非科学的な説明の可能性が高くなり，すべてを説明することは何も説明していないことになりかねない。楽観論者ゲーテがすべてを語って多くの格言を残し，悲観論者カフカが現実に悲観して何も語らなかったとしても，それはどちらも何も語っていないことと同じなのである。

　他方において，演繹法による理論化・非文脈化においては，精密な分析により仮説を検証することで科学的発見を行うことが可能である。ただし一般化はある程度可能であるが，説明の範囲は限定される。しかも考慮すべき事項や条件を見過ごすことで重要な決定要因ではない因子を検討していることになりかねない。マクロ的な地域研究において理論や方法論に関心なく，ミクロ的な行動分析において現実に関心を持たないリサーチ・デザインはしばしば起こりうる。はたして文脈と理論とは二律背反の関係なのか。それらは両立可能なのか。

　第1の解決策は中範囲の理論の積極活用である（Pierre 2013：126）。たとえばキングダンは公衆衛生や公共交通の事例を対象にして247のインタビュー調査を行い政策過程の分析を行った。それは「政策（選択機会）の窓」の枠組みで有名であるが，それが依拠する理論はマーチらのゴミ箱モデルに基づく応用的な研究である。キングダンの研究はゴミ箱モデルの現実適用の可能性を高めた貢献があるが，必ずしも理論の一般化を目指したものではない（Kingdon 1984：5）。ただし，このような事例の蓄積と比較政策研究の検証こそ，文脈と理論の対立を解決するための目指すべき方向性の1つである。

　第2は概念化と類型化の志向である。包括理論のような理論の一般化は無理としても，分析可能な枠組みの構築は必要である。分析のための概念化を試み，その概念間の整合性を検討しながら，比較研究による類型化を行うことが研究の方向性として考えられる。経済学，政策科学，経営学，社会学，哲学などから概念を借用し，ロウィやウィルソンのように政策の類型化を行うことは事例研究として生産的であろう。

第3は目的と対象の選択性である。選挙データを用いて投票行動の分析を行い，財政データを用いて政策の決定要因の研究を行うことは可能である。このような対象は計量的・演繹的な仮説検証には最適であろう。しかしながらデータが入手しにくい外交政策の研究，一過性の特性が強い歴史の研究において，演繹的な研究を行うことは難しい。キングダンのように課題設定に焦点をあてるならば，事例研究の蓄積が前提となるであろう。制度や文化の異なる各国比較において，ミクロ的な精緻な研究を望むことは過剰な期待ともいえる。このように目的や対象に応じて柔軟に分析方法を選択するリサーチ・デザインの戦略も解決策の1つであろう（Hayes1993：26）。

第4は図表7-3のように「主張・根拠・論拠」という議論の構図へ文脈がどのような影響を与えているかを理解することである。証拠（エビデンス）に基づく政策の実現が唱えられるが，社会保障政策のように人口構成や家族構造に影響されて制度設計がされることは常である。

図表7-3　政策文脈の構図

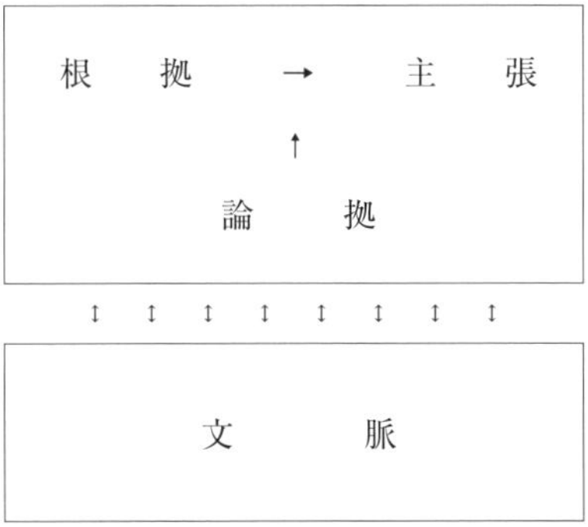

```
┌─────────────────────────┐
│   根　拠　→　主　張      │
│           ↑              │
│         論　拠           │
└─────────────────────────┘
    ↑　↑　↑　↑　↑　↑　↑
┌─────────────────────────┐
│         文　脈           │
└─────────────────────────┘
```

出典）筆者作成。

しかしながらミクロ的に見れば，政策文脈は論拠だけでなく，根拠や主張にも影響を与えている。農業政策，消費者保護，薬のインターネット販売の事例のように，利益や既得権を保つための主張先にありきの構図の下で根拠や論拠

を後付けすることはしばしば行われる。合理的選択の理論のように，現実の政策は課題設定，政策決定，政策実施，政策評価のサイクルに基づいて作動しているわけではない。逆にいえば，証拠に基づく政策実現は根拠と論拠の提示を政策利害者へ求めることから生じることになる。そのためにどのような文脈が公共政策の背景に存在するかを精査していかなければならない。

(2) 文脈としての利益・制度・アイデア

　利益は政策文脈の基本的な構成要素である。人間が利得を求めて行動すると仮定するならば，利益は政策決定の最も重要な決定要因となる。ただし，多元的な行為主体が存在する社会においては利益間の対立が必然である。第2章で説明したように，傷病者・患者間の対立，事業者と消費者の対立，事業者・利用者の一部と利用者の一部との対立がそれである。第3章から第6章で示したように，また農業者と納税者・消費者との対立，開発事業者と一般住民との対立，事業者間の対立，地主と小作人との対立，省庁間の対立などが存在する。

　このような利害対立の調整は様々な場所で行われる。トリアージの例では現場において非政治的決定が行われ，特定商取引法改正では審議会で水平的調整が実施され，薬のインターネット販売では官邸主導の垂直的調整が行われた[24]。また農業においては農民の捕虜行政機関となりがちな農林水産省と首相官邸が，独自の政治的政権基盤を保有した場合はアイデアに基づく政策選択を選択する[25]。景観まちづくりの例のように，地域間の利害調整を自治体やNPOが積極的に担い，地域マネジメントに寄与することもありうる[26]。社会福祉は逆に，福祉事業の担い手そのものから自由な競争を維持する調整的役割へ自治体の役割が変化する事例である[27]。内閣調査局と経済安定本部の事例は調整に政治的支持が条件となっていることを示している。一方において，内閣調査局は企画調査としての役割を十分発揮したが，権限や予算の裏づけという政治資源が欠落していたため利害調整としての役割は不十分であった。他方において，経済安定本部は権限や一部の予算裏づけが存在したが，所属する政権の基盤が弱く，十分に調整的役割を果たすことが難しかった[28]。

制度は，政策文脈では内生変数としても外生変数としても機能する。政策決定組織の哲学や文化は，政策内容の継続性や安定性に貢献し，内生変数として機能している。消費者の利益を守る消費者庁，農民の利益を守る農林水産省，国民の健康を守る厚生労働省というアイデンティティは，政策文脈として重要な要素である。しかしながら，農民の利益保護と国民の消費者利益の保護というアイデンティティの対立は，農林水産省の大きな課題である。前述したように，かつて立憲政友会の自作農創設路線と立憲民政党の小作保護立法路線という2大政党制での政策対立に対して，農商務省が両方の政策を用意していたことからも理解できるように，アイデンティティは矛盾する価値の共存の中から官僚制により自律的に選択されてきた[29]。このような自律的な内生変数として，規範的制度を理解することも可能である。

また制度は他律的な外生変数としても機能する。条件づけは政策文脈における制度の重要な特色である。特に資源の制約性は制度が抑制要因として機能する特質となる。たとえば，薬のインターネット販売において法の根拠なく営業規制をかけていたことに最高裁判決が違法性を指摘したことは，厚生労働省の選択肢を制約し，しかも違法状態を長期間継続できないという時間制約も早急の対策を具体的に提示しなければならないという選択を招いた[30]。農業のように財源制約は直接支払の対象限定を招き，農地改革では農業補助金が農業者の規模を大規模化することに寄与しなかった[31]。

景観まちづくりはNPOや行政のリーダーシップのような人的資源という要因を各自治体が保有したかどうかが政策文脈を大きく左右する事例である。これは促進要因として機能する場合もあり，逆に抑制要因として機能する場合もありうる[32]。社会福祉の事例のように，効率性のために組織（統制），競争，連携の中から自分の置かれた状況で最適な制度を選択することもある[33]。

アイデアは媒介的変数として機能することの多い政策文脈である。公共政策には大なり小なりこのアイデアは存在し，政策文脈に影響を与えるが，特にドラスティックに政策転換する場合には，政策文脈におけるこのアイデアが課題設定過程において果たす役割は大きい。農業の多面的機能は自由貿易を阻害す

るという批判を回避する論拠となり，直接支払の正当化根拠ともなった。直接支払制度というアイデアは拡大適用されて政権に選択機会を提供したのである[34]。

　ただし，アイデアが制度や資源に制約を受けた際には，実質的な政策内容が変容している場合もある。また，近年は根拠に基づく政策が主張されるが，この根拠を意味づけるアイデアの解釈や政策の論拠は政策文脈の形成において重要な点である。たとえば，消費者保護で自由で健全な市場を形成するためにも規制が重要であるという論拠が示され[35]，景観保護が観光を通じた経済発展に寄与するなどがそれである[36]。路上生活者への自治体移管の議論では，住民に一番身近な政府であることを東京都が主張して23区への移管を主張したのに対して，特別区は路上生活者の発生が景気変動要因であることを指摘して国や東京都が対応すべきであると主張した。両者の主張には隔たりが大きく，結局，東京都から特別区への移管ではなく，東京都と特別区の財団法人共同設置という折衷案が採用された[37]。

(3) 文脈としての歴史

　歴史についての評価・方法論には3つの考えがある。文脈としての歴史を考えるため，ここではこの3つの考え方を検討しておく[38]。

　第1は歴史必然主義である。この考え方は歴史が同じ出来事を繰り返すことを議論の前提とし，歴史を学ぶ積極性を強調する。過去は現在や未来のモデルであり，歴史は必然的な出来事であるとする。過去の歴史は現在の教訓であり，最高の教科書と言われるゆえんである。岡倉天心は『東洋の理想』の中で「我々の未来をとく秘訣は自身の歴史のうちにあると本能的に心得て，その鍵を見出そうと懸命に模索している」(岡倉1983：130)と述べ，歴史を学ぶ現代的重要性を強調している。過去の事実をモデルとして現在や未来の出来事を推論する思考は歴史学に伝統的な方法である。

　またE. H. カーは『危機の二十年』の中で理想と現実の対立を理論と現実の対立に符合させながら，理論と現実の相互依存，理想と現実の相互連関を強調

している。「政治過程は、リアリストが信じているように、機械的な因果法則に支配された一連の現象のなかにだけあるのではない。しかしだからといって、ユートピアンが信じているように、政治過程は確かな理論的真理を現実それ自体に適用することのなかにあるのでもない」（カー 2011：45）と指摘している。バランスと柔軟さを尊重し、思想と歴史を重視してきた伝統的な政治学の基本姿勢といってよい。

第2は歴史素材主義である。因果性を重要なテーマとしてきた社会科学では、歴史も多くの決定要因の1つに過ぎず、歴史的経緯を判断や決定の環境と認識して研究の素材とすることがある。組織の慣性を強調する組織理論や経路依存性を重視する新制度主義はこの考え方である。ノースは『制度・制度変化・経済成果』の中で経済史における安定性と変化を制度主義の枠組みで分析することが可能であり、貿易における成長を対象として経路依存の特性について論じている（ノース 1994：156-187）。

また合理的選択論に批判的立場から歴史的制度論を展開するピアソンは、『ポリティックス・イン・タイム』の中で粘着性、タイミングと制度配置、社会変動の長期的過程の重要性を強調している（ピアソン 2010：10）。政策や制度を利益の所産とする機能主義の考え方への批判ともいえる。これら新制度主義の考え方には程度の差はあれ、歴史の一局面を因果律の対象として分析可能であるとして、進化や成長に対する肯定が方法論として存在する。ピアソンらの研究は、時間や歴史の発展を公共政策の研究へ積極的に取り込もうとする試みとして評価できる（西岡 2014：16-29；西岡 2016：43-59；古地 2012：115-132）。

第3は歴史懐疑主義である。ポパーは『歴史主義の貧困』の中で伝統的な歴史主義を批判した。彼は反証主義を是とし、推論に頼る帰納主義を批判した。歴史主義の反自然主義的な主張として、一般化ができないこと、実験が不可能なこと、新奇性に欠けること、錯綜性が存在すること、予測の不正確さがあること、客観性に欠けること、全体論の前提があること、直感的了解があること、定量的方法に欠けること、唯名論ではなく本質主義に依拠することを取り上げ

ている（ポパー 1961：20-60）。

　さらに分析哲学の立場からアーサー・コールマン・ダントは『物語としての歴史』の中で，歴史を科学として認識することに懐疑を示し，歴史的説明は法則性を有しない単称因果にすぎないとしている。ダントは時間的に離れた2つの出来事のうち最初の出来事を「物語文」と呼ぶ（ダント 1989：174）。過去の出来事はその後に生じる出来事によって変化して「過去の偶然性」を示しているだけにすぎないと断じている。つまり現代の人が物語文として過去を制作しているというのである（ダント 1989：42-43, 238）。

　確かにダントの議論は，過去の実在性をどのように解するべきかという根源的な問いであろう（一ノ瀬 2006：184）。自然科学のように選挙データや経済社会などの政策データを利用して，ポパーのいうような理論仮説を演繹的に検証することは可能である。帰納的推論の非科学性を指摘した貢献も，積極的に評価されるべきであろう。過去から現在や未来を推論する過程に慎重であるべきという主張には今でも説得力がある。ただしクーンが指摘したように，粗いパラダイムを通じて理論は転換する。理論を倒すのは事実ではなく新しい理論である。その意味でパラダイム論の有効性は否定できないし，理論仮説は理論でしか否定できないという考えは有益である（クーン 1971：72-73）。確かに，仮説の非検証を指摘するだけでは新しい思考は生まれない。一度しか観察できない歴史的事象に対して科学的因果特定手続きを適用できないという考えについては，確率的因果論から不確実性に対応していこうとする試みがされている（一ノ瀬 2001：191-253；一ノ瀬 2011：39-77）。

第3節　政策文脈の思考と方法

(1) 思考方法としての経験主義

　因果に関する考えや方法論に違いがあるにせよ，経験・実証・合理という点で経験主義に関する考え方は共通した特質をもつ。ただしその考え方には幅がある。それは英米の経験主義の考え方の潮流の豊かさを示しているともいえる。

次に，思考方法としての経験主義について2点触れておきたい[39]。

第1に経験の意味である。デカルトのような理性を重視する認識論と異なり，認識における経験を重視する考えを経験主義という。ここでいう経験とは個人的な体験ではなく，共通する観察や実験という実証主義を示すものとして用いている。一ノ瀬正樹によると，経験論とは「歴史的位相で現れる私たちの行為に沿って知識・認識を理解していこうという態度」として了解されている（一ノ瀬2016：45）。認識論としての経験主義は，イギリスのロックにはじまり，ヒューム，ベンサムに至る功利主義の系譜，論理実証主義や分析哲学，アメリカにおけるプラグマティズムを含んで理解される。これらは英米哲学の主要な潮流といってよい。ベンサムやミルの功利主義には利益を追求する利己的な人間像が想定され，そのようなインセンティブを人間行動に想定した意義は大きいが，それと共にベンサムが社会への共感（コミットメント）を市場における人間に求めた点は重要である。このようなしなやかなバランスの思考こそ経験主義の特徴の1つである。

経験は実証や計量の志向性という意味でも用いられるが，それはデータや事実の共有化により理論仮説が検証されることを意味し，因果関係を重視し，観念論から脱却する思考が現実主義的な経験論の特徴である。また経験主義が示す実証はデータや事実によって仮説が検証されるという意味だけではなく，論理の整合性を問う論理実証主義や分析哲学も経験論に含まれる。いわゆる論理的経験論と言われるものである。分析哲学が指摘するように，主張・根拠・論拠による議論の論証の考え方は有益である。このような思考は還元主義の考え方を導き，文脈主義が陥りがちな全体論の思考を排除することに貢献している。

第2に基礎づけ主義の修正についてである。基礎づけ主義とは「道徳判断の正当化の根拠は，なんらかの自明で改訂不能な基礎から導出されることによって得られるという考え方」（伊勢田2004：284）である。すべての人々が満足する自明の基礎は存在しないため，調和主義が基礎づけ主義を修正する意味で唱えられている。文脈の重要性がここで主張されることになる。さらに政治学における反基礎づけ主義についてベビアとロウズは，フーコーに代表されるガ

バメンタリティ，ポストマルクス主義，社会ヒューマニズムの3つに区分して論じている（Bevir and Rhodes 2010：42-62；堀 2017：108-120）。基礎づけ主義の修正が意味していることは，単一的な基準に基づく決定が非現実的であり，基礎の条件や文脈の意味を構造的に理解することの重要性である。ここにおいて経験論の多元的な思考が有益となる。

　ここで重要なのが解釈の存在である。解釈とは意味や性質について関連づけや確定づけを行うことであるが，因果関係の分析・説明と異なり，非科学的な記述として消極的に理解されることもある。しかし基準が単一ではない以上，状況をどのように解釈するかが現状分析で求められる。ベビアとロウズは，人々が信念や選好に基づいて行動しており，信念を迂回することを低減させるため，解釈の作業が必要であると主張する（Bevir and Rhodes 2003：17-20）。その解釈として従来は聖書解釈学や文化人類学で行われてきたが，近年ではポスト構造主義やポストモダニズムへと焦点が移行していると彼らは指摘している（Bevir and Rhodes 2003：17-20；Bevir and Rhodes 2010：63-79）。ポスト構造主義やポストモダニズムの解釈学の是非はともかく，解釈の基準が1つの理性や観念だけではなく，複数・多数存在することは，現状が曖昧であるというよりも多面的な解釈が可能な状況であると理解すべきであろう。

　さらに社会で起きる現象について，原因と結果の間に因果関係を見出すことは難しい。つまり原因と結果の間に因果的必然性ではなく確率的関係性を見出す考えは，因果性の確率的理論に基づく統計的因果推論では一般的な考え方となっている。いわゆる必然的因果論ではなく確率的因果論である（一ノ瀬 2001：212；一ノ瀬 2011：41）。確率を比較し，原因を推定し，不確実性を逓減させるために，経験に基づく解釈が必要となる。このように，因果分析による絶対的な単一の善の発見を前提にするのではなく，多元的な価値基準に基づき理論と現実の間で反照的均衡を繰り返しながら目標を推定して確実性を高めていく方が健全である。ただし，それは他方で，社会構成主義アプローチや言説アプローチのような実証的経験論から乖離した議論も生むことになる。

(2) 文脈の研究方法

　本章の論述を終えるにあたり，研究の方法について最後に2つ指摘しておきたい。

　第1が「リサーチ・デザインの呪縛」である。このリサーチ・デザインについては，一方において特定のものに依拠しなければ研究は進まないが，他方で理論や方法に固執しすぎても研究が完成しない，というディレンマというか，呪縛というか，やっかいな側面を，もっている。理論や方法に固執しすぎても都合の良い対象は見つからないことが多いので，そのまま研究が進まないか，理論に都合の良い「現実」を創り出すことも起こりかねない。研究の実際には理論を微調整して適用することが行われており，その適用・実証での手腕が試されているわけである。

　このような研究を進めるにあたっては，議論の反照的均衡，つまり演繹的推論と帰納的推論，論理構築と経験分析の相互作用を行うことが多い。理論や基準を単純に演繹適用してもうまくいかず，頭の中でキャッチボールをすることが一般的である。社会学の谷岡一郎はこれを「セレンディピティ serendipity」，つまり嗅ぎ分ける能力と呼んでいる。必要なデータや情報，有用なデータや情報を短時間で見極めること，そして不要なものは切り捨てる能力がここで求められる（谷岡2007：147）。また，「脱学習 unlearning」，つまり既成概念で凝り固まった頭をほぐし，不要な知識を一度忘れて基本から考え直すことが必要である。哲学者の戸井田道三が「忘れるから構想力が自由をわがものにしてふるまえる」と述べ，鶴見俊輔は原理と現実との「水陸両棲」を推奨している。これらは言いえて妙である[40]。

　このリサーチ・デザインの問題は，第2に一般化・標準化はどこまで可能かという問題にも波及する。前述した仮説軌道修正やセレンディピティはリサーチ・デザインを学んだだけではできないのではないか，という疑問は常にある。これらは教科書化されていない領域なので，これは技法（アート）の世界に入るのかもしれない。

　また，公共政策の分析の場合，十分条件の提示は難しく，必要条件の検討は

より可能である。しかも，因果関係の推論は変数をコントロールできない限り不可能であり，効果を生む原因が特定化できない，という方法論の問題がしばしば起きる。いわゆる説明変数間の多重共線性の問題である。

ここで「まちづくりの推進」をA，「NPOの成熟」をBとし，「A ⇒ B」という関係が成立すると仮定する。「NPOの成熟」Bは「まちづくりの推進」Aであるための必要条件であり，「まちづくりの推進」Aは「NPOの成熟」Bであるための十分条件となる。必要条件としての「NPOの成熟」は明示化可能であるが，十分条件としての「まちづくりの推進」を明示化・一般化することは難しい。たとえば，NPOの成熟の決定要因としては「団体の長のリーダーシップの程度」「人口規模」「市民の成熟度」「NPO設立の経過年数」「自治会・商工会など利害関係者の選好」が考えられる。ただし，まちづくり推進の何が十分条件なのかを特定自治体で明示化することは難しいし，ましてや因果関係を推論することは，現実に精通した研究者でないと無理である。

逆にいえば，すべて一般化・標準化・教科書化できると考えるのも行き過ぎで，学者にはなれるかもしれないが，良い学者にはなれない，というべきであろうか。小説の指南本を読めば小説家になれるわけではないし，経済学の教科書が理解できてもエコノミストにはなれない。取扱説明書（トリセツ）やマニュアルとしての教科書使用は，研究上も教育上も不適切ではないか，と考えている。このような教育を行う際に，教科書の役割はマニュアルではなく，指針としての提示が教育的には望ましく，暗記教育から脱皮することにも貢献するのではないかと考えている。

さらにいえば，理論として精緻なものが本当に必要なのか，という疑問も出てくる。本書では目的を理論と思考の方法に限定しているが，理論と思考の方法は精緻なものでなくてもよいのではないか，という考えもある。たとえば，ヴェーバーの『プロテスタンティズムの倫理と資本主義の精神』は，ピューリタンの信仰の倫理に基づく禁欲こそが規律正しさ，計算可能性，利潤拡大志向という近代資本主義の精神を生んだという逆説的な仮説を提示した議論であった。その是非は別として，彼の思考方法は，ミルが言う「差異法」に基づくも

のであり，非常に用意周到な問題設定と議論展開をしている点で卓越しているものである（ヴェーバー 1989：92-94）。ミルは演繹と帰納が相互に補完的に働く方法論として理解していた。5つの推論方法が提示されて200年近くたつが（ミル 1958：185-220），現在においても基本的な思考として有効であると考えている。

(3) 各章の要約

本書の目的は公共政策の文脈について理論と事例について検討することである。本書の論述を終えるにあたり，以下，各章の要約を掲げておく。

第1章は政治学における認識方法として，演繹と帰納の思考法の特質と課題，背景理論と文脈主義の特徴とその問題点，功利主義，自由主義，平等主義の規範理論を論じた。その後に，組織理論における政策文脈の研究をフェッファーとサランシックの研究を中心に検討した。資源制約，不確実性，条件適合性の諸概念について説明して分析枠組みとしての可能性について論じた。

第2章では事例として公衆衛生のトリアージ，消費者保護の特定商取引法改正，薬のインターネット販売を取り上げて政策過程の構図を提示した。この3つの事例は2つの対立した価値基準の相克という問題を解決しなければならない事例という点で共通している。ただし，トリアージが希少性と緊急性を重視した非政治的決定，特定商取引法が審議会による合意形成，薬のインターネット販売が官邸主導の合意政治という特色をもち，対照的な文脈での決定が行われた事例である。3つの事例の検討から抽出された結論は，2つの対立する価値を調和するメカニズムが，金・人員・時間の資源の希少性や緊急性，諸利益の合意形成，政治指導者のリーダーシップの文脈から構成され，単一の理論で背景理論が構成されることは難しいということである。決定の文脈はもはや包括的な背景理論では説明できず，様々な条件の文脈から理解していかなければならない。このことは規範理論に対する条件づけが重要であることを示している。文脈主義や背景理論にはその文脈の条件を精査することが求められている。

第3章は農業自由化の政治学的研究である。農業政策の歴史的経緯と課題を

説明したのちに，農業政策の転換を政策のアイデアと自由化の文脈が結びついて政策転換の選択機会を提示したという仮説を示した。農業の多面的機能や直接支払制度のアイデアの受容と変容に焦点を当て，その決定の文脈を明らかにしてきた。農業の多面的機能や直接支払制度のアイデアが自由化の文脈の中で農政改革の選択機会と結びついているという仮説を提示してきた。多面的機能や直接支払のアイデアは修正・拡大しながら発展し，農地，価格・流通，貿易の3レベルでの自由化が進展し，これら概念の導入・拡大とルール修正は，野田政権や安倍政権での政策転換の選択機会を開いた。つまりこのようなアイデアと自由化の文脈により，政治的リーダーシップを発揮しやすいような環境が整備されてきたのである。多面的機能や直接支払制度のアイデアと自由化との結びつきを政策転換の文脈として理解すべきであると強調してきた。中山間地域等直接支払制度は日本の農政を転換させ，直接支払制度は拡大して制度設計され，自由化のルール修正という文脈の中で3つのレベルにおいて農業自由化の補正・代替・根拠として機能した。それは政権の選択機会と結びついたのである。

　第4章は歴史的景観の町並み保全についての研究である。地域マネジメントの視点から重要伝統的建造物群保存地区制度の実施構造を検討した。歴史と制度を概観した後に，川越と八女福島を事例として町並み保全の実施構造を検討した。本章においては歴史的町並み保全の歴史について説明し，重要伝統的建造物群保存地区制度の概要について述べ，歴史的町並み保全の実施構造について検討を加えた。さらに川越，八女福島の2つの商家町について比較検討し，それぞれの特徴について摘出作業を行った。川越は大都市近郊の中規模人口都市であり，八女福島は農村地帯にある地方の小規模人口都市である。前者は観光都市として脚光を浴び，後者は伝統工芸のまちとして発展しようとしている。NPOの役割についても違いがあった。一方において，川越は川越蔵の会という突出した専門家の提言集団が大きな主導的役割を果たし，地域マネジメントにおける「革新」の手法が発揮された地域である。他方において，八女福島は町並みデザイン研究会，町並みガイドの会，八女ふるさと塾，八女町屋再生応

援団など小規模の市民団体が存在し，それを八女市役所が初期段階の「組織化」と後期段階の「調整」によって協働型の町づくりを実践している。しかし専門家や自治会・町内会の果たしている役割については共通した特質がみられた。川越では福川祐一が，八女福島では大森洋子が，専門家として「調整」で大きな役割を果たしている。また商工会・自治会・町内会は保守の性格から住民の合意形成においてブレーキとなることもあるが，行政が働きかけをすることで合意形成のアクセルと変化している。これは2つの地方自治体が「調整」で重要な役割を果たしていることを示している。どのようなタイプであれ，それぞれの地域に即した特性であれば優劣は問われることはなく，さらに事例研究を積み重ねて類型化されることが望ましい。

　第5章は社会福祉の研究である。措置から契約へという福祉の潮流を概説したのちに，自治体と社会福祉法人，自治体と社会福祉協議会の垂直的統制の仕組みを検討した。組織化，市場化，連結化という3つの効率性達成手法について分析した。本章では地域社会の福祉システムとして，「統制型」「市場型」「連結型」の3つの理念を提示し，「統制型」や「市場型」とは異なる「連結型」の福祉システムとして地域社会を理解して社会福祉の制度設計を行うべきことを示してきた。今後の社会福祉システムにおいては，「統合」「公開」「調整」の3つのシナリオが想定される。このシナリオは同時に進行し，社会福祉の制度設計には複数の選択を行わなければならない状況もあるだろう。近年は内部留保への批判への対応として社会福祉法人はさらなる地域の公共活動への貢献を要請され，他の供給主体との競争が高まる中で社会福祉協議会は事業展開を求められている。地域性を求められる社会福祉法人と効率性を求められる社会福祉協議会の両者の境界がますます不明確となってきている。民間化と広域化という効率化達成の制度選択を行い，多様な福祉団体を調整する自治体の役割が重要となる。

　第6章は和田博雄という人物の評伝を通じて歴史的経緯の文脈を明らかにした。和田が経験した，農林省，内閣調査局，経済安定本部の活動を通じて，その合理的思考と精神をスケッチし，知性と理性の人であるがゆえに孤高な政治

生活を送ったリベラリストの姿を明らかにした。立憲政友会と憲政会（立憲民政党）という2大政党制の下で，農商務省は政権政党の政策方針に従う法案作成を余儀なくされた。立憲政友会は地主の利害を保護する自作農創設路線をとり，憲政会（立憲民政党）は小作の利益を保護する小作保護立法路線を支持したため，農商務省は政権政党の方針にあわせて法案を作成した。小作の利益を保護する法案は議会を通過せず実現が困難を極めたため，農商務省は1924年の小作調停法で小作官が実質的に行政調停を行うという法運用での対応をとった。戦前の農業政策では資源制約は流動的な状況の下，法運用での対応という方策を模索したのである。

　農地改革と経済改革の事例は大きな枠組み変更の提案を志向した条件適合性という点で共通しているが，一方で農林省における農地改革が政治支持の調達に成功し資源制約の安定性に貢献し，他方において経済安定本部における経済改革は政治的支持の調達に失敗して資源制約が大きく流動的な状況であり続けた。農地改革と経済改革においては，小作人や貧困者の救済と改革のための政治資源の調達が必須であった。内閣，GHQ，政権与党という政治資源の調達が改革には必要であり，その条件なしには政策の決定は難しかった。農林省の農地改革はGHQという政治資源を最大限調達できたのに対して，経済安定本部の改革は政治的資源の調達に成功せず，不安定な状況が続いた。農業政策の事例においては，農林省の貧農救済のリベラルな組織哲学が不確実性を回避する文脈としてあげられる。また米が物価を左右する機軸商品であったため，農林省には一時期経済学を重視する合理的思考が一般的であった。小作調停法や農地調整法の制定に見るように，小作立法が実現できなくても小作官制度を運用して小作を救済する途を探り，戦時中は食糧増産を名目として陸軍などを説得して小作の実質権利を拡大するなど漸変的な決定は農商務省・農林省の恒常的な政策手法であった。

　さらに農地改革と経済改革の事例では，内閣調査局の調査官会議や経済安定本部の総合調整委員会は政策刷新を生み出し，その調査研究は政策立案の機能に貢献した。また農地改革と経済安定本部の改革は内閣とGHQに支持されて

いた場合は大きな成果を上げることになったが，逆に内閣が分裂し，GHQの全面支持が得られなかった状況においては，必ずしも成功しなかった。片山哲内閣においては政治的支持を得ることが少なく，その政策が実現することは少なかった。和田博雄という当時の日本における最高の政策立案者であったとしても，政権政党の政治的支持なしにその理想の実現は不可能であった。

　第7章は政策文脈の理論的考察を行った。政策文脈を資源制約，不確実性，条件適合性の3つで説明した組織理論の研究を修正し，修正した枠組みで事例を分析した。文脈を理解する枠組みとしての経験主義について検討した。従来から文脈主義の理論的考察について多くの研究蓄積が存在するが，政策文脈の具体的な構成について明示的な研究は少なかった。第1章ではフェッファーとサランシックの研究に依拠しながら資源制約，不確実性，条件適合性という3つの政策文脈を検討した。これらの研究を参照しながら，資源制約，不確実性，条件適合性という3つの概念構成に区分して文脈を説明し，これを修正して適用すべきことを主張した。これらの文脈は政策と政策過程の特性を大きく左右する基本条件であり，それぞれの条件における共通と差異を検討することで公共政策の文脈を構造的に把握した。第1に枠組みとしての資源制約，不確実性，条件適合性の概念を一部修正し，公衆衛生のトリアージ，特定商取引法改正をめぐる消費者保護，薬のインターネット販売，農業政策，景観まちづくり，社会福祉，農地改革と経済改革の政策事例を用いて理論的分析を行った。第2に政策文脈の理論化，文脈としての利益，制度，アイデア，歴史について検討した。第3に政策文脈の思考と方法について，特に経験主義の意義やリサーチ・デザインについて論じた。最後に各章の要約を行った。

おわりに

　本書では文脈を資源制約，不確実性，条件適合性の3つに区分し，それらを資源制約の安定性と流動性，不確実性と条件適合性の2つの軸で文脈構成を修正すべきであると説明してきた。そして政策文脈の構造を2つの軸に沿って分

析した。文脈の理論発展のため，文脈の類型化，歴史の意義，経験主義の意義について論じてきた。本書の論述を終えるにあたり，最後に政策文脈の研究上の意義について確認しておきたい。

　第1に文脈の理論化・一般化は難しいという点である。文脈と理論との二律背反は大きな課題であり，しばしば中範囲の理論の構築が主張される。本書でも包括理論の構築をめざすことなく，文脈の構成を明示化することを試みてきた。背景理論や規範理論そのものではなく，その成立条件に注目して検討してきた。ただし，これ以上の緻密な理論化は難しいし，生産的とは考えていない。

　第2に，資源制約，不確実性，条件適合性の区分は文脈の意味内容をより理解するために有意義である。しかし，3つの明確な区分は不可能であり，この3つが相互的な関係にある点は説明を難しくしている。不確実性か条件適合性かの区分は主体の主観的認知に左右されることもある。資源制約を改善することは不確実性を低減させるし，不確実性を吸収する組織文脈と条件適合性の制度文脈との区別はしにくい。不確実性と条件適合性の区分は難しく，普遍的な状態ではない。さらに，農業政策において資源制約は流動的であるが，不確実性と条件適合性の文脈が共存している。景観まちづくりは資源制約が安定的で条件適合性が高い状態にあり続けるわけではない。

　たとえば，農業政策の一部は本稿において資源制約の流動性と不確実性に特徴づけられているが，今後農業自由化が劇的に実施されて大改革が断行されたならば，さらに条件適合性へと移行することになる。また，景観まちづくりを積極的に行ってきた自治体で開発重視の首長へ変わり市政が政策転換し，主導していた職員の退職やNPOや専門家の動員が不可能になることでまちづくりの調整と組織化が進展しなくなると，不確実性の回避と吸収という対応になる可能性もある。

　第3に，文脈主義の環境要因を重視する志向は主意主義的な傾向を弱め，革新的な進取の気性を削ぐことになりかねない。環境を人間の意思で変革する可能性を削ぎ，人類の進歩に消極的な認識を定着しかねない（Pierre 2013：127）。この点について本書においては文脈を構成する要素の1つに条件適合

性を概念化し，環境への適応を内在化する工夫をしてきた。

　第4に歴史の取り扱いである。歴史における進化・発展を尊重する歴史主義的な考え方と，歴史も政策決定を既定する要因の1つにすぎないと考え因果関係を強調する経験主義的な考え方とは，歴史に対する方法論の違いが存在する（Bevir and Rhodes 2013：55-73）。歴史を最良の指針・教訓とみるか，重要な決定要因の1つとして考えるか，それとも因果的な検証の対象外と考えるかの違いと言ってよいかもしれない。

　これらの課題はあれ，公共政策を文脈から理解することの重要性は大きい。本書では文脈を資源制約，不確実性，条件適合性に区分し，これを資源制約の安定性と流動性，不確実性と条件適合性の2つの軸で説明することに修正して具体的な事例への適用を模索してきた。前述したように，事例の数の制約のため一般化は難しく，政策文脈の概念もさらに適用可能性について改善が必要であるが，分析のための有用性は示せたのではないかと考えている。

　以上，政策文脈の研究上の意義について述べてきたが，最後に残された課題について触れておく。

　第1は対象の設定についてである。本書では公衆衛生のトリアージ，消費者保護の特定商取引法改正，薬のインターネット販売，農業政策，歴史的景観保全のまちづくり，社会福祉，農地改革と経済改革の事例をとりあつかったが，外交政策や国防政策などハイポリティックスな政策事例については対象としなかった。公共交通や公共施設のような社会資本の特徴をもつ政策群についても対象としてこなかった。また他国との比較研究を志向したわけでもない。そのため，事例の対象設定に改善の余地があるものと考える。この点はさらに事例の数を増やして偏向の程度を逓減させていくことが望まれる。標準事例，極端な事例，後続的事例などの事例蓄積により仮説の追試もより可能になる（野村2017：54-57）。

　第2は分析方法についてである。本書は記述的文脈主義を直接の研究対象としておらず，機能的文脈主義のみ対象としている。また，分析哲学と組織理論とを融合させて研究を進めた。さらに歴史学や社会構成主義アプローチにおけ

る記述的文脈主義の研究蓄積を批判的に検討しながら，文脈主義の理論と方法の精度をさらに高めることが必要であると考える。本書では一致法や差異法，または一致差異併用法を駆使しながら理論的追試を行ってきたが，さらに綿密な過程追跡のアプローチをとることで，因果推論や歴史研究との連結を図ることも可能である（ジョージ・ベネット 2013：247-248）。これらの点についても今後の課題である。

　第3は政治要因についてである。本書では決定や判断を左右する状況を文脈として取り扱い，その条件を検討してきた。特に資源依存アプローチの組織理論を枠組みとして設定したため，組織要因や制度要因による説明へ偏向し，政治要因による説明が不足しているように受け止められるかもしれない。政治指導者の在職年数，有効政党数，大臣数，議会の構成，利益集団の制度配置などの政治要因それ自体は可変的で操作が難しく一般化も困難な要因であるが，資源制約，不確実性・条件適合性という視点が政治要因を含む網羅的な基準となっているかどうか，さらに検討していかなければならない。

注

1) 事例は本書の第2章〜第6章を用いている。以下，注において具体的に明記する。
2) 本書第2章を参照のこと。
3) 本書第2章を参照のこと。
4) 本書第2章を参照のこと。
5) 本書第2章を参照のこと。
6) 本書第4章を参照のこと。
7) 本書第5章を参照のこと。
8) 本書第5章を参照のこと。
9) 本書第2章を参照のこと。
10) 本書第2章を参照のこと。
11) 本書第2章を参照のこと。
12) 本書第3章を参照のこと。
13) 本書第6章を参照のこと。
14) 本書第6章を参照のこと。
15) 本書第2章を参照のこと。

16) 本書第2章を参照のこと。
17) 本書第2章を参照のこと。
18) 本書第4章を参照のこと。
19) 本書第5章を参照のこと。
20) 本書第3章を参照のこと。
21) 本書第3章を参照のこと。
22) 本書第3章を参照のこと。
23) 本書第6章を参照のこと。
24) 本書第2章を参照のこと
25) 本書第3章を参照のこと。
26) 本書第4章を参照のこと。
27) 本書第5章を参照のこと。
28) 本書第6章を参照のこと。
29) 本書第6章を参照のこと。
30) 本書第2章を参照のこと。
31) 本書第3章を参照のこと。
32) 本書第4章を参照のこと。
33) 本書第5章を参照のこと。
34) 本書第3章を参照のこと。
35) 本書第2章を参照のこと。
36) 本書第4章を参照のこと。
37) 本書第5章を参照のこと。
38) 本書の区分の仕方とは異なるが，ベビアとロウズは文脈としての歴史を歴史発展主義，現代経験主義，ラディカル歴史主義の3つに区分している（Bevir and Rhodes 2013：55-73）。ベビアとロウズは反基礎づけ主義の立場にたつが，本書では基礎づけ主義の修正の立場に立っている。
39) 英米の経験主義の思想系譜を概観するには，一ノ瀬（2016）が有益である。因果律と因果連関，必然的因果と確率的因果についても，一ノ瀬（2001；2006；2011）の説明が要領よい説明で説得的である。
40) 脱学習の思考法を強調する論者は多い。戸井田（1984），鶴見（1986），西尾（2007）を参照のこと。

初 出 一 覧

第1章 文脈と文脈主義
　⇒ 「公共政策の文脈的理解」『法学新報』第123巻第1・2号，2016年
　　「行政官僚制の動態」「行政資源の調達と運用」今村都南雄ほか『ホーンブック行政学［改訂版］』北樹出版，1999年
　　「政策文脈の構造」『法学新報』第124巻第2・3号，2017年

第2章 対象者の利益：公衆衛生と消費者保護の根拠・論拠
　⇒ 「公共政策の文脈的理解」『法学新報』第123巻第1・2号，2016年

第3章 政策のアイデア：農業における多面的機能と直接支払
　⇒ 「農業政策の根拠と展開」『白門』第67巻第11号，2015年
　⇒ 「農業自由化の政治学 —— 直接支払制度の導入と変容 —— 」『法学新報』第123巻第5・6号，2017年

第4章 地域の資源：歴史的町並み保全のまちづくり
　⇒ 「歴史的町並み保全のまちづくり —— 重要伝統的建造物群保存地区制度の実施構造 —— 」『季刊行政管理研究』第148号，2014年

第5章 制度の選択：社会福祉の組織・市場・連結
　⇒ 「自治体と社会福祉法人・社会福祉協議会」『都市問題』第106巻第1号，2015年

第 6 章　歴史の経緯：和田博雄の農地改革と経済改革
　　　　⇒　「和田博雄――リベラリストの知性と孤高――」『法学新報』第123巻第 5・6 号，2017 年

第 7 章　政策文脈の構造
　　　　⇒　「公共政策の文脈的理解」『法学新報』第 123 巻第 1・2 号，2016 年
　　　　　　「政策文脈の構造」『法学新報』第 124 巻第 2・3 号，2017 年

参 考 文 献

秋元美世（2002）「社会福祉の仕組み」秋元美世ほか編『社会保障の制度と行財政』有斐閣
秋吉貴雄（2015）「公共政策学とは何か」秋吉貴雄・伊藤修一郎・北山俊哉『公共政策学の基礎　新版』有斐閣
秋吉貴雄（2017）『公共政策学入門』中央公論新社
安達三季生（1959）「小作調停法」鵜飼信成ほか編『日本近代法発達史　7』勁草書房
荒幡克己（2006）『明治農政と経営方式の形成過程』農林統計出版
荒幡克己（2010）『米生産調整の経済分析』農林統計出版
荒幡克己（2014）『減反40年と日本の水田農業』農林統計出版
荒幡克己（2015）『減反廃止』日本経済新聞出版社
飯田康道（2015）『JA解体』東洋経済新報社
五百旗頭真（1997）『占領期──首相たちの新日本』読売新聞社
石川寛俊（2000）「延命利益，期待権侵害，治療機会の喪失」太田幸夫編『新・裁判実務大系1　医療過誤訴訟』青林書院
石川準吉（1974）『総合国策と教育改革案：内閣審議会・内閣調査局記録　第3版』行政史料刊行会
石川準吉（1983）『国家総動員史　上巻』国家総動員史刊行会
石黒忠篤（1984）「農政論」大竹啓介編著『石黒忠篤の農政思想』農山漁村文化協会
石田雄（1961）『現代組織論』岩波書店
石田雄（1975）「農地改革と農村における政治指導の変化」東京大学社会科学研究所編『戦後改革6　農地改革』東京大学出版会
伊勢田哲治（2003）『疑似科学と科学の哲学』名古屋大学出版会
伊勢田哲治（2004）『認識論を社会化する』名古屋大学出版会
伊勢田哲治（2005）『哲学思考トレーニング』筑摩書房
伊勢田哲治（2006）「広い反照的均衡と多元主義的基礎づけ主義」『Nagoya Journal of Philosophy』5
一ノ瀬正樹（2001）『原因と結果の迷宮』勁草書房
一ノ瀬正樹（2006）『原因と理由の迷宮』勁草書房
一ノ瀬正樹（2011）『確率と曖昧性の哲学』岩波書店
一ノ瀬正樹（2016）『英米哲学史講義』筑摩書房

井出嘉憲（1982）「非常時体制と日本〈官〉制」『日本官僚制と行政文化』東京大学出版会
伊藤修一郎（2005）「景観政策形成過程における住民組織の役割」『公共政策研究』5
伊藤修一郎（2006）『自治体発の政策革新』木鐸社
伊藤修一郎（2011）『政策リサーチ入門』東京大学出版会
伊藤隆（1972）「「挙国一致」内閣期の政界再編問題」『社会科学研究』第24巻第1号
伊藤隆（1974）「「挙国一致」内閣期の政界再編問題（二）」『社会科学研究』第25巻第4号
伊藤延男（2000）「伝統的建造物群保存地区制度の成立」『月刊文化財』444
伊藤幹夫（2011）「推論プロセスとしての反照的均衡」『三田学会雑誌』103巻4号
稲葉秀三（1965）『激動三十年の日本経済』実業之日本社
稲葉良男（2013）「空き家の維持管理・活用・除却による地域の維持・再生」鈴木浩ほか編『地域再生　人口減少時代の地域まちづくり』日本評論社
今井一男（1983）『実録　占領下の官公労争議と給与――大蔵省給与局長の回想――』財務出版
今村奈良臣（1981）『補助金と農業・農民　第3版』家の光協会
今村奈良臣（1991）「日本――日本的農業保護政策」今村奈良臣・犬塚昭治編『政府と農民』農山漁村文化協会
今村奈良臣・犬塚昭治編（1991）『政府と農民』農山漁村文化協会
岩田伸人（2012）「個別所得補償とTPP」馬田啓一・浦田秀次郎・木村福成編『日本のTPP戦略：課題と戦略』文眞堂
岩田正美（2016）「ニードと資源」『社会福祉のトポス』有斐閣
岩本由輝（1982）『柳田国男　民俗学への模索』柏書房
薄井充裕（2003a）「日本における町並み保存の現状と課題（1）」『地方財務』584
薄井充裕（2003b）「日本における町並み保存の現状と課題（3）」『地方財務』586
内井惣七（1988）『シャーロック・ホームズの推理学』講談社現代新書
内井惣七（1995）『科学哲学入門』世界思想社
内井惣七（2004）『推理と論理――シャーロック・ホームズとルイス・キャロイル――』ミネルヴァ書房
浦川郁夫・児玉聡（2015）「健康の公平性と倫理」川上憲人・橋本英樹・近藤尚己編『社会と健康』東京大学出版会
ヴェーバー，マックス（1989）『プロテスタンティズムの倫理と資本主義の精神』（大塚久雄訳）岩波書店
エンゲルハート，H. T.（1989）『バイオエシックスの基礎づけ』（加藤尚武・飯田亘之監訳）朝日出版社
遠藤保雄（1999）『米・欧農業交渉――関税削減交渉から農政改革交渉へ』農林統計協会

OECD（経済協力開発機構）（2004）『農業の多面的機能』（荘林幹太郎訳），家の光協会
大石嘉一郎（1975）「農地改革の歴史的意義」東京大学社会科学研究所編『戦後改革 6 農地改革』東京大学出版会
大泉一貫（2014）「農協の農業振興への対応」大泉一貫編『農協の未来』勁草書房
大竹啓介（1978a）「農地改革と和田博雄（一）」『農業総合研究』第 32 巻第 2 号
大竹啓介（1978b）「農地改革と和田博雄（二）」『農業総合研究』第 32 巻第 3 号
大竹啓介（1978c）「農地改革と和田博雄（三）」『農業総合研究』第 32 巻第 4 号
大竹啓介（1981a）『幻の花　和田博雄の生涯　上』楽游書房
大竹啓介（1981b）『幻の花　和田博雄の生涯　下』楽游書房
大竹啓介（1984）『石黒忠篤の農政思想』農山漁村文化協会
大竹啓介（2004）「和田博雄」伊藤隆・李武嘉也編『近現代日本人物史料情報辞典　1』吉川弘文館
大前信也（2006）『昭和戦前期の予算編成と政治』木鐸社
大森洋子（2004）「八女市」日本建築学会編『町並み保全型まちづくり　まちづくり教科書第②巻』丸善
大森洋子（2011a）「町並みの成立と魅力」アクロス福岡文化誌編集委員会編『アクロス福岡文化誌 5　福岡の町並み』海鳥社
大森洋子（2011b）「町並みを生かしたまちづくり」アクロス福岡文化誌編集委員会編『アクロス福岡文化誌 5　福岡の町並み』海鳥社
大森洋子（2011c）「町並みを知るための建築用語」アクロス福岡文化誌編集委員会編『アクロス福岡文化誌 5　福岡の町並み』海鳥社
大森彌（2008）『変化に挑戦する自治体』第一法規
大和田啓気（1981）『秘史日本の農地改革：一農政担当者の回想』日本経済新聞社
岡倉天心（1983）『東洋の理想他』（佐伯彰一ほか訳）平凡社
岡崎篤行（2004）「町並み保全型まちづくりを実現する仕組み」日本建築学会編『町並み保全型まちづくり　まちづくり教科書第②巻』丸善
岡田貞寛編（1977）『岡田啓介回顧録』毎日新聞社
岡田雅勝（2014）『パース』清水書院
岡田岳人（2004）「川越市」日本建築学会編『町並み保全型まちづくり　まちづくり教科書第②巻』丸善
小倉武一（1958）「農業法」鵜飼信成ほか責任編集『講座日本近代法発達史　1』勁草書房
小倉武一（1967）『ある農政の遍歴』新葉書房
小倉武一（1975）『土地立法の史的考察　復刻版』中外書房
小田義幸（2012）『戦後食糧行政の起源』慶應義塾大学出版会
小田切徳美（2014）『農山村は消滅しない』岩波新書

カー，E. H.（2011）『危機の二十年』（原彬久訳）岩波書店
風間規男（2007）「ガバナンス時代における政策手法に関する考察」『公共政策研究』7
風間規男（2008）「規制から自主規制へ」『同志社政策研究』2
片山哲（1967）『回顧と展望』福村出版
片山内閣記録刊行会編（1980）『片山内閣』時事通信社
加藤一郎（1959）「農業法」鵜飼信成ほか編『日本近代法発達史　6』勁草書房
加藤淳子ほか（2014）『政治学の方法』有斐閣
亀井伸雄（2004）「伝統的建造物群保存地区制度の概要と課題」仲野浩編『日本の史跡——保護の制度と行政——』名著刊行会
刈谷勇雅（1997）「歴史的遺産の保存制度の新展開」大河直躬編『歴史的遺産の保存・活用とまちづくり』学芸出版社
刈谷勇雅（1999）「伝建地区制度の可能性」全国町並み保存連盟編『新・町並み時代　まちづくりの提案』学芸出版社
川村保（2014）「農協の農村コミュニティでの役割」大泉一貫編『農協の未来』勁草書房
川本隆史（1995）『現代倫理学の冒険』創文社
川本隆史（1997）『ロールズ』講談社
岸康彦（1996）『食と農の戦後史』日本経済新聞社
岸康彦（2006）「はしがき」岸康彦編『世界の直接支払制度』農林統計協会
北岡伸一（1999）『政党から軍部へ　1924～1941　〈日本の近代5〉』中央公論新社
北村純（1987-8）「昭和戦前期における「貿易省」構想の生成と挫折——行政史的スケッチ——上・下」『季刊行政管理研究』
キング，G.＆R. O.コヘイン＆S. ヴァーバ（2004）『社会科学のリサーチ・デザイン』（真渕勝監訳）勁草書房
久保文明（1988）『ニューディールとアメリカ民主政——農業政策をめぐる政治過程』東京大学出版会
久米郁男（2013）『原因を推論する』有斐閣
クーン，トーマス（1971）『科学的革命の構造』（中山茂訳）みすず書房
経済安定本部編（1975）『復刻　経済白書　第一巻　昭和22年～25年』日本経済評論社
経済企画庁編（1988）『戦後経済復興と経済安定本部』大蔵省印刷局
経済企画庁戦後経済史編さん室（1964）『戦後経済史（経済安定本部史）』大蔵省印刷局
高坂正堯（2006）『宰相　吉田茂』中央公論新社
河野康子（2001）「復興期の政党政治」『法学志林』第九八巻第四号
後藤巻則・齋藤雅弘・池本誠司（2015）『条解消費者三法：消費者契約法，特定商取引法，割賦販売法』弘文堂
小林大祐（2017）『ドイツ都市交通行政の構造——運輸連合の形成・展開・組織機制——』晃洋書房

小林史彦・川上光彦（2003）「伝統的建造物群保存地区制度の運用過程における実施政策の内容」『日本建築学会計画系論文集』第567号

斎藤真（1981）『アメリカ史の文脈』岩波書店

齋藤雅弘・池本誠司・石戸谷豊（2014）『特定商取引法ハンドブック　第5版』日本評論社

齋藤雪彦（2015）『農山村の荒廃と空間管理』世界思想社

佐伯尚美（1987）『食管制度――変質と再編』東京大学出版会

佐伯尚美（1990）『ガットと日本農業』東京大学出版会

坂下昭宣（1981）「リーダーシップとモチベーション」西田耕三ほか編『組織の行動科学』有斐閣

作山巧（2006）『農業の多面的機能を巡る国際交渉』筑波書房

作山巧（2015）『日本のTPP交渉参加の真実』文眞堂

佐藤俊樹（2011）『社会学の方法』ミネルヴァ書房

産業政策史研究所編（1975）『商工行政史談会速記録』産業政策史研究所

島崎美代子（1971）「傾斜生産方式」宮沢俊樹・大河内一男監修／長幸男・住谷一彦編『近代日本経済思想史Ⅱ』有斐閣

庄司俊作（1999）『日本農地改革史研究』御茶の水書房

ジョージ，A. L. & A. ベネット（2013）『社会科学のケース・スタディ』（泉川泰博訳）勁草書房

昭和同人会編（1963）『昭和研究会』経済往来社

鈴木茂（2010）「まちを活性化させる地域産業」石原武政・西村幸夫編『まちづくりを学ぶ』有斐閣

鈴木宣弘・木下順子（2011）『よくわかるTPP 48のまちがい』農山漁村文化協会

ストックウィン，J. A.（1969）『日本社会党と中立外交』（福井治弘訳）福村出版

荘林幹太郎（2010）「農業の多面的機能」寺西俊一・石田信隆編『農林水産業を見つめなおす』中央経済社

荘林幹太郎・木下幸雄・竹田麻理（2012）『世界の農業環境政策』農林統計協会

荘林幹太郎・木村伸吾（2014）『農業直接支払いの概念と政策設計』農林統計協会

高口愛（2011）「八女福島」アクロス福岡文化誌編集委員会編『アクロス福岡文化誌5　福岡の町並み』海鳥社

高根正昭（1976）『日本の政治エリート』中公新書

高根正昭（1979）『創造の方法学』講談社新書

高畠通敏編（1989）『社会党』岩波書店

高濱虚子（1983）「序」名著復刻全集編集委員会編『鬼城句集』日本近代文学館

田口富久治（1961）『日本の革新勢力』弘文堂

田口富久治編（1969）『日本社会党論』新日本新書

武智秀之（1993）「福祉公社による在宅福祉サービス：横浜市の事例を中心にして」行政管理研究センター監修・今村都南雄編著『「第三セクター」の研究』中央法規出版

武智秀之（1996）『行政過程の制度分析』中央大学出版部

武智秀之（1997）「過疎における福祉の広域行政圏：高知県西仁淀介護公社の事例」『分権型福祉社会研究会中間報告書』地方自治総合研究所

武智秀之（2001）『福祉行政学』中央大学出版部

武智秀之（2014）「政治学基礎演習で学ぶ」『白門』第66巻第8号

武智秀之（2015）「冬ナクバ 春ナキニ」『白門』第67巻第7号

武智秀之（2017a）「羽衣狆」『白門』第69巻第11号

武智秀之（2017b）『政策学講義 ［第2版］』中央大学出版部

武智秀之（2018a）「多次元ガバナンスの構造：統制・調整・契約」『経済学論纂』第58巻3・4号

武智秀之（2018b）「教科書はマニュアルか？：行政学の教科書を読み解く」『白門』第70巻第3号

竹前栄治・中村隆英監修／天川晃ほか編（1997）『GHQ日本占領史 第33巻 農地改革』日本図書センター

竹本信介（2013）「戦後日本外交研究の〈パラダイム〉――『戦後日本外交のリサーチ・デザイン』補論――」『立命館法学』349号

田代洋一（2015）『官邸農政の矛盾』筑波書房

田代洋一編（2016）『TPPと農林業・国民生活』筑波書房

立花隆（1984）『農協』朝日文庫

谷岡一郎（2007）『データはウソをつく』ちくまプリマー新書

ダニエルズ，ノーマン＆ブルース・ケネディ＆イチロー・カワチ（2008）『健康格差と正義：公衆衛生に挑むロールズ哲学』（児玉聡監訳）勁草書房

田村佑造（1984）『戦後社会党の担い手たち』日本評論社

ダント，アーサー・C.（1989）『物語としての歴史』（川本英夫訳）国文社

筒井康隆（2014）『創作の極意と掟』講談社

鶴見俊輔（1986）『アメリカ哲学』講談社学術文庫

寺田貴・三浦秀之（2012）「日本のTPP参加決定過程」馬田啓一・浦田秀次郎・木村福成編『日本のTPP戦略：課題と戦略』文眞堂

ドイヨル，L.&I.ゴフ（2014）『必要の理論』（馬嶋裕・山森亮監訳）勁草書房

東京都福祉保健局（2013）『トリアージ ハンドブック』

戸井田道三（1984）『忘れの構造』筑摩書房

東畑四郎・松浦龍雄（1980）『昭和農政談』家の光協会

東畑精一（1936）『日本農業の展開過程』岩波書店

東畑精一（1973a）「農政学者としての柳田国男」『農書に歴史あり』家の光協会

参考文献

東畑精一（1973b）「柳田国男の協同組合論」『農書に歴史あり』家の光協会
トゥールミン，S.（2011）『議論の技法』（戸田山和久・福澤一吉訳）東京書籍
徳野貞雄（2007）『農村の幸せ，都会の幸せ』NHK 生活人新書
戸田山和久（2015）『科学的実在論を擁護する』名古屋大学出版会
ドーア，R. P.（1965）『日本の農地改革』（並木正吉・高木経子・蓮見音彦訳）岩波書店
永井幸寿（2011）「災害医療におけるトリアージの法律上の問題点」『災害復興研究』第 4 号
中北浩爾（1998）『経済復興と戦後政治――日本社会党 1945-1951 年』東京大学出版会
中北浩爾・吉田健二編（2000）『経済復興会議 1・2・3』日本評論社
長濱健一郎（2006）「日本における直接支払い導入と構造改革」岸康彦編『世界の直接支払制度』農林統計協会
並松信久（2010）「柳田国男の農政学の展開」『京都産業大学論集　社会科学系列』27
西尾隆（1988）『日本森林行政史の研究』東京大学出版会
西尾隆（2007）「変革期の自治体に求められる組織と人材」『月刊自治フォーラム』Vol.569
西尾隆（2008）「制度改革・地域再編下の日本の森林と林業」西尾隆編『分権・共生社会の森林ガバナンス』風行社
西尾勝（1990）『行政学の基礎概念』東京大学出版会
西岡晋（2014）「政策研究に『時間を呼び戻す』：政策発展論の鉱脈」『季刊行政管理研究』145 号
西岡晋（2016）「政策発展論のアプローチ――政策の長期的時間構造と政治的効果」縣公一郎・藤井浩二編『ダイバーシティ時代の行政学』早稲田大学出版部
西村幸夫（2003）「歴史的環境の保全」西村幸夫ほか編『都市を保全する』鹿島出版会
西村幸夫（2004）『都市保全計画：歴史・文化・自然を活かしたまちづくり』東京大学出版会
日本学術会議（2001）『地球環境・人間生活にかかわる農業及び森林の多面的機能の評価について（答申）』
日本経済新聞社編（2016）『TPP がビジネス，暮らしをこう変える』日本経済新聞出版社
農地改革資料編纂委員会編（1974）『農地改革資料集成　第一巻――第一次農地改革篇――』農政調査会
農地改革資料編纂委員会編（1975a）『農地改革資料集成　第二巻――第二次農地改革立法経過篇（上）――』農政調査会
農地改革資料編纂委員会編（1975b）『農地改革資料集成　第三巻　――第二次農地改革立法経過篇（下）――』農政調査会
農地改革資料編纂委員会編（1982）『農地改革資料集成　第 14 巻　――GHQ／SCAP

資料篇——』農政調査会
農林水産省監修・農地改革記録委員会編（1977）『農地改革顛末概要』御茶の水書房
「農林水産省百年史」編纂委員会編（1979-81）『農林水産省百年史。上巻，中巻，下巻，別巻』「農林水産省百年史」刊行会
ノース，ダグラス・C.（1994）『制度・制度変化・経済成果』（竹下公視訳）晃洋書房
野村康（2017）『社会科学の考え方』名古屋大学出版会
橋口卓也（2008）『条件不利地域の農業と政策』農林統計協会
橋口卓也著・小田切徳美監修（2016）『中山間直接支払制度と農山村再生』筑波書房
橋本信之（1981-2）「行政機関と政策転換（一-四・完）」『法と政治』第 32 巻第 1-3 号，第 33 巻第 1 号
橋本信之（1984）「戦後の農業政策とその形成過程」日本政治学会編『政策科学と政治学　年報政治学 1983』岩波書店
橋本英史（2000）「医療過誤訴訟における因果関係の問題」太田幸夫編『新裁判実務体系 1　医療過誤訴訟』青林書院
パース，C. S.（1985）『パース著作集 1　現象学』（米盛祐二編訳）勁草書房
パース，C. S.（1986a）『パース著作集 2　記号学』（内田種臣編訳）勁草書房
パース，C. S.（1986b）『パース著作集 3　形而上学』（遠藤弘編訳）勁草書房
八田達夫・高田眞（2010）『日本の農林水産業』日本経済新聞社
馬場恒吾（1946）『近衛内閣史論』高山書院
林正徳（2013）『多国間交渉における合意形成プロセス』農林統計出版
林正徳（2015a）「GATT ウルグアイ・ラウンドと WTO ルール」林正徳・弦間正彦編『「ポスト貿易自由化」時代の貿易ルール』農林統計出版
林正徳（2015b）「貿易ルールの枠組みの系譜——戦間期から東京ラウンドまで——」林正徳・弦間正彦編『「ポスト貿易自由化」時代の貿易ルール』農林統計出版
林由美（1982）「片山内閣と炭鉱国家管理」『年報近代日本研究』4
原彬久（2000）『戦後史のなかの日本社会党：その理想主義とは何であったのか』中央公論新社
坂野正高（1971）『現代外交の分析：情報・政策決定・外交交渉』東京大学出版会
ヒューズ，ロランス・アイ（1950）『日本の農地改革』（農林省農地局農地課訳）農政調査會
ビーチャム，トム・L. ＆ジェームズ・F. チルドレス（1997）『生命医学倫理』（永安幸正・立木教夫監訳）成文堂
ヒューム，D.（1968）「人性論」大槻春彦責任編集『ロック-ヒューム』中央公論社
日高昭夫（2003）『市町村と地域自治会　「第三層の政府」のガバナンス』山梨ふるさと文庫
平野隆之（2008）『地域福祉推進の理論と方法』有斐閣

ピアソン，ポール（2010）『ポリティックス・イン・タイム』（粕谷祐子監訳）勁草書房
細貝大次（1977）『現代日本農地政策史研究』御茶の水書房
福川裕一（1999）「町づくり会社による町並み・商店街活性化作戦」全国町並み保存連盟編『新・町並み時代　まちづくりの提案』学芸出版社
福川裕一（2003）「都市コミュニティの保全」西村幸夫ほか『都市を保全する』鹿島出版会
福澤一吉（2002）『議論のレッスン』NHK生活人新書
福永文夫（1997）『占領下中道政権の形成と崩壊』岩波書店
藤井隆至（1990）「柳田国男『農政学』の体系的分析」『新潟大学経済論集』第49・50合併号
藤井隆至（1995）『柳田國男　経世済民──経済・倫理・教育』名古屋大学出版会
藤井隆至（2008）『柳田国男──『産業組合』と『遠野物語』のあいだ』日本経済評論社
藤山浩（2013）「中山間地域の新たなかたち」小田切徳美・藤山浩編『地域再生のフロンティア　地域の再生⑮』農文協
古川隆久（1992）『昭和戦中期の総合国策機関』吉川弘文館
古地順一郎（2012）「ピアソンの歴史的制度論」岩崎正洋編『政策過程の理論分析』三和書房
ブレイディ，H. E. & D. コリアー編（2008）『社会科学の方法論争』（泉川泰博・宮下明聡訳）勁草書房
文化庁建造物課伝統的建造物群部門（2000）「重要伝統的建造物群保存地区の事業の成果と展開」『月刊文化財』444
保城広至（2015）『歴史から理論を創造する方法』勁草書房
ポパー，K.（1961）『歴史主義の貧困』（久野収・市井三郎訳）中央公論社
ポパー，K.（1971）『科学的発見の論理　上』（大内義一・森博訳）恒星社厚生閣
ポパー，K.（1995）『確定性の世界』（田島祐訳）信山社
堀雅晴（2017）『現代行政学とガバナンス』東信堂
本間正義（2010）『現代日本農業の政策過程』慶應義塾大学出版会
本間正義（2014）『農業問題』ちくま新書
マーチ，J. G. & J. P. オルセン（1994）『組織におけるあいまいさと決定』（遠田雄志訳）有斐閣
松岡英夫（1990）『連合政権が崩壊した日』教育史料出版会
松井望（2017）「課題設定と自治体政策法務──受動喫煙防止規制の検討過程を事例に」北村喜宣ほか編『自治体政策法務の理論と課題別実践』第一法規
松井春生（1934）『経済参謀本部論』日本評論社
松田憲忠（2012）「トゥールミンの『議論の技法──トゥールミン・モデル』」岩崎正洋編『政策過程の理論分析』三和書籍

松田裕子（2004）『EU 農政の直接支払制度』農林統計協会
松村謙三（1964）『三代回顧録』東洋経済新報社
真野洋介（2001）「景観まちづくりと参加」日本建築学会編『景観まちづくり　まちづくり教科書⑧』丸善
真山達志（1992）「政策実施の理論」宇都宮深志・新川達郎編『行政と執行の理論』東海大学出版会
マヨーネ，G.（1998）『政策過程論の視座：政策分析と議論』（今村都南雄訳）三嶺書房
圓山茂夫（2014）『詳解特定商取引法の理論と実務』民事法研究会
御厨貴（1979）「国策統合基幹設置問題の史的展開」『年報近代日本研究』1
三浦秀之（2015）「日本の TPP 参加決定過程」『杏林社会科学研究』第 31 巻 1 号
水谷三公（1999）『官僚の風貌』中央公論新社
三村浩史（2000）「歴史的集落・町並み保存の意義と課題」『月刊文化財』444
宮崎義一（1971）「経済安定本部の思想」宮沢俊樹・大河内一男監修・長幸男・住谷一彦編『近代日本経済思想史Ⅱ』有斐閣
宮地正人（1970）「企画院事件」我妻栄ほか編『日本政治裁判史録　昭和・後』第一法規出版
ミル，J. S.（1958）『論理学体系（5）』（大関将一訳）春秋社
宮本雅明（2005）『都市空間の近世史研究』中央公論美術出版
宮本雅明（2012）『都市遺産の保存研究』中央公論美術出版
村井哲也（2008）『戦後政治体制の起源』藤原書店
村上裕一（2016）「いわゆる Corrosive Capture とその予防方策」『年報公共政策学』10 号
藻谷浩介・NHK 広島取材班（2013）『里山資本主義』角川 one テーマ 21 新書
森まゆみ（2014）『反骨の公務員，町をみがく』亜紀書房
森裕城（2001）『日本社会党の研究』木鐸社
森田明（2006a）「EU（欧州連合）」岸康彦編『世界の直接支払制度』農林統計協会
森田明（2006b）「直接支払いの出現と世界の農政」岸康彦編『世界の直接支払制度』農林統計協会
八甫谷邦明編著（2006）『今井町　甦る自治都市　町並み保存とまちづくり』学芸出版社
柳田國男（1929）『都市と農村』朝日新聞社
柳田国男（1999）『柳田国男全集　第 1 巻』筑摩書房
柳田國男（発行年不明）『農業政策学』中央大学講義録
山口二郎・石川真澄編（2003）『日本社会党：戦後革新の思想と行動』日本経済評論社
山口稔（2000）『社会福祉協議会理論の形成と発展』八千代出版
山口稔（2002）「社会福祉協議会」和田敏明編『[地域福祉を拓く③] 地域福祉の担い手』ぎょうせい

山下一仁（2000）『詳解WTOと農業改革』農山漁村文化協会
山下一仁（2001）『わかりやすい中山間地域等直接支払制度の解説：制度の設計者が語る』大成出版社
山下一仁（2004）『国民と消費者重視の農政改革』東洋経済新報社
山下一仁（2009）『農協の大罪』宝島社
山下一仁（2010）『農業ビッグバンの経済学』日本経済新聞出版社
山下一仁（2011）『環境と貿易：WTOと多国間環境協定の法と経済学』日本評論社
山下一仁（2012）「TPPと農業・食の安全」馬田啓一・浦田秀次郎・木村福成編『日本のTPP戦略：課題と戦略』文眞堂
山下一仁（2014）「TPPと農業立国」石川幸一・馬田啓一・渡邊頼純編『TPP交渉の論点と日本』文眞堂
山下一仁（2015）『日本農業は世界に勝てる』日本経済新聞出版社
山下一仁（2016a）「農業政策」瀧澤弘和ほか『経済政策論』慶應義塾大学出版会
山下一仁（2016b）『TPPが日本農業を強くする』日本経済新聞出版社
山下一仁（2018）『いま蘇る柳田國男の農政改革』新潮社
山下英俊（2014）「エネルギー自立を通じた農村再生の可能性」岡本雅美監修『自立と連携の農村再生論』東京大学出版会
山本寛英（2009）「町並み保存のための総合的制度構築へ向けた課題と展望」『新世代法政策学研究』Vol.1
山本保博（1996）「災害医学と災害医療」厚生省健康政策指導課監修『21世紀の災害医療体制』へるす出版
吉田茂伝記刊行編輯委員会編（1969）『吉田茂』吉田茂伝記刊行編輯委員会
読売新聞社編（1972a）『昭和史の天皇　17』読売新聞社
読売新聞社編（1972b）『昭和史の天皇　18』読売新聞社
米盛裕二（2007）『アブダクション』勁草書房
林美吟（2004）「時代と共にひろがる町並み保全型まちづくり」日本建築学会編『町並み保全型まちづくり　まちづくり教科書第②巻』丸善
レッシャー，ニコラス（1988）「高度救急医療の配分方法」H.T.エンゲルハート＆H.ヨナほか著，加藤尚武・飯田亘之編『バイオエシックスの基礎』東海大学出版会
ロールズ，J.（2010）『正義論』（川本隆・福間聡・神島裕子訳）紀伊國屋書店
和田博雄（1959）『冬夜の駅』広川書店
和田博雄（1967）『白雨』初音書房
和田博雄遺稿集刊行会編（1981）『和田博雄遺稿集』農林統計協会
ワード，E. E.（1977）『農地改革とは何であったのか？連合国の対日政策と立法過程』（小倉武一訳）農山漁村文化協会
渡辺保男（1965）「ルイス・ブラウンローの生涯――自叙伝を中心として――」辻清明

編『現代行政の理論と現実——蠟山政道先生古稀記念論文集——』勁草書房

Allison, Graham T., Jr.（1979）"Public and Private Management: Are They Fundamentally Alike in All Unimportant Respects?" Proceedings for the Public Management Research Conference, 19-20 November. Washington, DC: Office of Personnel Management
Bevir, M. and R.A.W.Rhodes（2003）Interpreting British Governance, Routledge
Bevir, M. and R.A. W. Rhodes（2010）The State as Cultural Practice,Oxford University Press
Bevir, M. and R.A.W.Rhodes（2013）"Three Visions of Context as History," Pollitt,C. eds., Context in Public Policy and Management: The Missing Link, Edward Elgar
Burns, T. and G.M. Stalker（1994）The Management of Innovation, Oxford University Press
Cohen, M.D., J.G. March and J.P. Olsen（1972）"A Garbage Can Model of Organizational Choice,"Administrative Science Quarterly Vol.17 No.1
Cyert, R. M. and J.G. March（1992）A Behavioral Theory of the Firm second edition, Prentice-Hall
Daniels, N.（1979a）"Wide Reflective Eqilibrium and Theory Acceptance in Ethics," in The Journal of Philosophy, Vol.9.
Daniels, N.（1979b）"On Some Methods of Ethics and Linguistics, "in Philosophical Studies 37
Daniels, N.（1980）" Reflective Eqilibriumand and Archimedean Points," In Canadian Journal of Philosophy 10
Daniels, N.（1996）Justice and Justification: Reflective Equilibrium in Theory and Practice, Cambridge University Press
Hayes, S.C.（1993）"Analytic Goals and the Varieties of Scientific Contextualism," Hayes,Steven C.et al. eds, Varieties of Scientific Contextualism, Context Press
Hood, C.（2013）"Can Cultural Theory Give Us a Handle on the Difference Context makes to management by numbers?," Pollitt, C. eds., Context in Public Policy and Management: The Missing Link, Edward Elgar.
Kingdon, J.W.（1984）Agendas, Altarenatives and Public Policies, Little,Brown and Company
Lawrence, P.R. and W. Lorsch（1967）Organization and Environment, Harvard University Press= 1977『組織の条件適応理論』（吉田博訳）産業能率短期大学出版部
Lorsch, J.W. and J.J. Morse（1974）Organaizationa and Their Members Harper & Row=1977『組織・環境・個人』（馬場昌雄ほか訳）東京教学社

Lowi, Theodore J. (1972) "Four Systems of Policy, Politics, and Choice," Public Administration Review Vol.32 No.4

Lowndes, V. and M. Roberts (2013) Why Institutions Matter: The New Institutionalism in Political Science, Palgrave

March, J.G. (1988) Decisions and Organizations, Basil Blackwell= 1992『あいまいマネジメント』(土屋守章・遠田雄志訳) 日刊工業新聞社

March, J.G. and J.P. Olsen (1979) Ambiguty and Choice in Organizations, Scandinavian University Press=1986『組織におけるあいまいさと決定』(遠田雄志・アリソン・ユング訳) 有斐閣

March, J.G. and H.A. Simon (1993) Oraganizations, John Wiley & Sons= 2014『オーガニゼーションズ　第2版』(高橋伸夫訳)ダイヤモンド社

Meter, Van, Donald S. and Carl E. Van Horn (1975) "The Policy Implementation Process: A Conceptual Framework," Administration and Society, Vol.6. No.4

Morris, E. (1993) "Contextualism, Historiograhy, and History of Behavior Analisis," Hayes, Steven C. et al eds, Varieties of Scientific Contextualism, Context Press

Peters, B. Guy (2012) Institutional Theory in Political Science 3rd ed., Continuum

Peters, B. Guy (2013) "Institutions in Context, and as Context," Pollitt, C. eds., Context in Public Policy and Management: The Missing Link, Edward Elgar

Peters, B.Guy (2014) "Institutions in Context, and as Context,"C. Pollitt ed. Context in Public Policy and Management: The Missing Link, Edward Elgar

Peters, B.G. and J. Pierre (2016) Comparative Governance, Cambridge University Press

Pierre, P. (2013) "Context,theory and Rationality: an Uneasy Relationship?," C. Pollitt ed. Context in Public Policy and Management: The Missing Link, Edward Elgar

Pfeffer, J.and Salancik (1978) The External Control of Organizations: A Resource Dependence Prerspective, Harper & Row

Pollitt, C. (2013a) "Preface: Context── A Missing Link,". Pollitt ed. Context in Public Policy and Management: The Missing Link, Edward Elgar

Pollitt, C. (2013b) "Context: What Kind of Missing Link ?,"C. Pollitt ed. Context in Public Policy and Management: The Missing Link, Edward Elgar

Pollitt, C. ed. (2013c) Context in Public Policy and Management: The Missing Link, Edward Elgar

Sabatier, Paul A.and Daniel Mazmanian (1980) "The Implementation of Public Policy: A Framework of Analysis," *Policy Stuidies Journal*, Vol.8, No.4.

Self, Peter and Herbert J. Storing (1962) The State and the Farmer, George Allen

& Unwin LTD Van Meter, Donald S. and Carl E. Van Horn(1975) "The Policy Implementation Process: A Conceptual Framework," *Administration and Society*, Vol.6, No.4.

Sharkansky, I. (1970) The Routines of Politics, Van Nostrand Reinhold

Simon, H.A. (1997) Administrative Behavior: A Study of Decision-making Processes in Administrative Organizations, Free Press= 2009『新版　経済行動——経営組織における意思決定過程の研究——』(二村敏子ほか訳) ダイヤモンド社

Simon, H.A., D.W. Smithburg and V.A. Thompson (1950) Public Administration, Alfred A. Knopf, Inc.= 1977『組織と管理の基礎理論』(岡本康夫ほか訳) ダイヤモンド社

Thompson, J.D. (1967) Organization in Action, McGraw-hill= 1987『オーガニゼーション　イン　アクション』(高宮晋監訳) 同文館

Virtanen, T. (2013) "Context in the Context: Missing the Missing Link in The Field of Public Administration,"C. Pollitt ed. Context in Public Policy and Management: The Missing Link, Edward Elgar

Weick, K.E. (1979) The Social Psychology of Organizing, 2nd ed., McGraw-Hill= 1997『組織化の社会心理学［第2版］』(遠田雄志訳) 文眞堂

Willson, J.Q. (1974) Political Organizations, Basic Books=1983『アメリカ政治組織論』(日高達夫訳) 自由国民社

Willson, J.Q. (1980) "The Politics of Regulation,"Willson, J.Q.ed. The Politics of Regulation, Basic Books

報告書等

『読売新聞』2013年3月9日朝刊
『読売新聞』2013年6月4日朝刊
『読売新聞』2013年6月6日朝刊
『日経新聞』2013年10月8日夕刊
『日経新聞』2013年10月9日朝刊
『朝日新聞』2015年4月29日朝刊
『朝日新聞』2015年7月23日朝刊
『朝日新聞』2016年5月31日朝刊
『朝日新聞』2016年6月16日朝刊
一般用医薬品のインターネット販売等の新たなルールに関する検討会（2013）「議論の取りまとめ」平成25年6月
　http://www.mhlw.go.jp/stf/shingi/2r98520000034av6.html（2017年8月28日閲覧）
伊根町教育委員会社会教育文化財保護係（2014）『伊根浦伝統的建造物群保存地区まち

づくりの手引き』
愛媛県内子町（1987）『うちこ六日市・八日市護国地区　伝統的建造物群保存地区保存対策調査報告書』
川越市教育委員会「川越市川越伝統的建造物群保存地区保存計画」
　http://www.city.kawagoe.saitama.jp/www/contents/1327466426749/files/H25keikaku.pdf（閲覧日 2014 年 9 月 25 日）
川越市都市計画部都市景観課「川越市川越伝統的建造物群保存地区まちづくりガイドライン」
　http://www.city.kawagoe.saitama.jp/www/contents/1327466426749/files/gaidorain.pdf（閲覧日 2014 年 9 月 25 日）
川越蔵の会　http://www.kuranokai.org/home.html（閲覧日 2014 年 9 月 25 日）
社会福祉法人の在り方等に関する検討会（2014）『社会福祉法人制度の在り方について』
消費者委員会特定商取引法専門調査会（2015a）『議事次第（第 1 回～第 11 回）』
　http://www.cao.go.jp/consumer/kabusoshiki/tokusho/index.html（2015 年 9 月 9 日閲覧）
消費者委員会特定商取引法専門調査会（2015b）『中間整理』平成 27 年 8 月
　http://www.caa.go.jp/trade/index.html#m11（2015 年 9 月 9 日閲覧）
消費者委員会特定商取引法専門調査会（2015c）『特定商取引法専門調査会報告書』平成 27 年 12 月 http://www.caa.go.jp/trade/index.html#m11（2016 年 2 月 20 日閲覧）
消費者庁（2015）『訪問販売・電話勧誘販売等の勧誘に関する問題についての検討』
総務庁行政監察局編（1992）『社会福祉法人の現状と課題：総務庁の社会福祉法人の指導監督に関する行政監察結果から』大蔵省印刷局
特商法関連被害の実態把握等に係る検討会（2014）『特商法関連被害の実態把握等に係る検討会報告書』平成 26 年 8 月
都市農業の振興に関する検討会（2012）『中間取りまとめ』平成 24 年 8 月
農林水産省（2011）『都市農業に関する実態調査（農村振興局）』
農林水産省（2012）『平成 23 年度「食と地域の『絆』づくり」』平成 24 年度 4 月
農林水産省（2013）『新たな農業・農村政策が始まります』平成 25 年 12 月
農林水産省（2014）『「攻めの農林水産業」の実現に向けた新たな政策の概要』平成 26 年 8 月
農林水産省（2015a）『食料・農業・農村基本計画の概要』平成 27 年 4 月
農林水産省（2015b）『知ってる？日本の食糧事情』平成 27 年 4 月
農林水産省（2015c）『6 次産業化をめぐる情勢について』平成 27 年 6 月
農林水産省（2016a）『中山間地域等直接支払制度の最終評価』
　http://www.maff.go.jp/j/nousin/tyusan/siharai_seido/（2016 年 6 月 16 日閲覧）
農林水産省（2016b）『中山間地域等直接支払制度の最終評価── 参考資料 ──』

http://www.maff.go.jp/j/nousin/tyusan/siharai_seido/（2016 年 6 月 16 日閲覧）

農林水産省（2016c）『経営安定所得等の概要』

　http://www.maff.go.jp/j/kobetu_ninaite/keiei/pdf/28pamph_all.pdf（2016 年 6 月 16 日閲覧）

農林水産省（2016d）『日本型直接支払制度の創設及び新たな経営所得安定対策等の概要』

　http://www.maff.go.jp/j/seisan/kankyo/kakyou_chokubarai/pdf/28_nihon.pdf（2016 年 6 月 16 日閲覧）

農林水産省（2016e）『水田・畑作経営所得安定対策の概要』

　http://www.maff.go.jp/j/ninaite/n_antei/pdf/yuki_daruma_tofuken_0427.pdf（ 2016 年 6 月 16 日閲覧）

農林水産省（2016f）『新たな農地・水保全管理支払交付金』

　http://www.maff.go.jp/j/nousin/kankyo/nouti_mizu/pdf/25_panf.pdf（ 2016 年 6 月 16 日閲覧）

福岡県八女市八女福島伝統的町並み協定運営委員会（2003）『八女福島のまちづくり』

福祉三団体再編検討有識者会議（2007）『福祉三団体再編検討有識者会議報告書』武蔵野市

文部科学省文化庁ウェブサイト「歴史を活かしたまちづくり」http://www.bunka.go.jp/bunkazai/pamphlet/pdf/pamphlet_ja_05.pdf（2017 年 8 月 24 日閲覧）

文部科学省文化庁ウェブサイト「文化財の体系図」http://www.bunka.go.jp/bunkazai/shoukai/taikeizu_l.html（2017 年 8 月 24 日閲覧）

八女市ウェブサイト　「八女福島の町並み（歴史と保存の取り組み）」http://www.city.yame.fukuoka.jp/aboutyame/yamefukusima.html（2014 年 9 月 25 日閲覧）

八女福島伝統的町並み協定運営委員会（1998）『八女福島　まちなみ修理・修景マニュアル』

八女福島伝統的町並み協定運営委員会（2003）『八女福島のまちづくり』

事項索引

あ 行

アイデア 1, 25-27, 53, 84, 87, 95, 183, 189, 197, 198, 206, 209
アイデンティティ 68, 69, 94, 104
吾川村 138
秋月 93
空き家対策 123
足助 93
アブダクション 7, 28
安倍政権 53, 84, 87, 89, 90, 206
有田町 93, 104, 111
有松 93
EPA 52
EU 86
イギリス 157
池川町 138
一番街商店街協同組合 114
一致差異併用法 212
一般医薬品のインターネット販売等の新たなルールに関する検討会 45
一般住民 108
伊根町 93, 103
今井町 93, 103, 124
医薬品の安全で円滑な提供方法を考える有識者会議 46
医薬品のネット販売に関する議員連盟 45
因果的必然性 202
インターネット販売 44-49, 196, 197, 211
ウェルネット 44
内子町 93, 103, 106, 107, 112
右翼 152
ウルグアイ・ラウンド 57, 90

ウルグアイ・ラウンド農業協定 57, 72
雲仙 93
営業の自由 38, 39
越中五箇山相倉集落 99
越中五箇山菅沼集落 99
NPO 204
NPO法人 132, 136, 137
NPO法人川越蔵の会 114, 116
NPO八女町並みデザイン研究会 120
NPO八女町家再生応援団 121
愛媛県 66
MSA 173
演繹 5, 7
演繹的思考 6
演繹的推論 203
演繹と帰納 205
演繹の論証 7
演繹法 5, 6, 28, 193, 194
OECD 71
大分県 66
大潟村 62
大蔵省 149-151, 158, 167-169
岡田啓介内閣 147
小浜市 62, 93
飫肥 93
穏健な基礎づけ主義 11

か 行

海軍 149, 150
外生変数 49, 197
外的均衡 9, 21
外部性 65
外務省 178
快楽主義的功利主義 14

価格支持　76
価格支持政策　56, 63, 71, 72, 75-77, 79, 81, 84-87, 146
価格調整　85
科学哲学　4, 10
確実性（蓋然性）　5
革新　95, 109, 114, 121-123, 206
革新官僚　151, 178
角館　93, 107
確率的因果論　200, 202
確率的関係性　202
過去の偶然性　200
過失の推定　34
仮説演繹法　5, 6
仮説軌道修正　203
片山哲内閣　142, 154, 163, 178, 179
GATT（関税貿易一般協定）　56, 57, 71
GATT・WTO　56, 63
過程追跡　10, 212
過度経済力集中排除法案　168
金沢　93, 112
ガバナンス　17
亀井市関　105
河合栄治郎事件　154
川越　26, 93, 95, 110, 112-114, 116, 121, 122, 124, 206
川越蔵の会　122, 206
川越市　111, 113-115
川越市川越　105
川越市景観条例　114
川越市史蹟保存協賛会　114
川越市長　115
環境支払　71, 73, 77
環境配慮　193
環境文脈　19, 185
環境保全型農業直接支払　64, 66, 85
環境保全型農業直接支払交付　74

関税　79, 85, 192
菅政権　52, 53
関税による価格支持　64
官邸主導　47, 49, 84, 190, 196
企画院　142, 143, 147, 149-153, 175, 178, 179
企画院事件　141, 142, 151, 153
企画庁　143, 147, 149, 150, 175
記述的文脈主義　2, 12, 14, 211
希少性　35, 36, 49, 205
規制　39-42, 45, 47, 49, 110, 130, 186, 198
規制改革　45
規制改革会議　45, 47, 59, 84
貴族院　156
規則功利主義　14
基礎づけ主義　201
基礎づけ主義の修正　213
帰納　5, 7, 199
帰納的推論　5, 7, 11, 200
機能的文脈主義　2, 12, 14, 211
帰納法　5-7, 193
規範　189
規範理論　14, 17, 25, 29, 210
規範論　1
義務論　14
逆インセンティブ　77
救護法　146
旧万文　114
教育委員会　101, 106, 108
行政管理に関する大統領委員会　177
行政規制　37, 39
行政統制　51
競争　197
京都　93
協同主義　89
協働的戦略　25
協同民主党　159

事項索引　235

拠点病院体制確立説　33
緊急性　16, 35, 36, 49, 205
金融　110
薬のインターネット販売　26, 29, 48-50, 183, 188, 190, 195, 197, 205, 209
宮内省　96
熊川宿　93
クラウドファンディング　112
倉敷　93, 112
蔵の会　114
倉吉　93, 112
グリーン・ツーリズム　66, 67, 90
グルーのパラドックス　7
黒木　93, 117
経営所得安定対策　73, 74, 85, 91
経営所得安定対策等推進事業　74, 75
景観法　95, 99
景観保全型のまちづくり　69
景観まちづくり　69, 120, 183, 186, 187, 190, 191, 196, 197, 209, 210
経験主義　27, 183, 200, 201, 209-211, 213
経験論　201, 202
経済安定本部　27, 141, 142, 162-167, 169, 170, 175, 177, 179, 188, 189, 192, 196, 207, 208
経済安定本部長官　142, 161, 162, 166, 174, 175
経済安定本部物価庁　55
経済改革　183, 188, 191, 192, 208, 209, 211
経済産業省　38, 61, 84
経済参謀本部論　151
経済実相報告書　165, 166
経済利益　68
形式説　33
傾斜生産方式　161, 162, 165, 166, 179
経団連　38
京浜グループの反戦運動　153
契約　125, 127-130, 134, 138, 207
契約的戦略　25
背景理論　25, 205
結合性　65
権威の行使　21
玄海町浜野浦　59
ケンコーコム　44
憲政会（立憲民政党）　146, 188, 208
言説アプローチ　202
建設省（現国土交通省）　99, 118
言説分析　1
減反　53, 86, 89, 90
減反政策　51, 56, 62, 64, 89
減反政策（生産調整政策）　62
減反廃止　52, 53, 81, 89, 90
減反見直し　90
建築基準法　110, 111
建築士会　108
憲法第89条　126
コア・エグゼクティブ　85
行為規則の拡充　40, 41
合意形成　40, 47-50, 94, 105-106, 109, 110, 115, 118, 119, 122, 187, 207, 209
合意形成政治　39
行為功利主義　14, 33
公益財団法人日本ナショナルトラスト　112
公益信託　112
公益性　126, 127, 131, 134, 135
公益法人改革　128, 136, 137, 140, 187
公開　134, 135, 139, 207
公共財　65
公共の福祉　14, 15, 39, 48, 50

耕作者主義　59
公私協働　95, 125, 128
公正機会の原則　15, 35
厚生族　45, 47
厚生労働省　45, 46, 48, 111, 188, 190, 197
厚生労働大臣　46, 127, 188
公的介護保険　129, 136, 137
神戸　93, 107
神戸市　99, 137
功利主義　14, 28, 35, 201, 205
合理的選択論　199
古器旧物保存方　96
国土交通省　100, 111
国土交通大臣　98, 110
国民協同党　164, 167-169
国民経済研究協会　166, 170
国民党　159
小作官　143, 144, 188, 208
小作官制度　143, 193, 208
小作組合法　142
小作制度調査委員会　54, 142
小作争議　54, 142, 143
小作調停法　54, 142-144, 188, 193, 208
小作の部屋　142
小作法　142-144
小作保護立法路線　144, 146, 177, 188, 197, 208
小作立法　142, 208
古社寺保存法　96
ごっくん馬路村　61
古都保存法　98
近衛新体制　152, 153
戸別所得補償制度　89
ゴミ箱モデル　9, 13, 22, 194
コミュニティ・クレジット　112
コミュニティマート構想　115

コミュニティマート構想事業　114
米・畑作物の収入減少影響緩和対策　60, 75
米の直接支払交付金　75

さ　行

財界　151-153, 165, 175
最高裁判決　45, 47, 48, 188, 190, 197
最大多数の最大幸福　14, 16, 30
財団法人　128, 136, 139, 192, 198
財団法人西仁淀川介護公社　138
差異法　204, 212
財務省　84, 86
裁量的正義　33
坂本　93
差し止め請求訴訟　37, 38
佐渡宿根木　93
里山資本主義　68
左派社会党　168, 171-173
佐原市佐原　93, 105
産業統制会案（戦時経済要綱案）　152
山林局　146
GHQ　54, 126, 156-159, 163, 165, 169, 188, 189, 192, 208, 209
GHQ民生局　167
GHQ天然資源局　157
GHQ天然資源局農業部　155
JA土佐あき　80
資源　4, 18-20, 25, 26, 36, 49, 123, 183, 184, 186, 188, 194, 197, 198, 205
資源依存アプローチ　17, 25, 212
資源向上支払　64, 66, 74
資源制約　17-20, 25, 27, 50, 184-190, 193, 208-212
自作農主義　54, 55, 59, 80, 81, 144, 154, 193
自作農創設路線　144, 146, 177, 188,

事項索引　237

197, 208
自主流通米制度　56
市場化　26, 134, 187, 207
四相会議　149
市場型　125, 133-137, 139, 187, 207
自助主義　89
史蹟名勝天然記念物保存法　98
事前の参入規制　39-41
自治会・町内会　109, 122, 207
自治会　115, 204
指定管理者制度　127
幣原喜重郎内閣　156
篠山　93
シビック・アメニティズ法　99
島田宿　99
島田宿大井川川越遺跡　99
社会構成主義　2, 6, 14
社会構成主義アプローチ　6, 202, 211
社会福祉　5, 26, 125, 131, 133, 134, 139, 183, 185, 187, 189, 190-192, 196, 197, 207, 209, 211
社会福祉協議会　26, 125, 127, 132-134, 139, 140, 207
社会福祉事業団　130
社会福祉事業法　128
社会福祉法人　26, 125-127, 129-131, 133-137, 139, 140, 207
主意主義　14, 210
衆議院　143, 156, 158, 164-166, 168-170, 172
衆議院本会議　156, 158
修景　103, 110, 111, 118
自由主義　14, 15, 28, 205
重臣　149, 151
十分条件　203, 204
自由民主党　45, 47, 53, 83-86, 88, 159, 172, 188
自由民主党総務会　85

重要伝統的建造物群保存地区　93, 101, 103, 105, 108-111, 115-117, 120, 121, 123
重要伝統的建造物群保存地区制度　26, 94-96, 99-101, 103, 105-109, 111, 112, 114, 115, 119-123, 206
重要美術品等ノ保存ニ関スル法律　96
修理　47, 103, 188, 196
首相官邸　84
主知主義　14
ジュネーブ条約（赤十字国際条約）　34
需要　18
主要食糧の需給及び価格の安定に関する法律（食糧法）　56
城下町川越開発委員会　114
状況好意性　24
状況要因　23
条件適合性　17, 19, 23, 25, 27, 184-185, 188-190, 192-193, 209, 210, 212
条件不利　71-73, 193
商工会議所　38, 108, 109
商工会議所・商業協同組合　108
商工省　149, 150, 151, 166, 178
消費者　187, 197
消費者委員会　47
消費者委員会特定商取引法専門調査会　38, 40, 41
消費者契約法　38
消費者庁　38, 197
消費者保護　37-39, 58, 186, 187, 190, 191, 195, 198, 205, 209, 211
消費者保護の特定商取引法改正　26
商標法の改正　61
商務省　197
剰余法　13
昭和研究会　151, 153

食料・農業・農村基本法　56
食糧管理制度　53, 55, 81, 146
食糧管理法　55, 56
助成　110, 111, 131
所得制約　193
白川　93
自律尊重主義　15
新官僚　151, 178
審議会政治　39
仁恵原理　15
新自由主義　49
新政会　158
人民戦線事件　154
垂直的調整　190, 196
水田・畑作経営所得安定対策　86, 91
水田活用の直接支払交付金　74
水田経営所得安定対策　73, 75, 85
水平的・垂直的調整　190
水平的調整　49, 50, 191, 196
鈴木貫太郎内閣　144
斉一性原理　7, 28
生活保護　146
政権　196
政権与党　188, 208
成功可能　16
政策（選択機会）の窓　194
政策アイデア　84
政策過程論　10
政策転換の選択機会　53
政策の窓　9
政策分析　10
政策文脈　17, 25-27, 50, 183-185,
　　193, 195-197, 200, 205, 209, 211
政策類型論　184
生産協議会　166
生産調整　64
生産調整政策　51
生産調整による価格支持　64, 75, 77,

　　79, 146
生産緑地法　70
政治要因　183
税制　110
制度　1, 25-27, 125, 183, 198, 209
制度条件　183
制度配置　49
青年会議所　108, 109, 114
正の貿易創出効果　78
政務調査会　52
関宿　93
説明変数間の多重共線性　204
セレンディピティ　203
全購連　172
全国　172
全国消費者団体連合会　38
全国伝統的建造物群保存地区制度協議
　　会　110
全国土地改良政治連盟　82
戦時緊急措置法　155
全体会議　148
専門知　110
総合調整委員会　163, 164, 192, 208
組織　95, 197
組織（化）　95, 108, 109, 123
組織化　22, 25, 26, 52, 95, 118, 120,
　　122, 125, 127, 132, 135, 186, 187,
　　191, 207, 210
組織均衡　9, 21
組織均衡理論　21
組織文脈　19, 185
組織理論　4, 9, 17, 29, 205, 209, 212
措置　127-129, 207
措置行政　129
措置制度　130
ソ連　157

事項索引　239

た　行

第1次近衛文麿内閣　149, 152, 153
第一次農地改革　154, 155, 177, 178
第1次吉田茂内閣　145, 159, 161, 163, 178, 179
大学　108
大学教員　108
対抗仮説　5
対象　29
対象者　29
大政翼賛会　153
第2次近衛文麿内閣　144
第二次農地改革　157-159
第二次農地改革法　54
第二次農地制度改革案　158
第2次吉田茂内閣　170
対日理事会　157
タイミング　9, 22, 26, 183, 188, 189, 199
高岡　93, 107, 112
高松市丸亀商店街　123
高山　93
竹富　93, 112
竹富町竹富　105
竹原　93
多元的功利主義　14, 35
脱学習　203
WTO　57, 81
WTO 農業協定　57, 73, 76, 81, 86, 90
多面的　87
多面的機能　53, 64, 87, 206
多面的機能支払　77, 85
多面的機能支払交付金　74
炭鉱国管法　166
炭鉱の国家管理　166
探索の推論　7
地域団体認証　61
地域知　110
地域福祉　127, 132, 133
地域ブランドの認証制度　61
筑後吉井　69, 93
知的財産管理　83
地方裁量主義　85
中山間地域等直接支払　63, 66
中山間地域等直接支払交付　74
中山間地域等直接支払制度　73, 81, 85-88, 90, 206
中山間直接支払制度　87
中農養成策　88
中範囲の理論　194, 210
調査・立案　177
調査官　148
調査官会議　150, 192, 208
調査官の全体会議　149
調整　24, 47, 95, 108, 109, 114, 115, 118, 120, 122, 123, 135, 139, 191, 207
調整的役割　196
町内会・自治会　108
調和主義　201
直接支払　65, 71, 72, 190, 206
直接支払政策　79
直接支払制度　53, 67, 71-73, 75-77, 79, 81, 85-88, 188, 190, 193, 198, 206
知覧　112
通商産業省　114
津田左右吉事件　154
妻籠宿　93
津和野　93
TPP　52, 53, 78, 84, 88, 91
デカップリング　72
適応的吸収戦略　25
適格消費者団体　38
適合性　17, 211

東亜農業研究所　153
十カ町会　115
東京都北区　137
東京都福祉局山谷対策室山谷対策検討
　会　138
統合　134, 139
統制　139, 197
統制型　125, 133-135, 139, 187, 207
独占禁止法に基づく排除措置命令　80
特徴あるまちづくり係　119
特定商取引法　36, 37, 47, 49, 50
特定商取引法改正　29, 39, 48, 49,
　183, 191, 196, 205, 209, 211
都市計画法　101
都市農業　70, 90
都市農業振興基本法　70
土地改良事業　79
土地改良法　79
トップダウン・アプローチ　123
ドメイン　24
ドメイン・コンセンサス　24
トリアージ　16, 26, 29-36, 48, 49,
　183, 186, 187, 190, 196, 205, 209,
　211
富田林　112

な 行

内閣　188, 208
内閣官房　84
内閣資源局　149, 150
内閣審議会　147
内閣人事局　84
内閣調査局　27, 141-143, 147, 149,
　150, 151, 175, 177, 178, 192, 196,
　207, 208
内閣府　38, 47, 84
内生変数　49, 197
内的均衡　21

内務省　96
内務省警保局　155
内務大臣　96
長崎　93
長野県野辺山高原　62
長浜市のまちづくり会社　123
ナショナル・トラスト　112
奈良井　93
ニーズ　16, 18
ニーズへの対応　137
2層ゲームモデル　52
日南市飫肥　105
日弁連　38
日本学術会議　63
日本型直接支払制度　63, 74, 86, 91,
　193
日本共産党　159
日本銀行　164, 165
日本社会党　142, 158-160, 164, 167,
　168, 170-176, 179, 192
日本社会党右派　168
日本社会党左派　168, 169
日本自由党　156-158, 160-162, 164,
　166, 169
日本進歩党　156-161
日本政策投資銀行　110, 124
日本通信販売協会　38
日本訪問販売協会　38
仁淀川町介護公社　138
仁淀村　138
ネットワーク　192
農協　52, 53, 82, 83, 192
農業委員会　54, 55, 59
農業基本法　55
農業協定　76
農業借地法　143
農業借地法案　143
農業者戸別所得補償制度　81, 85

農業自由化　26, 81, 86, 88, 188, 205, 206, 210
農業政策　26, 52, 53, 57, 64, 76, 79, 90, 146, 177, 183, 188, 191, 193, 195, 206, 208-211
農協制度　146
農業の多面的機能　57, 59, 63, 65, 66, 70-72, 91, 188, 193, 197, 206
農業の多面的役割　58
農協法　83
農協法改正　52
農産物補助による価格支持　64
農商工連携　60
農商省　193
農商務省　88, 142, 144, 145, 188, 193, 208
農商務省・農林省　142, 146
農商務大臣　143
農政改革　142
農地　143
農地・水保全管理支払交付金　73, 91
農地委員会　158
農地維持支払　64, 66, 74
農地改革　54, 55, 90, 141, 142, 155-157, 159, 183, 188, 189, 191, 192, 197, 208, 209, 211
農地中間管理機構（農地バンク）　52, 60, 192
農地調整法　54, 142, 143, 155, 156, 193, 208
農地の自由化　80
農地法　55, 59, 80, 143
農地法改正　52, 55
農地・水・環境保全向上対策　73
農本主義　144
農務局　142, 145, 177
農林省　27, 56, 144, 145, 159, 161, 172, 175, 189, 192, 193, 207, 208

農林省農政局農政課　155
農林水産業の多面的機能　63, 65
農林水産省　51, 60, 61, 73, 79, 80, 85, 86, 90, 100, 111, 197
農林族　85
野田政権　52, 53, 87, 206

は　行

パーソナリティ　183
パーソナリティ（欲求構造）　24
媒介的変数　197
背景理論　11, 12, 17, 25, 29, 49, 183, 205, 210
萩　93, 112
函館　93, 112
畑作物の直接支払交付金　74
罰則　41
林銑十郎内閣　149
パラダイム　6, 200
パリティ方式　166
反基礎づけ主義　201
反証可能性　5, 6, 11
反証主義　199
反照的均衡　11, 202, 203
搬送順位選択説　33
判任官グループ事　153
PSE　71
美瑛町　59
非営利性　126, 127, 131, 134
飛騨市　106
日田　93
必然的因果論　202
必要　6-8, 12, 14, 18, 19, 21, 23, 29
必要条件　203, 204
必要性　17, 18
平等主義　14-16, 35
平沼騏一郎内閣　152, 153
品目横断的経営安定対策　73, 85

不確実　27, 185, 193
不確実性　17, 19-21, 24, 25, 87, 184, 185, 189, 190, 192, 193, 209-212
不確実性の回避　20, 139
不確実性の回避と吸収　25, 190, 192, 210
不確実性を減少　20
部局哲学　146
福岡県建築士会八女支部　120
復原　103
福祉公社　130, 136
復旧　103
負の貿易転換効果　78
ブラウンロー委員会　177
古川　106
文化財保護協会　114
文化財保護行政　95, 100
文化財保護法　93, 98, 99
文化庁　94, 100, 111
文化庁長官　101
文化的景観　100
文官任用令　150
分析哲学　211
文脈　i, ii, 2, 4, 13, 14, 17, 22, 25, 27, 47-49, 87, 183, 189, 192-194, 198, 201, 205, 209, 211, 213
文脈主義　1, 2, 12, 13, 25, 29, 49, 201, 205, 210, 211
米価審議会　55
米穀自治管理法　55
米穀統制法　55
米穀配給統制法　55
米穀法　55
ヘルスケア・サービス　16
貿易省設置　178
貿易転換効果　78
包括的経済連携に関する基本方針　81
法制局　88

法定契約に基づく広域連携　138
方法論的個人主義　9, 14
訪問販売法　37
補助金　192
保全　104
細川連立政権　57
保続哲学　146
保存条例　101, 105
保存審議会　101
保存対策調査　100, 105
ボトムアップ・アプローチ　123
捕虜行政機関　52, 84, 196

ま　行

まちづくりNPO　108, 109, 191
町づくり会社　116
まちづくり協議会　109
まちづくり行政　100
町並み委員会　109
町並みガイドの会　122, 206
町並み協定運営委員会　108, 109, 117, 118, 121
町並みデザイン研究会　122, 206
町並み保全　94
丸亀　112
マルロー法　99
満州国国務院総務庁　150
道の駅　62
三菱総合研究所　63
民主党　52, 53, 85, 86, 89, 164, 166-169
民主党政権　73, 81, 84, 85, 89
民事ルール　37, 39
民進党　88
六日市・八日市護国地区　103
無危害原理　15
宗像　62
物語文　200

モラルハザード　77
文部科学省文化庁　94, 100, 111

や行

薬事法　43
安本三羽ガラス　165
柳井　93, 112
八女・本町筋を愛する会　118
八女（市）　105, 117, 118, 120
八女市商工観光課　119
八女市役所　207
八女福島　93, 95, 117, 119-122, 206
八女福島伝統的町並み協定運営委員会（現：八女福島町並み保存会）　118
八女ふるさと塾　118, 122, 206
八女町屋再生応援団　122
誘因　21, 192
吉田茂内閣　157, 162, 173

ら行

リーダーシップ　20, 23-25, 49, 50, 87, 95, 109, 115, 155, 160, 190, 191, 197, 204-206
リーダーシップ論　23
利益　25-27, 183, 209
利益相反　131, 133, 135
利害調整　110, 196
陸海軍軍務局　155
陸軍　149, 150, 152, 193
陸軍省　150
陸軍省軍務局　150
リサーチ・デザイン　194, 195, 203
リスク分散　137
立憲政友会　144, 146, 154, 188, 197
立憲民政党　197, 208
緑風　172
臨時石炭　166
臨時石炭鉱業管理法　167

臨時石炭鉱業管理法案　166
ルーティン　20
レイマンコントロール　131
歴史懐疑主義　199
歴史学　211
歴史経緯　183
歴史的経緯　25, 26, 142, 176, 199, 207
歴史的景観の町並み保全　206
歴史的景観保全のまちづくり　211
歴史的風土　98
歴史的まちづくり法　100
歴史的町並み保全　95
歴史必然主義　198
歴史文化基本構想　99
歴史まちづくり法　95
連携　139, 197
連結　135
連結化　26, 207
連結型　125, 133, 135, 137-139, 187, 207
連合戦略　25
レンディ　203
六次産業化　60, 61, 94, 192
六次産業化・地産地消法　60, 61

わ行

輪島　93

人名索引

あ 行

青野季吉　172
秋永月三　152
浅沼稲次郎　168, 169
芦田均　169
安倍嘉輔　147
安倍晋三　46
甘利明　46
荒幡克己　53, 89
有沢広巳　160, 161
アリソン　122
井口東輔　149, 151
池田勇人　167, 168, 173
石黒忠篤　142-145, 153, 155, 162, 175
石田雄　83
石橋湛山　158, 160
石橋正嗣　174
石橋幸雄　154
石渡荘太郎　149
石原莞爾　149
一ノ瀬正樹　201
井出一太郎　158
伊藤修一郎　95, 115
稲田朋美　46
稲葉秀三　149, 151, 153, 160, 164, 165, 170
井上良二　172
井野碩哉　150
今井一男　179
ヴィクセル　154
ウィザー　154
ウイリアムソン　157
ウィルソン　184, 194

ヴィルタネン　2
ウエイク　25
ヴェーバー　204
ウォーレス長官　90
牛場友彦　161
薄井充裕　112
内田俊一　161
梅村清　175
ウンガー　154
海野晋吉　154, 164
江田三郎　172
エレボー　154
大内兵衛　161
大来佐武郎　165
大竹啓介　90, 172, 179
太田道灌　113
大槻正男　154
大戸元長　157
大原総一郎　165, 175
大平正芳　165
大前信也　178
大森洋子　122, 207
岡倉天心　198
小川豊明　172
奥村喜和男　151, 152
奥山貞二郎　149
小倉武一　56, 145, 157
小田切徳美　67
尾辻秀久　45, 47
小畑忠良　152
小浜八弥　148
オルセン　9, 22

か 行

カー　198

片山哲　90, 142, 154, 160-164, 166-170, 175, 179
カッセル　154
ガット　90
勝間田清一　147-149, 151, 165, 173, 174, 178
カフカ　194
芽誠司　161
萱場軍蔵　152
河上丈太郎　172
川俣浩太郎　148
川俣清音　172
河村秀郎　172
カンティヨン　154
カント　14
岸信介　151, 152
木村小左衛門　160, 161
木村忠二郎　165
ギルマーチン　157
キングダン　9, 194, 195
クーン　6, 200
楠見義男　154, 157, 162, 179
熊代幸雄　148
栗原美能留　151
グルー　7
栗栖赳夫　167, 179
黒田寿男　168
ゲーテ　194
ケーディス　169
高坂正堯　160
河野一郎　157
コーエン　22
後藤文夫　147, 151, 154
近衛文麿　153
小林一三　152, 153
小林史彦　107
近藤康男　154

さ 行

サイアート　20
斎藤真　4
サイモン　9, 22
作山巧　52
桜井幸雄　154
迫水久常　151
佐々木更三　173, 176
佐多忠隆　149, 151, 165, 173, 179
佐藤栄作　168
サランシック　17, 19, 25, 185, 205, 209
椎名悦三郎　151
J・Q・ウィルソン　9
ジェームズ　12
幣原喜重郎　90, 156, 160, 161, 166
篠山豊　161
芝寛　153
清水幾太郎　172
シャーカンスキー　20
シュンペーター　154
庄司俊作　178
白洲次郎　161, 163
末広厳太郎　141
菅義偉　46
スキナー　12
鈴木貞一郎　147, 149, 153, 160
鈴木茂三郎　160, 168
ストックウィン　174, 175
須永好　158
膳桂之介　163
副島千八　156

た 行

高野実　172
高浜虚子　176
瀧正雄　150

田口富久治　171
田中巳代治　165
田中吉政　117
ダニエルズ　11, 16
谷岡一郎　203
谷口孟　165
田村勘次　148
田村憲久　46
ダント　200
チェシュカ　154
チヤノフ　154
筒井康隆　1
津馬子　153
都留重人　163, 165, 166, 169, 170, 179
鶴見俊輔　203
デカルト　201
寺島龍太郎　158
寺田貴　52
戸井田道三　203
トゥールミン　12, 13
東畑四郎　155, 165, 178, 179
東畑精一　148, 157, 161, 176
ドーア　159
トーカー　23
床次竹二郎　147
豊田貞次郎　153
トランプ大統領　91
トンプソン　24, 25

な 行

内藤吐夫　175
直井武夫　151
永田清　161
永田鉄山　147
永野重雄　165, 175
中野正剛　152
中村草田男　153
中山伊知郎　154, 161
那須晧　157
西尾末広　160, 167, 169, 171
西尾勝　18
西村幸夫　104
新渡戸稲造　145
ノース　199
野田信夫　165
野溝勝　168, 172

は 行

パース　7
バーナード　9
ハーバラー　154
ハーン　154
バーンズ　23
ハイエク　154
芳賀貢　172
橋口卓也　87
橋本清吉　152
橋本龍伍　165
波多野鼎　168
パットナム　52
鳩山一郎　157
馬場鍈一　147
馬場恒吾　153
バローネ　154
Baron D. J. Larrey　30
ピアソン　199
ピーターズ　17
ピエール　17, 193
ヒューズ　157
ヒューム　7, 201
平田敬一郎　165
平沼騏一郎　152, 153
平野力三　160, 161, 166, 167
広田弘毅　149
フーコー　201

人名索引 247

フェッファー 17, 19, 25, 185, 205, 209
福川祐一 122, 207
福田赳夫 168
福田篤泰 160
福永文夫 169
藤井丙平 175
藤井隆至 91
ブラウンロー 177
古川隆久 150
フルシチョフ 174
ペティ 154
ベビア 201, 202, 213
ベンサム 14, 201
星野直樹 151-153
ポパー 6, 11, 199, 200
堀越禎三 165
ポリット 4, 13
堀義路 161
ボンバルト 154

ま 行

マーシャル 154
マーチ 9, 13, 20, 22, 194
正木千冬 147-149, 151
町田忠治 147, 154, 178
松井春生 147, 148, 150, 151
松岡英夫 169
マッカーサー 161, 169
マッカート 167
松村謙三 154-156, 159, 175
松本丞治 155, 156
マルサス 154
三浦秀之 52, 85
三木武夫 169
三木谷浩史 46
三木武吉 157
御厨貴 150

水谷長三郎 166
美濃口時次郎 149
美濃部洋治 151
宮坂斗南 175
ミュルダール 154
ミル 13, 201, 204, 205
武藤章 152
村上鬼城 176
村田五郎 152
メンガー 154
毛里英於菟 151, 152
藻谷浩介 68
森幸太郎 158

や 行

八木沢善次 148, 151
柳川平助 152
柳田國男 88, 91, 145
山口房雄 174
山崎広 160
山下一仁 73
山添利作 157
山本寛英 95
山本鉞治 148
山本茂夫 140
山本高行 165, 170
結城豊太郎 149
横井時敬 154
横溝光暉 147
吉田茂（内閣総理大臣） 90, 145, 154, 157, 159, 160-162, 164, 170, 175, 179
吉田茂（内閣調査局長官） 147, 151, 175

ら 行

ライシャワー 175
ラデジンスキー 157

リカード　58
ルーズベルト　177
レオナード　157
レッシャー　16
ロウィ　10, 184, 194
ロウズ　201, 202, 213
ローシュ　23
ロールズ　11
ローレンス　23
ロック　201

わ　行

和田耕作　149, 151
渡辺喜久造　165
渡辺年之助　165
渡辺保男　177
和田博雄　26, 27, 54, 90, 141, 142, 144, 145, 148, 150, 151, 153-155, 157, 159-167, 169-177, 179-181, 192, 207, 209
ワトソン　154

著者紹介

武 智 秀 之
1963 年 福岡県生まれ
現 在 中央大学法学部教授 博士（法学）

『保健福祉の広域行政圏構想』地方自治総合研究所、1996 年
『行政過程の制度分析』中央大学出版部、1996 年
『福祉行政学』中央大学出版部、2001 年
『政府の理性　自治の精神』中央大学出版部、2008 年
『政策学講義』中央大学出版部、2013 年
『政策学講義[第 2 版]』中央大学出版部、2017 年

公共政策の文脈

2018 年 9 月 5 日　初版第 1 刷印刷
2018 年 9 月 5 日　初版第 1 刷発行

（検印廃止）

著　者	武　智　秀　之
発行者	間　島　進　吾

発行所　中央大学出版部
東京都八王子市東中野 742 番地 1
郵便番号　192-03
電話 0426(74)2351　振替 00180-6-8154 番

© 2018　Hideyuki Takechi

印刷・製本　株式会社 遊文舎

ISBN978-4-8057-1156-9